Franz Keil/Beate Thalheimer (Hrsg.)

# echt klasse

Werkstattbuch
zur Schulseelsorge



Schwabenverlag

Umschlag: Rita Efinger-Keller
Layout und Satz: Schwabenverlag AG, Ostfildern
Herstellung: Bercker Graphischer Betrieb GmbH, Kevelaer
Printed in Germany

ISBN 3-7966-0765-9

# Inhalt

## *Regelmäßige Angebote neben dem Unterricht*



## *Außerschulische Projekte*

## Klostertagungen mit Schülern, Schülerinnen und Eltern



## Elternseelsorge



## Lehrerseelsorge



## Anhang

# Vorwort

## Was wir uns gedacht haben …

Vielfältig und bunt ist die Palette der Angebote, die im Bereich der Schulseelsorge möglich sind.
Elemente von Schulseelsorge haben im Religionsunterricht schon lange ihren Platz. Schul- und Schülergottesdienste sind regelmäßige Bestandteile des Schullebens. In den letzten Jahren ist das Bewußtsein gewachsen, daß Schule ein Lebensraum ist und daß dort Räume und Zeiten zu gestalten sind. Im Beschluß zur Jugendarbeit, der von der Synode der Diözese Rottenburg-Stuttgart 1985/86 formuliert wurde, heißt es: »Überall dort, wo junge Menschen arbeiten, ihre Freizeit verbringen, sich fragen, feiern, sich auflehnen, sich um ihre Zukunft Gedanken machen, wollen wir mit ihnen zusammen sein« (Synodenbeschluß IV,12). Schule ist ein Ort, wo junge Menschen viel Zeit verbringen, ein Ort, an den sie ihre Sorgen und Freuden mitbringen. Das Auffinden und Gestalten von Erlebnis-, Erfahrungs- und Begegnungsmöglichkeiten für Menschen, die in der Schule leben und arbeiten, erscheint als Aufgabe für engagierte Christen und Christinnen. Nischen im Schulalltag entdecken und sie gemeinsam mit anderen gestalten – eine Herausforderung und ein christlicher Beitrag zur Schulkultur!
Dieses Werkstattbuch zur Schulseelsorge gibt einige Ideen, Entwürfe und Anregungen weiter, die sich in der Praxis bewährt haben.
Elemente für die Gestaltung von Schulgottesdiensten zu verschiedenen Anlässen wie der Einschulung, Weihnachten, Schuljahresanfang und -ende bringen neue Ideen ins Spiel, die weiterentwickelt werden können.
Aktionen im Advent und in der Fastenzeit regen die Suche nach neuen Gestaltungsformen an, die einen liturgischen Charakter haben und über die bekannten Gottesdienstformen hinausgehen. Regelmäßige Angebote neben dem Unterricht sind z. B. in Form von Arbeitsgemeinschaften und Schülerbibelkreisen möglich. Aber auch ausgesprochene Freizeitangebote wie eine Teestube und ein Mittagstisch regen Schüler und Schülerinnen an, sich in Schulnähe Lern- und Erlebnisformen zu erschließen.
Projekte außerhalb der Schule finden häufig in Kooperation mit Einrichtungen Kirchlicher Jugendarbeit statt. Sie ermöglichen Gruppen von Schülern und Schülerinnen, aus dem Schulalltag herauszutreten und sich

gemeinsam auf die Suche nach Lebens- und Glaubenszeichen in ihrem Leben zu machen. Ob mit alten Menschen, in der Natur oder in Tagungshäusern: es geht darum, miteinander etwas Neues zu erleben, sei es bei Erlebnistagen oder Tagen der Orientierung.
Die Berufsfindung spielt im Leben jedes Menschen eine entscheidende Rolle. Anregungen für die Begleitung von Jugendlichen bei der Suche nach »ihrem« Beruf, sind in den Beiträgen »Rund um die Berufsfindung« zu finden.
Wallfahrten sind eine Möglichkeit, sich in Bewegung zu setzen, aufzubrechen, offen zu werden für neue Erfahrungen. In der Begegnung mit der Person des Franz von Assisi finden Schüler und Schülerinnen wichtige Orientierungshilfen, wie sie aus einer christlichen Haltung heraus Verantwortung in ihrem Leben übernehmen können.
Klostertage sind nicht nur für Schüler und Schülerinnen, sondern auch für deren Eltern eine gute Unterbrechung des Alltags.
Auch für Eltern ist der erste Schritt ihres Kindes in die Schule eine aufregende Sache. Wie ihre Hoffnungen und Befürchtungen in ein Elterngebet aufgenommen werden können, zeigt das »Elterngebet zur Einschulung«.
Nicht zuletzt geht es der Schulseelsorge um das Wohl der Lehrer und Lehrerinnen, die mit Schülern und Schülerinnen viel Zeit verbringen. Was zur Unterstützung von Lehrern und Lehrerinnen bei ihrer schwierigen Aufgabe getan werden kann, ist in den abschließenden Beiträgen beschrieben.
»echt klasse« soll kein Rezeptbuch sein, aus dem unbedacht Projekte übernommen werden. »echt klasse« soll eine Schatzkiste sein, die zum Stöbern verleitet, ein Ideenbuch, das neue Perspektiven eröffnet, das motiviert, einzelne Bausteine zu entnehmen, eigene Angebote zu entwickeln – gemeinsam mit den Schülern und Schülerinnen, Lehrern und Lehrerinnen und Eltern, die in der »eigenen« Schule anzutreffen sind.
»echt klasse« ist, daß viele sich bereit erklärt haben, ihre Erfahrungen zu beschreiben, grundlegende Gedanken, Anregungen und Methoden zu dokumentieren. Danke an alle Autoren und Autorinnen, die sich die Mühe gemacht haben, ihre »Projekte« aufzuschreiben.
Wir wünschen uns recht viele Menschen, die den Pinsel selbst in die Hand nehmen und schwingen, die die Farben der »Palette Schulseelsorge« übernehmen, eigene Erfahrungs- und Spielräume eröffnen und gestalten.
»echt klasse« – ein Prädikat für Schulseelsorge – zur Nachahmung empfohlen.

*Beate Thalheimer* *Franz Keil*

# Zum Geleit

Schule ist ein wichtiger Lebensraum junger Menschen.
Dieses Verständnis von Schule ist in den letzten Jahren verstärkt ins Blickfeld gerückt.
Schulseelsorge ist ein Beitrag von Christen und Christinnen zur Gestaltung von Schule als Lebensraum.
Die Angebote der Schulseelsorge stellen mittlerweile eine vielfältige, bunte und breite Palette dar, Begegnungs- und Erlebnisräume zu erkennen und zu gestalten. Viele Erkenntnisse und Erfahrungen, die in der außerschulischen Jugendarbeit mit Kindern und Jugendlichen gesammelt wurden, fließen hier ein und bereichern das Miteinander in der Schule. »echt klasse«, was im vorliegenden Buch so alles zusammengekommen ist!
Mit diesem Buch möchte das Bischöfliche Jugendamt der Diözese Rottenburg-Stuttgart all jene unterstützen, die den Lebensraum Schule so gestalten wollen, daß Schülerinnen und Schüler, Lehrerinnen und Lehrer, sowie Eltern »das Leben in Fülle haben«.

Für die Leitung des Bischöflichen Jugendamtes

*Gaby Bungartz*
Diözesanleiterin

# G ottesdienste, Feste und Feiern im Schulalltag

# Christus unser Schirm-herr

## Schulanfängergottesdienst

### Thema

Der erste Schultag ist für die ganze Familie ein sehr bewegender Tag, an dem Eltern wie Kinder offen sind für einen Gottesdienst. Diese Chance sollte auch genutzt werden. Der Gottesdienst muß deshalb gut vorbereitet sein, die richtige Sprache für Kinder als auch für Eltern sprechen, anschaulich und fröhlich sein. Der folgende Einschulungsgottesdienst ist als ökumenischer Schulanfängergottesdienst gedacht. Es wäre gut, wenn die Lieder schon Monate zuvor den entsprechenden Kindergärten zugesandt werden, damit die Kinder die Lieder wirklich singen können. Schön wäre es auch, wenn die Lieder von einer Flöten- bzw. Instrumentalgruppe, die es in der Schule gibt, begleitet werden könnten.

Als Material sind vorgesehen:
Eine Schultüte, die gefüllt ist mit einem Apfel, einer Kerze, einem Lebkuchenherz, einem Netz und einem Regenschirm, der in Geschenkpapier eingepackt ist.
Bildkarte »Sturm auf dem See« von Sieger Köder (SK 210, Schwabenverlag, 73760 Ostfildern), oder als Meditationsbild (Nr. 864 D Ver Sacrum, 72108 Rottenburg).
Für jedes Kind ein Eisschirmchen.

### Begrüßung

Wir, das sind N. N. von der evangelischen Gemeinde und ich, N. N. von der katholischen Gemeinde, begrüßen euch, liebe Mädchen und Buben, und Sie, liebe Eltern und Großeltern, ganz herzlich zum Schulanfängergottesdienst. Für euch Kinder und genauso für Sie als Eltern ist heute ein sehr bedeutsamer Tag. Schon seit Tagen fiebert ihr diesem Tag, diesem wichtigen Ereignis entgegen. Seit Wochen könnt ihr es kaum erwarten, jetzt endlich in die Schule zu kommen.
Wenn ich euch so anschaue, dann entdecke ich viele frohe und fröhliche Gesichter; manche aber schauen auch etwas unsicher und ängstlich drein.

Obwohl ihr euch freut, endlich in die Schule zu kommen, hat wohl jeder auch ein wenig Respekt vor diesem Neuanfang. Viele Fragen gehen euch heute durch den Kopf: Was erwartet mich in der Schule? Habe ich Freude und Spaß am Lernen? Mögen die Lehrer und Lehrerinnen mich? Sind sie streng, oder haben sie auch Lust, mit uns herumzualbern?
Trotz eurer Fragen, trotz großem Respekt könnt ihr euch heute alle freuen. Mit schönen Schultüten und bunten Schulranzen seid ihr jetzt hierher gekommen. Die Schultüten sind gefüllt mit vielen guten Süßigkeiten, die euch diesen wichtigen Tag versüßen. Zusammen wollen wir diesen bedeutsamen Tag mit einem Gottesdienst anfangen. Wir wollen Gott mit seinem Sohn Jesus Christus um Begleitung auf dem Weg durch die Schule bitten.
Deshalb beginnen wir jetzt diesen großen Tag im Namen des Vaters und des Sohnes und des Heiligen Geistes.

## Gebet

Herr Jesus Christus, heute kommen viele Jungen und Mädchen in die Schule, heute stehen viele am Start eines langen Weges. Steh ihnen bei und begleite sie auf diesem Weg. Zeig dich als ihr Schirmherr, der sie schützt und beschirmt, damit wirklich niemand im Regen stehen muß. Das erbitten wir jetzt und immer. Amen.

## Erzählung

### Michaels erster Schultag

Wie für euch war auch dem kleinen Michael die Schultüte am ersten Schultag das allerwichtigste.
Schon als er morgens aufwachte, war sein erster Gedanke »die Schultüte«. Ja, von seiner Lieblingstante Hildegard hatte er eine schöne große und bunte Schultüte bekommen. Auf dieser Schultüte waren die beiden Lausbuben Max und Moritz frech grinsend zu sehen. Noch schliefen seine Eltern und sein kleiner Bruder. Sie waren offensichtlich nicht so aufgeregt wie er. Für Michael war dies unverständlich. Wie konnten sie auch an solch einem Tag so lange schlafen? Endlich hörte er den Wecker bei seinem Vater klingeln. Schließlich standen seine Eltern auf. Gott sei Dank war es jetzt Morgen. Noch lag ein halber Tag vor ihm bis zum heißersehnten Schulanfang. Mittags um drei Uhr sollten sich alle ABC-Schützen in der Aula der Schule einfinden. Nach dem Mittagessen fragte Michael: »Kann ich noch ein wenig

draußen spielen?« Die Mutter erlaubte es ihm: »Mach dich aber nicht schmutzig. Um halb drei müssen wir gehen!« Michael rannte die Treppen hinunter. Plötzlich fiel ihm seine Schultüte ein. Er blieb stehen und dachte: »Eigentlich könnte ich …« Schnell schlich er sich wieder in die Wohnung und nahm heimlich seine Schultüte mit nach draußen. Seine Mutter hatte nichts bemerkt, und Vater war gerade im Keller. Stolz hielt er seine Schultüte in seiner Hand. Klar – er hatte mit Abstand die schönste Schultüte. Er ging die Straße entlang bis zum Neckar. Schade war, daß nur wenige Leute unterwegs waren. Zu gern hätte er vielen seine wunderschöne Schultüte gezeigt.

Plötzlich kam Peter, sein Freund, mit dem Fahrrad angefahren. Auf der Neckarbrücke begegneten sie sich. »Schau meine wunderschöne Schultüte!« Michael riß die Arme hoch, um Peter das Prachtstück zu zeigen. Da passierte es. Im hohen Bogen flog die Schultüte in den Neckar. Peter konnte nur noch sehen, wie die Schultüte im Wasser versank. »Meine wunderschöne Schultüte!« Michael weinte und war untröstlich. Er war weder von Peter, noch von seiner Mutter, noch von seinem Vater zu beruhigen. »Da müssen wir eben schnell noch einmal eine Schultüte kaufen«, schlug die Mutter tröstend vor.

Klar – eine Schultüte mußte schnellstens her. Ohne Schultüte kann Michael jedenfalls nicht in die Schule gehen.

Gott sei Dank war gerade Onkel Paul da. Da Michael herzerweichend weinte, fragte dieser ihn: »Was ist denn bloß los? Warum weinst du so?« »Meine wunderschöne Schultüte!« schluchzte Michael. Mutter erzählte alles Onkel Paul, und auch er fand es ganz schlimm. Er ging eilig zum Auto, stieg ein und sagte: »Du, ich fahr jetzt schnell in die Stadt und besorge dir eine neue Schultüte, gefüllt mit allerlei Sachen.«

Noch rechtzeitig kam Michael mit dieser neuen Schultüte zur Schule. Seine Neugierde konnte er kaum bremsen. Was hatte wohl Onkel Paul alles in die Tüte getan? Die Mutter gab acht, daß der Inhalt der Tüte wirklich eine Überraschung blieb.

(Nach: Dieterich/Weidle [1])

## Schultütenaktion

Wir wollen jetzt einmal in die Schultüte von Michael schauen. Was hat wohl Onkel Paul da alles hineingepackt? Was meint ihr? (Süßigkeiten, Spielzeug, Buntstifte …)

Bei Euch sind all diese Dinge sicher drin, aber in Michaels Schultüte sind ganz andere. Onkel Paul hat nämlich noch nie eine Schultüte gefüllt und er wußte nicht, was eigentlich in eine Schultüte gehört:

a) Hier ein Apfel. Onkel Paul will damit sagen: Die Schule, die jetzt auf euch wartet, soll euch wie dieser Apfel Appetit machen. Sie soll zum Reinbeißen schön sein.

b) Eine Kerze – ja, ein Licht soll euch im Unterricht aufgehen.

c) Ein Lebkuchenherz – Ich wünsche euch Lehrer und Lehrerinnen, die das Herz auf dem rechten Fleck haben und die gern Lehrer und Lehrerin sind.

d) Ein Netz – ihr sollt euch tragen und ertragen, euch gegenseitig helfen und füreinander einstehen.

e) Zum Schluß kommt jetzt noch ein eingepacktes Geschenk heraus. Auf einem roten Aufkleber steht: »Das Wichtigste«.

Packen wir dieses Geschenk aus! Zuvor aber lese ich euch die Zeilen vor, die Onkel Paul geschrieben hat:

Lieber Michael, wenn Mama dir jetzt diesen Brief vorliest, wirst du hoffen, daß in diesem Päckchen wenigstens Süßigkeiten drin sind. Nein, ich muß dich enttäuschen! Ich dachte mir, ich schenke dir eine ganz andere Schultüte – und deshalb wirst du jetzt auch in diesem Paket etwas ganz Ungewöhnliches auspacken. Den Inhalt brauchst du vielleicht viel mehr in der Schule als die Schokolade, bei der es doch bloß Zahnweh und Bauchweh gibt.

– *Ein Regenschirm wird ausgepackt* –

Aber was soll dieser Schirm? Sicher regnet es auch, wenn ihr in die Schule geht. Und wenn die Sonne zu stark sticht, kann dieser Regenschirm als Sonnenschirm gebraucht werden. Es ist gut, einen Schirm in der Schule zu haben, denn keiner kann vorhersehen, wie die Großwetterlage in der Schule sein wird. Vielleicht herrscht in Religion Sonnenschein, vielleicht blitzt und donnert es in der nächsten Stunde, wenn gerechnet und geschrieben wird. Manchmal hagelt es auch Strafarbeiten. Es ist jedenfalls gut, einen Schutz zu haben. Onkel Paul will aber dem kleinen Michael und uns allen sagen: Wie der Schirm uns schützt und beschirmt – so schützt uns auch Jesus. Er ist unser Schirmherr – er ist unser unsichtbarer Schirm, der uns Schutz bietet, der uns nie im Regen stehen läßt. Wir können uns geborgen, beschirmt und geschützt fühlen. Ja, wenn wir unter diesem Schirm stehen, wenn wir Jesus als Schirmherr sehen, brauchen wir keine Furcht vor der Schule zu haben. Dann können wir gerade auch heute wirklich alle froh und fröhlich sein.

## Schrifttext

Mk 4,35–41 Sturm auf dem See

Daß Jesus uns nahe ist und unser Schirmherr, zeigt uns auch der Evangelist Markus in der Geschichte vom Sturm auf dem See. Ihr bekommt dazu jetzt eine schöne Bildkarte, auf der diese Geschichte ins Bild gesetzt wurde.

## Deutung

Die Geschichte vom Sturm auf dem See hat hier der Künstler Sieger Köder gemalt. Die Apostel sind mit Jesus in einem Boot auf dem See Gennesaret und geraten durch einen Sturm in größte Not. Mit großer Anstrengung kämpfen die Apostel ums Überleben. Sie kämpfen gegen Wind und Wellen und geben trotz gebrochenem Ruder und zerstörtem Mast nicht auf.
Auch in der Schule könnt ihr in ähnliche Not geraten. Wie die Jünger sitzt ihr jetzt auch in einem Boot und seid auch manchmal Regengüssen und Stürmen ausgeliefert. Ihr werdet mit voller Kraft rudern, aber manchmal scheint alles umsonst zu sein, weil Ruder und Mast schon längst gebrochen sind. Alle Möglichkeiten werdet ihr ausschöpfen bis zur eigenen Erschöpfung. Vielleicht ruft ihr dann auch: »Meister, kümmert es dich nicht, daß wir zugrunde gehen? Rette uns!«
Unser Schirmherr wird auch uns dann retten, schützen und beschirmen. Wir können sicher sein, auch wenn wir meinen, er schläft und verschläft unsere Sorgen und Ängste, er wird uns nicht allein lassen. Mit ihm als Schirmherr kommen wir durch alle Stürme, Ängste und Gefahren. Mit ihm als Schirmherr muß keiner im Regen stehen.

## Symbolgeschenk

Damit ihr fest auf den Schirmherr Jesus Christus vertraut, bekommt jetzt jeder ein kleines Schirmchen, das uns jeden Tag sagen kann: Michael, Gabi, Melanie … *(Name der Schulanfänger),* du bist vom Schirmherrn Jesus Christus beschirmt, geschützt und geborgen.

*Sieger Köder, Sturm auf dem See*

## Segensgebet

Möge Christus auf dem Weg durch den Schulalltag uns begleiten.
Möge Christus im gleichen Boot sitzen, wenn Stürme toben und Ängste uns überfluten.
Möge Christus als Schirmherr uns führen und lenken durch alle gefahrvolle Gewässer unseres Schulalltag .
Dazu segne uns der gütige Gott, der Vater, der Sohn und der Heilige Geist.

## Liedvorschläge

| | |
|---|---|
| »Der Himmel geht über allen auf« | Erdentöne 113 |
| »Wenn einer sagt, ich mag dich« | Troubadour 129 |
| »Gehet nicht auf in den Sorgen dieser Welt« | Troubadour 137 |
| »Komm, Herr, segne uns« | Erdentöne 61 |

*Franz Keil*

# Laßt uns Freunde werden

Gottesdienst zum Schuljahrsbeginn (Grundschule)

## Thema

Freundschaft ist für Kinder etwas sehr Wichtiges, vor allem wenn sie eingeschult werden und in eine ihnen bisher fremde Umgebung kommen. Sie brauchen Halt und Geborgenheit, nicht nur von Lehrern, sondern auch von ihren Mitschülern und Mitschülerinnen.
Manchmal aber sind es Äußerlichkeiten, die die Kinder zu Vorurteilen gegenüber anderen verleiten und manche zu Außenseitern werden lassen. Deshalb auch das Thema »Laßt uns Freunde werden«, das als Einladung gilt, jeden so anzunehmen, wie er ist, möglichst jedem freundschaftlich zu begegnen – ohne Vorurteile, auch wenn es schwer fällt. Der Hinweis auf Jesus, der vorbehaltlos die Menschen annahm und ihnen Freund und Helfer wurde, sowie der alttestamentliche Bezug zur Freundschaft von David und Jonatan sollen diese Einladung, Freunde zu werden, biblisch untermauern.

## Hinführung zur Geschichte

Oft beurteilen wir Menschen nur nach ihrem Aussehen, ob sie stark sind oder schwach, ob sie eine Brille haben oder nicht, ob sie eine große oder kleine Nase haben, ob sie dick oder schlank sind, wie sie angezogen sind. Meistens ist das so, wenn man sich noch nicht lange kennt. Wenn man sich dann länger kennt, stellt man vielleicht fest: Der andere ist ja gar nicht so, wie ich zuerst gedacht habe, der ist ja ganz nett. Wir hören jetzt eine Geschichte, in der jemand meinte, er müßte so sein wie die anderen, damit er beliebt ist und gut ankommt, bis er feststellt: Er mag sich doch so, wie er ist.
*Zum Lesen der Geschichte können ein Stoff-Nashorn und ein Stoff-Nilferd mitgebracht werden.*

## Geschichte

### Du siehst zum Lachen aus, sagte das Nashorn zum Nilpferd

Es war einmal in einem Dschungel, da begegnete ein Nashorn einem Nilpferd. Das platschte lustig im Schlamm herum.

»Du siehst ja zum Lachen aus«, sagte das Nashorn zu dem Nilpferd. »Ich habe den Schlamm aber gern«, antwortete das Nilpferd.
»Oh, es ist nicht der Schlamm, der dich so lächerlich macht«, sagte das Nashorn. »Es ist deine Nase.«
Das Nilpferd sah an seiner Nase herunter. »Was fehlt denn an meiner Nase?« fragte es.
»Siehst du nicht, daß da was fehlt?« fragte das Nashorn. Das Nilpferd schüttelte den Kopf.
»Siehst du nicht, daß da ein Horn fehlt?« fragte das Nashorn wieder.
»Ein Horn?« sagte das Nilpferd.
»Ja, ein Horn«, sagte das Nashorn. »Deine Nase hat kein Horn, und eine Nase ohne Horn sieht wirklich zum Lachen aus.«
Da kroch das Nilpferd aus dem Schlamm heraus und schaute noch einmal an seiner Nase herunter. Als es wieder aufsah, war das Nashorn verschwunden.
Wenn ich doch nur ein Horn wie das Nashorn hätte, dachte das Nilpferd, dann würde ich nicht mehr zum Lachen aussehen.
So fing die Geschichte mit dem Nilpferd an. Zuerst wurde so ein dummer Gedanke in seinen Kopf gesetzt, es konnte sich ärgern und aufregen soviel es wollte, es wurde ihn nicht wieder los. Da dachte es: Ich weiß, was ich tun werde. Ich werde einen jeden, der mir begegnet, fragen, ob er auch meine, daß ich zum Lachen aussehe.
Das Nilpferd befragte viele Tiere. Und zu seinem Entsetzen fanden alle Befragten sein Aussehen lächerlich. Der Löwe bemängelte das Fehlen einer Mähne. Der Leopard vermißte den schöngefleckten Rock. Der Elefant wiederum hielt Schlappohren für unbedingt nötig, der Affe den Schwanz und die Giraffe einen langen Hals. Sogar die Schildkröte fand, das Nilpferd sähe zum Lachen aus, weil ihm ein Panzer fehle. Die Nachtigall schließlich kritisierte die Stimme des Nilpferds, die nicht mit ihrer Nachtigallenstimme zu vergleichen sei.
Da versteckte sich das Nilpferd vor Scham an einem einsamen Platz und schlief ein. Im Traum aber wurden alle seine Wünsche erfüllt. Es träumte, es hätte ein Horn wie das Nashorn, eine prächtige Mähne wie der Löwe, Flecken wie der Leopard, Schlappohren wie der Elefant, einen Schwanz wie der Affe, einen langen Hals wie die Giraffe, einen festen Panzer wie die Schildkröte und eine liebliche Stimme wie die Nachtigall.
»Nun sehe ich nicht mehr zum Lachen aus!« dachte das Nilpferd und zeigte sich allen Tieren. Doch die brüllten vor Lachen beim Anblick des veränder-

ten Nilpferdes. In einer Pfütze erblickte es sein Spiegelbild. Es sah wirklich zum Lachen aus. Darüber erschrak es so sehr, daß es erwachte. Nun war es froh und erleichtert, nur ein fettes, unförmiges Nilpferd zu sein. Fröhlich ließ es sich in das nächste Schlammloch plumpsen, und von dem Tag bis heute ist es stolz darauf, so zu sein, wie es ist.

(Bernhard Waber [2])

## Sprechspiel nach 1 Sam 18–20

Vor langer Zeit gab es zwei Freunde, die ganz eng zusammenhielten. Der eine hieß David. Er lebte am Hof des Königs Saul. Und wenn der König traurig war, mußte David auf seiner Harfe spielen und Lieder dazu singen. Der junge David war ein starker Mann und beim ganzen Volk beliebt. Am meisten aber mochte ihn Jonatan, der Sohn des Königs Saul. Sie waren ganz enge Freunde. Was sie aber an Schönem und Traurigem in ihrer Freundschaft erlebten, das sagen sie jetzt selbst:

*Jonatan:* Weißt du noch David, eines Tages haben wir einen Bund miteinander geschlossen. Zum Zeichen für unsere Freundschaft habe ich dir meinen kostbaren Mantel geschenkt, dazu meine Rüstung, mein Schwert, meinen Bogen und Gürtel.

*David:* Aber dann wurde unsere Freundschaft bald auf eine harte Probe gestellt. Dein Vater Saul begann sich vor mir zu fürchten. Er wurde neidisch auf mich. Er sah es nicht gern, daß das Volk mich so liebte. Er beschloß sogar, mich zu töten. Als ich nämlich eines Tages wieder vor seinem Thron saß, auf der Harfe spielte und dazu sang, warf der König plötzlich seinen Speer nach mir. Gott sei Dank konnte ich ausweichen und fliehen.

*Jonatan:* Ja, ich wollte zunächst gar nicht glauben, daß mein Vater so etwas tun konnte. Deshalb wollte ich ’rauskriegen, ob mein Vater tatsächlich etwas Böses gegen dich im Sinn hatte.

*David:* Ich hatte dann folgende Idee: Es war ein Fest, an dem ich teilnehmen mußte. Aber ich versteckte mich auf den Feldern, und du, Jonatan, solltest dem König sagen, daß du mir erlaubt hast, in meine Heimatstadt Betlehem zu reisen. Wir wollten sehen, wie Saul reagiert, ob er zornig wird, wenn ich nicht da bin.

*Jonatan:* Ja, es wurde schlimm. Als mein Vater sah, daß dein Platz leer war, wollte ich dich entschuldigen. Aber der König durchschaute mich und schleuderte einen Speer gegen mich, seinen eigenen Sohn. Dabei schrie er: »Du stehst auf der Seite Davids, den ich töten will!« Ich war sehr erschüttert und traurig, aber unsere Freundschaft war mir wichtiger, und ich wußte jetzt, daß ich dir sofort helfen mußte. Ich eilte davon, bevor mein Vater Soldaten nach dir losschicken konnte.

*David:* Und ich war in meinem Versteck und wartete auf dich. Als du kamst, wußte ich gleich, daß wir uns für eine ganze Weile trennen mußten. Wir weinten zusammen und umarmten uns. Dann mußte ich fliehen.

*Jonatan:* Aber wir haben uns vor Gott ewige Freundschaft geschworen. Sie hat bis zum heutigen Tag gehalten. Und sie bleibe zwischen dir und mir, zwischen meinen und deinen Kindern auf ewig.

*David:* Es ist schön zu wissen, daß man einen Freund hat, dem man vertrauen kann und der auch in der Not zu einem hält.

## Aktion

*Schöne, farbige Wollfäden werden verteilt, die man sich gegenseitig um das Handgelenk bindet.*
*Hinführung dazu:* Wir laden euch ein, ein Zeichen für eure Zusammengehörigkeit in diesem Schuljahr zu setzen, ein Zeichen, daß ihr euch eure Freundschaft anbietet. Ihr bekommt schöne bunte Wollfäden, die ihr einander zum Zeichen eurer Freundschaft um das Handgelenk bindet.
So ein Bändchen sagt, daß wir miteinander verbunden sind, daß wir an den anderen denken, ihn achten und mit ihm gut auskommen wollen. Vielleicht könnt ihr dieses Wollbändchen noch ein paar Tage tragen, damit ihr in der Schule seht: Da ist jemand, der mit mir verbunden ist …

## Gebet

Lieber Gott, ich bin nicht nur in der Schule, um lesen, schreiben und rechnen zu lernen. Ich bin auch mit vielen anderen zusammen. Es macht viel mehr Spaß, in die Schule zu gehen, wenn wir Freunde sind. Gib mir deshalb den Mut, auf die anderen zuzugehen und sie zu verstehen, auch wenn sie anders sind als ich. Laß uns Freunde sein, so wie dein Sohn Jesus der Freund der Menschen ist. Amen.

## Liedvorschläge

| | |
|---|---|
| »Ins Wasser fällt ein Stein« | Erdentöne 141 |
| »Einsam bist du klein« | Erdentöne 86 |
| »Ich gebe dir die Hände« | Liederbuch zum Umhängen 44 |
| Kindermutmachlied | Troubadour 129 |

*Reinhold Jochim*

# Lebe deinen Traum – nutze den Tag

Schulgottesdienst an einer kaufmännischen Schule

## Lied

»Oh happy day«

## Begrüßung und Eröffnung

Gedanken zum Film »Sister act« / Gospels

## Szene: Freizeitgestaltung einer Clique

Im Religionsunterricht wurden von den Schülern einer 1. Klasse der zweijährigen Wirtschaftlichen Berufsfachschule Situationen beschrieben, in denen sie Spaß und Freude am Leben erleben. Dabei entstand folgende Szene, die im Gottesdienst gespielt wurde.

– Eine Mädchen-Clique tritt auf: »Was machen wir heute abend?« Vorschläge wie Eis essen gehen, ins Kino gehen …, werden abgelehnt. Als ein weiteres Mädchen zur Clique dazustößt, wird der Vorschlag: »Gehn wir in die Disco!« gemacht. Nach kurzer Diskussion, welche die beste Disco sei, geht die Clique zu den Jungs, um sie mitzunehmen.

– Zwei Jungs kicken mit einem Fußball und unterhalten sich fasziniert über aktuelles Fußball-Wissen. Als die Mädchen-Clique dazukommt, »produziert« sich einer der Jungs besonders. Die Mädchen überreden die Jungen, in die Disco mitzukommen, unter anderem damit, daß eine »Tussie« käme, die einer der Jungs doch unbedingt treffen wolle. Die Kicker gehen ab, um zu duschen (ziehen sich hinter der Graffiti-Wand – Dekorationsgegenstand, der im Kunstunterricht angefertigt wurde – eine lange Hose über). Die Clique geht weiter.

– Zwei Turnerinnen trainieren auf einer Bodenmatte für eine Aufführung bei einer Großveranstaltung und kommen darüber mit der Clique ins Gespräch. Als die Jungs dazukommen, überredet sie einer, doch mit in die Disco zu gehen.

- Disco-Musik spielt, alle treten auf und tanzen dazu oder unterhalten sich. Nach einer Weile wird die Musik ausgeblendet, die Szene endet.

## Hinführung zum »Carpe diem« (aus dem Film »Der Club der toten Dichter«)

Die Szene, die ihr eben gesehen habt, entstand aus der Frage heraus: »Was macht mir eigentlich Spaß im Leben?« Sicher war das keine Antwort, die für jeden genau so stimmen kann – sie soll es auch nicht.
Aber die Schülerinnen und Schüler, die den Gottesdienst vorbereitet haben, konnten sich darin wiederfinden. Vielleicht könnt auch ihr zustimmen, daß zum Spaß im Leben wesentlich gehört:
- daß ich die Gemeinschaft z. B. einer Clique erlebe,
- daß ich meine körperlichen Fähigkeiten z. B. im Sport erfahre,
- daß ich meine Gefühle z. B. in der Musik wiederfinde und ausdrücke.

Jedenfalls zeigen auch Umfragen und Forschungsergebnisse, daß Jugendliche sehr viel Zeit für diese Bereiche verwenden. Wie nutze ich eigentlich die Zeit meines Lebens – oder, eine Nummer kleiner, die Zeit des vor mir liegenden Tages?
Sicher kennen viele von euch den Film »Der Club der toten Dichter«. Darin wird diese Frage mit dem lateinischen Spruch »Carpe diem« – »Nutze den Tag« aufgegriffen. Was einer Schülerin einer 11. Klasse in Freiburg dazu eingefallen ist, liest uns jetzt N. N. vor.

## Gedanken einer Schülerin zu »Carpe diem«

Carpe diem, nutze den Tag: Mir fallen Ferientage ein, die ich bis zwölf Uhr verschlafen habe. Nutze den Tag? Bei mir dürfte es wohl eher die Nacht sein, die ich nutze; meine Hausaufgaben mache ich größtenteils nach Einbruch der Dunkelheit. Aber was ist mit »carpe diem« gemeint? Unsere Tage sind gezählt. Unser Leben dauert nicht ewig. Irgendwann wird es vorbei sein. Früher oder später. Wie sollen wir bis zu diesem Zeitpunkt unsere Tage nützen? Bedeutet »carpe diem« etwa, daß ich helfen soll, die Welt zu verändern, daß ich die Zeit hier sinnvoll nutzen soll, sie nicht vergeuden mit Vergnügen? »Carpe diem« – verändere die Welt! Armut und Hungertod in der sogenannten Dritten Welt machen betroffen. Doch wer hilft, wer nutzt den Tag?

Man nehme aber die andere Übersetzung: genieße den Tag. Ich muß an meine Freunde denken, besonders an diejenigen, die bereits einen Beruf haben. Es sind meistens die Jungen; die Mädchen sind größtenteils noch auf der Schule; also stehen sie morgens um halb sieben oder früher auf und arbeiten dann bis abends um 20 Uhr (etwa bis 17 Uhr im Betrieb, später dann noch daheim oder schwarz). Genieße den Tag! Das Wochenende schlägt ins andere Extrem um: Weggehen; meistens (eigentlich in 99% aller Fälle) wird Alkohol getrunken, mal mehr, mal weniger; frühmorgens heimkommen, wenig schlafen. Wo bleibt Zeit nachzudenken, zu überlegen, wie man seine Zeit sinnvoller verbringen kann? Sicher, Arbeit ist sinnvoll, aber doch nicht so! Und was treibt der Schüler mit seiner Zeit? Es kann mir keiner erzählen, daß er von 15 bis 20 Uhr lernt und dann schläft (das Essen habe ich noch vergessen)! Wenn ich zu Hause helfen muß, »verdubel« ich den größten Teil des Tages. Ich schlafe zwei Stunden, schaue fern, carpe diem? Dieser Tag ist nicht genossen, er ist verschwendet. Doch wie besser machen? Will ich es überhaupt anders, besser machen? Soll ich es besser machen? Was ist überhaupt »besser«? Wie soll man seinen Tag nutzen? Mehr über sich selbst, über Sinn und Zweck nachdenken? Ich lebe eigentlich nur so vor mich hin. Carpe diem – wann? wo? wie?

(Katrin Lösch, 17 Jahre, Klasse 11 Merian-Schule Freiburg [3])

## Hinführung zum Bibeltext

Nutze den Tag, genieße den Tag – verschwende ihn nicht! Welchen Sinn hat das Leben, wenn es nur sinnlos verschwendete Zeit ist, wenn man es nicht genießen und sich daran freuen kann? Dieser Frage sind schon viele Menschen, Dichter und Denker nachgegangen. Einer von ihnen hat ca. 200 Jahre vor Jesus gelebt und ist unter dem Namen »Kohelet«, zu deutsch: »Versammler« oder »Prediger« in die Bibel eingegangen.
Hören wir, was er uns zu sagen hat.

## Schrifttext

Koh 5,17–6,3 Über Armut und Reichtum

## Gedanken zu Kohelet

Was hat einer vom Leben, wenn er es nicht genießen kann? – Ich wette, das könnte jede und jeder von euch so oder so ähnlich schon mal gesagt haben.

Vielleicht im Religionsunterricht, vielleicht im Gespräch mit Freunden oder Eltern ...? Aber daß so etwas in der Bibel steht!? Vielleicht hat mancher von euch den Eindruck, daß Bibel und Kirche einem den Lebensgenuß doch eher verderben wollen mit hohen Ansprüchen an die Moral. Tut Buße, leistet Verzicht usw. heißen die eingängigen Sprüche, die hängenbleiben. Es geistern doch immer noch diese moralinsauren Klischees herum, wonach jemand um so »frömmer« oder »christlicher« ist, je mehr er den Freuden und Genüssen des Lebens abschwört, als seien sie der Teufel selbst. Aus dieser Perspektive wäre die anfangs gespielte Szene in einem Gottesdienst blanke Gotteslästerung! Und damit wäre natürlich auch die Art und Weise, wie heutige Jugendliche ihre Freizeit, ihr Leben gestalten, von vornherein »unchristlich«! Aber stimmt denn das? Redet die Bibel nur vom Verzichten und lehnt Genuß und Lust am Leben ab?
Wer könnte mit so einem Gott wirklich leben – mal ehrlich?
Mir sind bei der Vorbereitung auf diesen Gottesdienst einige Punkte aufgefallen. Deshalb erscheinen mir die Gedanken dieses alten Predigers »Kohelet« sehr aktuell und befreiend.
Kohelet lebt offensichtlich in reichen Verhältnissen – so wie der große Teil von euch Jugendlichen (und natürlich erst recht von uns Erwachsenen) bei uns in Deutschland. Ihm wie uns ist es möglich, das Leben im Wohlstand zu genießen! Immer noch! Jeder von euch weiß, daß das nicht immer und überall selbstverständlich ist. Auch Kohelet weiß das. Er denkt aber nicht in erster Linie an die Armen dieser Welt – so wie viele bei uns auch –, sondern weil er unter Reichen lebt, sieht er zunächst das Unglück derer, die alles haben, es aber nicht genießen können. Als antiker, gläubiger Mensch drückt er es so aus: »Gott erlaubt es ihm nicht, es zu genießen.« Ein aktuelles Thema: Gibt es nicht bei uns, weltweit gesehen, reichen Menschen genau dieses Problem? Daß Menschen vor lauter Konsum- und Verdienstmöglichkeiten nur noch im Sinn haben, was sie alles noch haben (erlebt haben, gesehen haben, erreicht haben ...) möchten. – Das Leben wird zum streßigen, hektischen Wettlauf ums »immer Mehr« – was fehlt ist das wirkliche Leben, einfach leben, dasein, Zeit haben, das Vorhandene intensiver genießen und dadurch seelisch froh werden – an mir selber, meinen Freunden, meiner Umwelt ...
Das Graffiti sagt: »... lebe deinen Traum!« (In voller Länge heißt es: Träume nicht vom Leben, lebe deinen Traum!) – Konstantin Wecker warnt: »Wer nicht genießt, ist ungenießbar!« – und Kohelet meint, man soll »es sich wohl sein lassen bei aller Mühe, die man hat. So hat Gott es für uns Menschen bestimmt!«

Na also! Carpe diem! Genieße dein Leben!
Hier könnte man sich beruhigt zurücklehnen und sich in seinem Lebensgefühl bestätigt sehen. Doch Kohelet denkt und schreibt weiter:
»Wenn Gott einen Menschen reich und wohlhabend werden läßt und ihm erlaubt, seinen Teil davon zu genießen, dann sollte er dankbar sein und sich über den Ertrag seiner Mühe freuen. Denn das ist ein Geschenk Gottes« (Koh 5,18).
Mir fällt dabei auf:

- Für ihn ist es selbstverständlich, daß nicht das ganze Leben ein einziger Genuß sein kann, sondern Reichtum und Wohlstand durch mühevolle Leistung erarbeitet werden müssen. Wer von uns wüßte das nicht! Aber will er es wahrhaben? Oder träumt er doch insgeheim vom Konsumparadies des Lottomillionärs, der nicht mehr arbeiten muß?

- Kohelet sagt: Mir steht es zu, »meinen Teil vom Wohlstand zu genießen«. Das ist wichtig! Wer arbeitet, dem steht auch gerechter Lohn und Zeit zum Lebensgenuß zu. Aber nicht nach dem Motto »Brot für die Welt, Butter und Schinken drauf aber für mich alleine!« Das ist es doch, was die Freude und die Lust am Leben kaputtmacht und zum heimlichen »Konsumzwang« und zur Sucht umkippt: der Anspruch auf den totalen Genuß. Der geht auf Kosten meiner körperlichen und seelischen Gesundheit, auf Kosten anderer, ärmerer, schwächerer Mitmenschen, auf Kosten der Natur.

- Deshalb denkt Kohelet weiter und dankt Gott: Genießen-Können und Genießen-Dürfen ist für ihn keine Selbstverständlichkeit und auch kein Anspruch an Staat und Gesellschaft, sondern ein Geschenk, ein Geschenk Gottes.

Was ist zeitgemäßer in einer Welt, die an der Überbeanspruchung einer Minderheit und ihrem Besitzstanddenken kaputt zu gehen droht?!
Wenn wir in der glücklichen Lage sind, zusammen mit anderen diesen Tag, demnächst die Ferien und überhaupt den Reichtum unseres Lebens genießen zu können, dann könnten wir mit Kohelet weiterdenken und Gott dafür danken. Vielleicht könnte uns diese Grundeinstellung helfen, ohne schlechtes Gewissen, aber auch ohne Arroganz unser Leben zu nutzen und zu genießen.
Carpe diem!
*(Hinweis auf diese Grundhaltung im Lied »Let us break«)*

## Lied

»Let us break«

## Fürbitten

Guter Gott, unsere Zeit steht in deinen Händen und unser Leben in deiner Sorge. Du liebst uns Menschen und willst, daß wir das Leben genießen können. Höre und erhöre unsere Bitten:

- Guter Gott, als Schüler haben wir viel Freizeit, vor allem, wenn bald wieder Ferien sind. Hilf uns, daß wir diese geschenkte Zeit bewußt nützen und sie nicht vertrödeln.
- Guter Gott, viele sitzen in ihrer Freizeit nur langweilig vor dem Fernseher, lassen sich davon berieseln und schlagen dabei die Zeit tot. Gib allen die Energie, daß sie ihre eigenen Ideen zu verwirklichen veruschen und die Gemeinschaft in der Familie, mit Freunden und Nachbarn besser pflegen.
- Guter Gott, sei all denen nahe, die unter die Räder der Uhren gekommen sind und nur noch gehetzt und gejagt von einem Termin zum anderen rennen. Gib ihnen den Mut, Termine abzusagen und zu streichen, damit sie auch Zeit finden, das Leben nach ihren Interessen zu gestalten und zu genießen.
- Guter Gott, manchmal träumen wir von einem leichteren und besseren Leben. Gib uns Mut, daß wir unsere Träume von einem besseren Leben nicht vergraben, wenn sie nicht in Erfüllung gehen, sondern unseren Teil dazu beitragen, daß eine bessere Welt wächst.

Guter Gott, wir wollen unsere geschenkte Zeit nützen und sie sinnvoll füllen nach dem Vorbild deines Sohnes Jesus Christus, damit wir mit vielen am Leben Freude haben und es genießen können, jetzt in dieser Zeit und für alle Zukunft. Amen.

## Lied

»Swing low«

## Vaterunser und Segensbitte

## Lied

»Rock my soul«

## Material

- Zwei Stellwände mit Rauhfaser-Tapete beklebt, von Sprayern mit dem Graffiti »... lebe deinen Traum« künstlerisch gestaltet.
- Gymnastik-Bodenmatte und Fußball
- Kassetten-Recorder

*Bernhard Brunner/Norbert Gerschewski*

# Halte deine Träume fest, lerne sie zu leben

Schulgottesdienst

## Thema

Während eines Schuljahrs beschäftigen sich Lehrer und Lehrerinnen, Schüler und Schülerinnen in manchen Fächern auch mit dem Welt- und Zeitgeschehen und mit der Zukunft unseres Lebens. Manche Schüler und Schülerinnen sind aktiv z. B. in Umweltgruppen wie »Greenteam«, manche führen irgendwelche Aktionen durch zugunsten z. B. von Asylbewerbern oder Obdachlosen oder Kriegsopfern. Aber auch im persönlichen Lebensbereich machen sich viele Gedanken um ihre Zukunft und träumen von ihrem eigenen Glück, auch manchmal während des Unterrichts. Daß Träumen auch in der Schule erlaubt sein kann, das will dieser Gottesdienst zeigen. Denn in der Schule lernt man auch für das Leben – und dazu ist Träumen wichtig.
Von Träumen wird auch immer wieder in der Bibel berichtet. Auch Jesus versuchte, seine Träume von Menschlichkeit und Glück zu verwirklichen – für uns.
Wichtig ist, zu verdeutlichen, daß es ist nicht gut ist, bei Träumereien zu bleiben, sondern Träume festzuhalten und sie zu leben lernen.

## Anspiel

1: Wer kann es sich heute noch leisten, so richtig schön zu träumen?
2: Wenn man in die Zeitung schaut und die harte Wirklichkeit sieht, dann vergeht einem das Träumen.
3: Wer träumt, vertut sowieso die Zeit, etwas Nützliches zu tun.
1: Aber es gibt viele große Menschen in der Vergangenheit, die von einer besseren Welt geträumt haben. Ich denke zum Beispiel an Martin Luther King, der davon träumte, daß es eines Tages keinen Rassismus mehr gibt.
2: Und ich denke an Menschen in der Bibel, zum Beispiel an die Propheten, die große Träume vom Frieden, von Gerechtigkeit und Liebe hatten.
3: Das sind doch lauter fremde Träume! Heute gibt es doch fast nur noch Alpträume. Seht doch in die Zeitung: Krieg im ehemaligen Jugoslawien,

Uneinigkeit in Rußland, Terroranschläge, Hunger in der Dritten Welt, Ausländerfeindlichkeit, Umweltzerstörung. Oder denkt doch mal an den Schulstreß. Da vergeht einem doch das Träumen. Hört doch auf zu träumen! Das bringt nichts!

1: Und trotzdem – trotzdem möchte ich träumen von einer Welt, in der man miteinander redet und sich versteht; ich möchte träumen von einer Welt, die nicht auf Vernichtung aus ist, die die Trennmauern zwischen den Menschen abbaut.

2: Ja, wie gern träume auch ich von einer Welt, in der jeder sein darf, wie er ist, in der jeder kapiert, daß Egoismus und das Streben nach Reichtum und Macht nicht glücklich machen.

3: Ihr seid hoffnungslos weltfremd! Kommt doch wieder auf den Teppich! Dies ist nicht unsere Welt! Unsere Welt ist härter und grausamer, als ihr zu träumen wagt.

1: Dürfen wir nicht mehr träumen? Träumen wie die Propheten vor mehreren tausend Jahren? Oder wie es Martin Luther King und andere getan haben in unseren Tagen?

3: Was bringt das?

2: Es muß nichts bringen! Träume können uns in Bewegung setzen, um eine neue Welt zu schaffen.

3: Aber jetzt mal ehrlich: Wer tut das schon – sich in Bewegung setzen lassen. Ein schöner Gottesdienst wie heute – und nachher geht's eh im alten Trott weiter! Aus der Traum!

1: Aber jetzt denk doch mal nach! Wenn wir jedes Träumen verbieten würden, dann täte sich ja überhaupt nichts mehr.

2: Vielleicht träumen wir sogar noch viel zu wenig von einer Welt, in der es schöner ist.

3: Weil halt die jetzige Welt nicht zu verändern ist.

1: War dann auch Jesus von Nazaret nur ein Traum? Ist sein Traum durch den Tod am Kreuz aus gewesen?

2: Vielleicht träumen wir zu wenig von dieser Welt Jesu, so wie er sie sich vorgestellt hat: von einer Welt in Liebe, wo alle Menschen geachtet werden – auch die Armen und Außenseiter.

3: Aber wo sind die Signale dafür, daß es etwas bringt zu träumen? Solche Signale wären prima.

1: Ich habe einen Traum: von Menschen aus unserer Stadt und von den Kindern und Jugendlichen an unserer Schule. Ich habe einen Traum von dir und mir. Die alle sagen sich: Wir wollen ähnlich wie Jesus Werkzeuge des

Friedens werden, die Welt mit dem Licht der Liebe erfüllen, Gerechtigkeit schaffen zwischen Arm und Reich und die Umwelt vor der Zerstörung retten. Und das muß bei jedem einzelnen von uns beginnen.

2 und 3: Muß das nur ein Traum sein!?

## Schrifttext

Gen 28,10–17 Jakobs Traum
(unterlegt mit einem Dia von Sieger Köder aus der Diaserie: Bilder zum Alten Testament, Schwabenverlag)

## Deutung / Überleitung zur Aktion

Wir haben von Jakobs Traum gehört. Er hat dabei erlebt, wie nah der Himmel sein kann, ja daß es eine Verbindung zwischen Himmel und Erde, zwischen Gott und Mensch gibt. Das wird durch die Leiter gezeigt, die bis in den Himmel reicht, aber auch fest auf der Erde steht. Unsere Träume, die wir haben, sind oft auch Vorstellung von etwas Himmlischem, von etwas Schönem, von Glück, aber nicht weit weg, denn oft können Träume ein Stück Himmel auf Erden sein, wenn sie sich hin und wieder erfüllen. »Halte deine Träume fest«, so heißt ein Lied – damit sie nicht wieder wie eine schöne Seifenblase zerplatzen.
Wir wollen jetzt auch unsere Träume festhalten, indem wir sie aufschreiben.

## Aktion

Auf »Wolken« (Symbol für Träume), die vorher in einer Klasse aus blauem Plakatkarton angefertigt worden waren, schreiben die Schüler und Schülerinnen in Dreier-Gruppen auf: »Ich träume davon, daß ...«
Anschließend hängen sie ihre »Wolken« auf einer Leine auf, die zwischen zwei Leitern gespannt wurde (Leiter als Hinweis auf Jakobs Traum).

## Gebet

Herr Jesus Christus, du siehst unsere Träume von Frieden, Gerechtigkeit, Menschlichkeit und Liebe. Du willst uns helfen, diese Träume ernst zu nehmen und sie Wirklichkeit werden zu lassen. Du hast uns durch dein Leben gezeigt, wie das geht – auch wenn du oft damit Anstoß erregt hast. Gib uns die Kraft, trotz allem, was dagegen spricht, unseren Träumen Leben zu geben und so ein Stück Himmel auf die Erde zu bringen. Amen.

## Liedvorschläge

| | |
|---|---|
| »Halte deine Träume fest« | Manchmal finde ich |
| »Wir träumen einen Traum« | Songbuch 2, 36 |
| »Wir haben einen Traum« | Songbuch 1, 42 |
| »Wenn einer alleine träumt« | Erdentöne 156 |
| »Kleines Senfkorn Wunschtraum« (statt »Hoffnung«) | Erdentöne 142 |

*Reinhold Jochim*

# Du bist das Licht der Welt

## Schulgottesdienst im Advent

### Thema

Die Adventszeit ist nicht nur äußerlich von der Dunkelheit geprägt. Auch bei Schülern und Schülerinnen fehlt durch den Schulstreß oft der Lichtblick. Der Gottesdienst für die Unterstufe der Realschule soll einen Funken überspringen lassen, um die Dunkelheit zu erhellen. Damit dies geschieht, darf die gemeinsame Vorbereitung des Anspiels, der Fürbitten und der Auswahl des Schrifttextes nicht geringgeschätzt werden. Für die künstlerisch Begabten bietet es sich an, die einzelnen Kerzen vom Anspiel mit Symbolen zu gestalten.

### Anspiel

»Vom Licht, das nicht erlöschen darf«

*(Vier Kinder halten je eine brennende Kerze in der Hand, das fünfte Kind ist der Sprecher.)*

*1. Licht:* Dies ist das Licht des VERTRAUENS. Es brennt. Mit Recht, weil die Menschen, weil wir einander vertrauen. So entsteht eine Atmosphäre ohne Spannungen, in der wir uns wohlfühlen können.

*Sprecher:* Das glaubst du doch nicht wirklich? Können wir das von uns behaupten? Herrscht nicht eher eine Atmosphäre des Miß-trauens? Da hat zum Beispiel ein Kind seine Mutter belogen. Und es war nun schon das dritte Mal. Die Mutter kann ihm nicht mehr glauben. Das Vertrauen ist ausgegangen.
Lösche das Licht besser aus. Das ist ehrlicher! *(Die Kerze wird ausgeblasen.)*

*2. Licht:* Das ist das Licht der FREUDE. Wir können zusammen lachen, spielen und singen. Wir freuen uns jetzt auf Weihnachten, auf die Zeit nach den Klassenarbeiten, auf die Ferien.

*Sprecher:* Freude – daß ich nicht lache. Ich glaube, du liest keine Zeitungen. Wie sollen wir uns denn freuen angesichts von Krieg, Folter, Mord, Tschernobyl, Waldsterben, giftigen Abfällen? In Afrika haben viele Kinder nichts zu lachen. Sie hungern. Viele von ihnen werden Weihnachten und das neue Jahr nicht mehr erleben. Für viele gibt es keinen Anlaß zur Freude. Wir müssen das Licht wohl auslöschen.
*(Das Licht wird gelöscht.)*

*3. Licht:* Das ist das Licht, das FRIEDEN heißt. Es brennt, weil es schön ist, wenn alle Menschen sich lieben und einander helfen.

*Sprecher:* Ach was, Friede! Wo ist denn wirklich Friede? Ohne jetzt mit Kriegen zu kommen, aber wie ist es mit den Hungertoten? Und wie ist es denn bei uns? Wo haben die Menschen Zeit füreinander? So oft erlebe ich Streit zwischen Geschwistern und Eltern. Lösche das Licht aus! *(Das Licht wird gelöscht.)*

*4. Licht:* Das ist das letzte Licht. Es heißt HOFFNUNG. Es darf nicht gelöscht werden. Es brennt, weil wir auf Vertrauen hoffen, weil wir auf Freude hoffen und weil wir auf Frieden hoffen. Es brennt, weil die Mutter immer noch hofft, daß ihr Kind nicht mehr lügt und sie ihm wieder vertrauen kann. Es brennt, weil Menschen immer noch hoffen, daß auch die Kinder in den Slums wieder lachen und sich freuen können. Es brennt, weil Menschen immer noch hoffen, daß alles wieder gut wird.

*Sprecher:* Das sagst du so einfach! Was kann dieses Licht gegen Mißtrauen, Haß oder gegen tausend Panzer ausrichten? Was bleibt von deiner Hoffnung auf ein schöneres Leben?

*4.Licht:* Es darf nicht erlöschen! Wir brauchen HOFFNUNG. Wenigstens für ein paar Menschen muß es brennen! Es muß brennen!
*(Die anderen Kerzen werden am Licht der Hoffnung wieder angezündet.)*

## Schrifttexte

Jes 8,23b–9,3 Verheißung der Geburt des göttlichen Kindes
Mt 5,14–16 Salz der Erde, Licht der Welt

## Fürbitten

Herr, Jesus Christus, du bist das Licht der Welt, deshalb bitten wir zu dir:

- Hilf uns, daß wir nicht in den Sog der Hektik geraten.
- Laß uns Zeit finden für andere.
- Hilf uns, daß wir deine Bedeutung des Advents verstehen.
- Hilf uns, daß wir die Probleme anderer sehen.
- Öffne uns auf dich hin, damit du immer besser bei uns ankommen kannst.
- Laß uns Licht für andere sein.

Herr Jesus Christus, laß uns Licht für all die Menschen sein, die im Dunkeln leben, und mach uns bereit, unsere Lichter in die dunkle Welt zu tragen, heute, morgen und immer. Amen.

## Gebet

Menschen, die aus der Hoffnung leben, sehen weiter.
Menschen, die aus der Liebe leben, sehen tiefer.
Menschen, die aus dem Glauben leben, sehen alles in einem anderen Licht.

(Lothar Zenetti)

Laß uns solche Menschen sein und solchen Menschen begegnen, jetzt und in Ewigkeit. Amen.

## Liedvorschläge

| | |
|---|---|
| »Du bist das Licht der Welt« | Troubadour 59 |
| »Licht im Dunkeln« | Songbuch 2, 23 |
| »Einer hat uns angesteckt« | Troubadour 116 |
| »Tragt in die Welt ein Licht« | Little David 137 |
| »Gehet nicht auf in den Sorgen dieser Welt« | Troubadour 137 |
| »Mache dich auf und werde Licht« | Troubadour 148 |

*Gabriele Schenkyr*

# Absacken und aufsteigen – wie ein Luftballon

Schuljahresschlußgottesdienst

## Thema

Am Ende des Schuljahres ist für viele Schülerinnen und Schüler, Lehrerinnen und Lehrer »die Luft raus«. Am Schnittpunkt zwischen Arbeit und Freizeit, Schule und Ferien, wird dieser Gottesdienst gefeiert. Er greift die Spannung auf, zum einen angefüllt mit neuem Wissen und neuen Erfahrungen und zum anderen »ferienreif« zu sein.
Symbolisch wird am Umgang mit Luftballons die aktuelle Situation anschaulich gemacht. Auf dem Hintergrund der Zusage Gottes »Ich bin bei euch« soll die religiöse Dimension wahrnehmbar gemacht werden. Dieser Gottesdienst wird bewußt mit einem Priester gefeiert, wobei er nicht die Gottesdienstleitung übernimmt, sondern mit den anderen Anwesenden mitfeiert.
Vorzubereiten: verschiedene Luftballons, zwei mit Löchern, ein großer mit Helium gefüllt; eine gespannte Schnur, um die Luftballons zu befestigen.

## Eröffnung und Begrüßung

durch den Gottesdienstleiter, die Gottesdienstleiterin

## Einstieg

Ein Religionslehrer/eine Religionslehrerin bläst während des Liedes einen Luftballon auf und bringt ihn zum Platzen. *(Schülergelächter)*
Er/Sie lädt die Schüler ein, es besser zu machen und verteilt an einige (darauf vorbereitete) Schüler und Schülerinnen weitere Luftballons.
Sie werden aufgeblasen, mit Klammern an einer Schnur befestigt.
Zwei Schülern gelingt es nicht, da Löcher im Gummi sind.
Diesen Vorgang kommentiert der Religionslehrer/die Religionslehrerin. Die Luftballons – (viel/wenig Luft, groß/bunt, klein/unscheinbar).
Sie sind ein Bild für uns, für dieses Schuljahr: manche hatten Erfolg, waren strahlend, bunt; andere dagegen eher blaß und unauffällig; bei einigen war

sehr schnell die Luft raus, andere bemühten sich lange, und doch klappte es nie so recht; einige Vorstellungen, Hoffnungen, Träume dieses Jahres sind auch zerplatzt ...
Mit all dem sind wir nun hier beim Schlußgottesdienst und dürfen es vor Gott bringen.

## Gebet

Gott, unser Vater wir sind nun da vor dir, mit allem, was dieses Schuljahr mit sich gebracht hat. Arbeit und Mühe, Spaß und Freude, Erfolg und Ermutigung, Ärger und Mißerfolg. Es war ein sehr buntes Jahr. Du hast uns begleitet alle Tage, auch wenn wir dich oft vergessen haben. Du nimmst alles an, was wir heute mitbringen. Du nimmst uns selber an, wie wir sind. Denn du bist unser treuer Gott. Dich loben wir in Ewigkeit. Amen.

## Schrifttext

Lk 19,1–10 Zachäusgeschichte

## Deutung

*Der Priester läßt einen aufgeblasenen Luftballon los – dieser fällt zu Boden.*

Dieser Ballon ist zwar gefüllt, aber er fällt runter, er hat keinen rechten Auftrieb. Vielleicht ist er so wie manchmal unser Leben. Die Tage sind gefüllt mit vielem, was uns aber letztlich keinen rechten Auftrieb gibt. (Beispiele: eine durchzechte Nacht und der darauffolgende Schultag, der Video-Konsum ...)

*Der Priester nimmt einen zweiten, mit Gas gefüllten Ballon, und läßt ihn an einer Schnur nach oben steigen.*

Es ist schön, wenn ein Luftballon so steigt. Eine Kraft hat ihm Auftrieb gegeben.
Das Leben des Zachäus im Evangelium glich zuerst dem Luftballon ohne Auftrieb. Er war am Boden. Sein Leben hatte scheinbar nicht viel Sinn.
Aber die Begegnung mit Jesus hat ihm wieder Auftrieb gegeben. Er hat Freude bekommen und die Kraft zum Guten.
Das ist der Wunsch für euch, für uns alle in den kommenden Ferien: daß wir wieder Luft holen können. Daß wir mit Menschen zusammen sind, die unser Leben reich machen, die uns aufsteigen und nicht absacken lassen.

Daß wir immer wieder Gott begegnen können, der uns die rechte »Luft« zum Atmen und zum Leben schenkt (Heiliger Geist).
Dann fällt unser Leben nicht ab, sondern steigt auf und macht uns selber und andern Freude.

## Fürbitten

Jesus Christus, du trägst und hältst unser Leben. Oft ist das Leben aber nicht so bunt und leicht wie ein Luftballon. Darum bitten wir dich:

- Für die Menschen in den Kriegsgebieten unserer Welt: Schenke ihnen Frieden.
- Für die Menschen in Armut und Hunger. Gib ihnen die Hoffnung auf eine gerechtere Welt.
- Für die kranken und sterbenden Menschen: Gib ihnen Kraft und Mut.
- Für uns, mit unseren Problemen und Ängsten: Sei du unser Weg und unser Ziel.
- Für uns, die wir unseren Lern- und Notenstreß nun hinter uns haben: Schenke uns erholsame und frohe Ferien.

Jesus Christus, wir vertrauen dir und hoffen auf dich, jetzt und in Ewigkeit. Amen.

## Verabschiedung/Segen

Irischer Reisesegen

## Liedvorschläge

| | |
|---|---|
| »Manchmal feiern wir« | Erdentöne 146 |
| »Ins Wasser fällt ein Stein« | Erdentöne 141 |
| »Gehet nicht auf in den Sorgen dieser Welt« | Troubadour 137 |
| »Meine Zeit steht in deinen Händen« | Erdentöne 121 |

*Reinhold Müller*

# Weihnachtschaos im Schultreppenhaus

## Eine adventliche Marktstand-Aktion in einer Realschule

Eine Litfaßsäule mit Weihnachtswünschen in der Ecke, ein Marktstand mit Tee und Gebäck vor dem Musiksaal, Duft von Kerzenwachs und Zimttee in der Aula und jede Menge Lehrerinnen und Lehrer, Schülerinnen und Schüler gestikulierend und plaudernd vereint auf der Schultreppe.
So ließe sich beschreiben, was sich den Besucherinnen und Besuchern der Schule in den letzten zwei Wochen vor Weihnachten an Eindrücken bot.
Ursache des vorweihnachtlichen Durch- und Miteinanders war die Adventsaktion einiger Lehrkräfte der Schule, die zusammen mit vielen Schülerinnen und Schülern versucht hatten, die Tage vor Weihnachten etwas anders zu gestalten, als mit den bisher üblichen Schulfeiern und dem immer schlechter besuchten Schlußgottesdienst in der letzen Schulwoche des Jahres.
Die allgemeine Unzufriedenheit über die bisherige Form der Schulgottesdienste (von der Schule mitgestaltete ökumenische Wortgottesdienste in der nahegelegenen Kirche oder im Musiksaal) und die sinkende Bereitschaft vieler Kolleginnen und Kollegen, solche Schulgottesdienste mit vorzubereiten, drängte die zwei Religionslehrer dieser Schule nach neuen offeneren Formen zu suchen, die allen in der Schule einen Zugang zu religiösen und kirchlichen Themen ermöglichen könnten.
Auf der Suche nach solch neuen Formen kam es zur etwas untypischen aber durchaus guten und fruchtbaren Zusammenarbeit von Religions-, Ethik- und Kunstlehrern und -lehrerinnen. Bei allen war eine grundsätzliche Offenheit gegenüber religiösen Themen spürbar, wenngleich die wenigsten sich als überzeugte Christen bekannt hätten.
Schließlich waren es sechs Personen, die während der Pausen immer wieder die Köpfe zusammensteckten und miteinander laut herumdachten, was möglich wäre, bis so nach und nach ein Konzept entstand. Das Vorbereitungsteam hat sich nur einmal an einem Abend zusammengesetzt und die bis dahin einigermaßen konkret gewordenen Ideen ausgetauscht, sie weiter- und fertiggedacht und die nötigen Vorbereitungsaufgaben verteilt. Der Arbeitsaufwand für die einzelnen war relativ gering, da jede und jeder maximal bei zwei Gestaltungselementen beteiligt war. Außerdem wurde

verschiedenes an andere Gruppen bzw. Fachlehrerinnen und -lehrer (z. B. an den Schulchor, die Musikgruppe, die Hauswirtschaftslehrerin ...) delegiert. Das Ergebnis war so erfreulich, daß alle bereit waren, sich nächstes Jahr wieder darauf einzulassen.

In den beiden letzten Schulwochen vor Weihnachten fanden insgesamt vier morgendliche »Adventliche Marktstände« statt (jeweils an den »Religionstagen« Dienstag und Freitag). Beginn war immer um 7.30 Uhr, das ist eine Viertelstunde vor dem offiziellen Unterrichtsbeginn. Der Schulleiter gab die Zusage, das Angebot bis um 8.00 Uhr, also 15 Minuten in die Unterrichtszeit hinein, auszudehnen. (Ein regulärer Unterricht mußte für alle Nichtteilnehmenden ordnungsgemäß um 7.45 Uhr beginnen, d. h. die meisten anderen Lehrkräfte sollten im Klassenzimmer sein.)

Die Aktion wurde in der Lehrerkonferenz und in den Schulklassen vorgestellt.

Gedacht war die Aktion als eine Art Markt. Den Schülerinnen und Schülern blieb überlassen, ob sie das Angebot wahrnehmen oder nicht. Es sollte keinerlei Zwang bestehen, aber ein deutliches Angebot wahrnehmbar sein.

Der Stand wurde in der Aula, bzw. im Treppenhaus der Schule aufgebaut, quasi im Zentrum des Hauptgebäudes, dort wo alle zwangsläufig vorbeigehen, wenn sie in die Klassen- oder Fachräume wollen.

Die Marktstände waren so gestaltet, daß man einfach vorbeigehen oder stehenbleiben und zusehen oder aktiv mitmachen konnte.

Genauso wurde es von den Schülerinnen und Schülern auch gehandhabt. Es gab ganz wenige (ca. 10%), die am regulären Unterricht teilnehmen wollten (dieser fand daher meist auch nicht statt), viele, die einfach nur zuschauten und sich hier und da kurz einbrachten (ca. 50%), und ein beachtlicher Teil (ca. 40%), der engagiert mitmachte. Auch viele moslemische Kinder und Jugendliche mischten interessiert mit.

## 1. Marktstand: »Markt und Straßen stehen verlassen?« Vorweihnachtliche Impressionen und gemeinsames Singen

Ein großer offener Stuhlkreis (mehrreihig) wurde aufgebaut, eine Leinwand und ein Diaprojektor. Im Wechsel wurden moderne und traditionelle Adventslieder gesungen und adventliche und weihnachtliche Musik über eine Musikanlage (großer Kassettenrecorder genügt) eingespielt. Die ge-

sungenen Lieder wurden von Lehrern und Schülern (Freiwillige des Schulorchesters) mit Gitarre und Flöte begleitet: z. B. »Uns ist ein Licht aufgegangen«, »Weg, den ein Stern erhellt«, »Mache dich auf und werde Licht«, »Macht hoch die Tür« und »Es ist für uns eine Zeit angekommen«. Die Musiklehrerinnen und -lehrer erhielten rechtzeitig (mindestens zwei Wochen vorher) ein Liedblatt und übten die Lieder teilweise im Musik- oder Religionsunterricht ein.
Zwischendurch wurden immer wieder Dias mit weihnachtlichen Motiven eingeblendet, die Lehrer in der Stadt und auf den Dörfern fotografiert hatten: Einkaufsstraßen, geschmückte Schaufenster, Christbäume, Leute mit Geschenken, aber auch Bettler am Straßenrand, Armut, Unfriedenssituationen, alte oder einsame Menschen usw.
Hier und da entstanden kurze Gespräche zwischen Schülern und Lehrern und Schülern untereinander. Diese wurden teilweise allein dadurch angeregt, daß der jeweilige Fotograf sagte, wo er dies oder das gesehen und eingefangen hat, bzw. was auf den Dias zu sehen ist.

### Zur Vorbereitung

Rechtzeitig Dias fotografieren, entwickeln und aussuchen. Auch gekaufte oder geliehene Serien sind hilfreich. 3–5 Lieder aussuchen, Liedblatt drucken und frühzeitig an interessierte Kolleginnen und Kollegen verteilen. Musikkassetten oder CDs aussuchen, Recorder reservieren. Morgens früher da sein, Leinwand und Projektor aufbauen, Stuhlreihen stellen.

## 2. Marktstand: »Oh je, du fröhliche« Graffiti-Wand zum Weihnachtsfest

Von einigen Schülerinnen und Schülern wurde unter Anleitung der Kunstlehrerin eine Art Litfaßsäule aufgebaut und schön gestaltet (mit Tannenreisig, bunten Bändern, Goldsternen ...), auf der verschiedene Assoziationsfragen geschrieben waren. Z. B.: Wenn ich an Weihnachten denke, dann freue ich mich auf ...,Wenn ich an Weihnachten denke, dann graut mir vor ..., Bei einem schönen Weihnachtsfest denke ich an ..., Weihnachten feiere ich am liebsten mit ...
Während im Hintergrund ruhige, moderne (nicht unbedingt weihnachtliche) Musik lief, schrieben und malten Schülerinnen und Schüler an der Litfaßsäule (die ersten mußten etwas – »angeschubst« werden). Es wurden Bemerkungen zum Geschriebenen ausgetauscht oder auch aufgeschrieben. So

entstanden ein reges Plaudern und teils kontroverse Diskussionen über Weihnachten und Weihnachtsbräuche.
Die Litfaßsäule blieb bis Weihnachten in der Aula an zentraler Stelle aufgestellt.

### Zur Vorbereitung

Litfaßsäule aus drei Stellwänden der Schule, oder im Technikunterricht eine Art Litfaßsäule bauen. Diese kann mit Gestecken o. ä. verziert werden. In Bildende Kunst wurden die Schriftbänder mit den Fragen gemalt. Im HTW-Unterricht wurden Sterne gebastelt. Evtl. Tannenreisig zur Verzierung besorgen. Leise moderne Musik (Balladen, Instrumentales o. ä.) auf CD oder Kassette aussuchen, Recorder reservieren, ausreichend Stifte (Wachs-, Filzstifte, Ölkreide) bereitlegen. Wichtig: Die Schreibfläche sollte so groß sein, daß mindestens vier bis fünf Leute gleichzeitig schreiben oder malen können.

## 3. Marktstand: »Wünsch' dir was« Weihnachtsfreude auf dem Prüfstand

Das Vorbereitungsteam verpackte im Vorfeld ca. 70 bis 100 kleine Päckchen; dazu sammelten alle tagelang kleine Kartons und füllten diese mit symbolischen Geschenken. Diese Aktion erforderte den größten Aufwand an Zeit und Material, war aber auch am spannendsten und wurde am besten angenommen. Nebenbei gab es im Vorbereitungsteam beim Einpacken viel Spaß und Glühwein, was sehr zu einem guten Verhältnis untereinander beitrug. In die Päckchen wurden Fotos gelegt, aus Prospekten oder Katalogen herausgeschnitten und auf Zettel geklebt, und geschriebene, nichtmaterielle Geschenkgutscheine.

Materielles war z. B.: Walkman, Computerspiel, Skateboard, Gameboy, Tennisschläger, exklusive Turnschuhe etc.
Nichtmaterielles waren z. B. Gutscheine für: ein Wochenende mit Freunden auf einer Berghütte, eine Woche lang selbst entscheiden, was im Fernsehen angeschaut wird; seine Kleidung einmal alleine einkaufen dürfen; ein Wochenende lang ins Bett gehen dürfen, wie man Lust hat; eine Tageswanderung mit der Familie; ein Besuch in einer Rundfunkstation; in den Ferien auf einem Reiterhof übernachten, o. ä.
Die Geschenke wurden zu Beginn an die Schülerinnen und Schüler verteilt. Diese sollten sie nun an einer langen »Wertewand« ankleben in der Rang-

ordnung ihrer Beliebtheit. D. h. es wurde an einer Wand in der Aula ein langer Plakatstreifen angebracht, etwas weihnachtlich verziert, mit den beiden Polen: »Das fände ich super, darüber würde ich mich freuen« (rechts), und »Das fände ich doof, damit kann ich nichts anfangen« (links).
Die Schülerinnen und Schüler bewerteten nun ihre Geschenke, indem sie diese entsprechend auf dem Plakat anordneten, bzw. in Reihenfolge zu anderen Geschenken brachten. Das Ergebnis war für alle recht überraschend und bot Anlaß zu einigen Gesprächen in Pausen und im Religions- oder Ethikunterricht.

### Zur Vorbereitung

Gutscheine diskutieren und schreiben (wenn möglich etwa halb so viele, wie es Schülerinnen und Schüler an der Schule gibt, evtl. kopieren), Fotos aus Prospekten von Warenhäusern oder Katalogen ausschneiden und auf Zettel kleben. Kleine Schachteln (in Geschäften, Parfümerien u. ä. fragen), Geschenkbändchen, lange (3–5m) Plakatwand besorgen und vorher beschriften, bzw. gestalten, die Befestigung und den Untergrund (damit man darauf schreiben kann) klären, 2–3 Klebestreifen-Rollen zur Befestigung der »Geschenke« bereitlegen. Morgens frühzeitig mit Aufbauen beginnen.

## 4. Marktstand: »Äpfel, Nuß und Mandelkern und noch einiges mehr ...« Einstimmung in die Weihnachtsfestzeit

Der letzte Marktstand war als gemütlicher Ausklang der Adventsimpulse gedacht. Eine Klasse hatte in Hauswirtschaft Weihnachtsplätzchen gebacken, andere kochten vor Schulbeginn Tee oder brachten diesen von zu Hause mit. Der Schulleiter hatte für diese Aktion die ganze erste Schulstunde freigegeben, sodaß auch alle Lehrerinnen und Lehrer teilnehmen konnten (rechtzeitig mit dem Rektor/der Rektorin abklären und in der Konferenz mitteilen bzw. diskutieren).
Wir hatten Stühle und ein paar Tische zu Tischgrüppchen aufgebaut; viele Kerzen, ein großer Adventskranz, weihnachtlicher Tischschmuck und leise Weihnachtsmusik sollten vorweihnachtliche Stimmung aufkommen lassen. Das Weihnachtsgebäck und der Tee wurden angeboten. Die Schüler standen mit den Lehrern teetrinkend und plaudernd umher, die Ergebnisse der letzten beiden Marktstände wurden nochmals angeschaut und diskutiert, dazwischen wurden Lieder gesungen (vgl. 1. Marktstand). Wo es paßt und

nicht aufgezwungen wirkt, kann die Weihnachtsgeschichte oder eine andere Geschichte vorgelesen oder vorgespielt werden (kein Leistungsdruck!). Diese zwanglose Atmosphäre war sehr wohltuend an der sonst sehr geschäftigen Schule in der noch geschäftigeren Vorweihnachtszeit.

### Zur Vorbereitung

Frühzeitig mit Hauswirtschaftslehrerin über Gebäck und Tee reden. Dekorierte Tische, viele Kerzen, Adventskranz oder Christbaum vorbereiten. Tee, Gebäck, Tassen, Servietten. Vorher testen, wo und wie die Beleuchtung in der Aula sich dämpfen oder ausschalten läßt, leise Weihnachtsmusik aussuchen, Recorder reservieren, Liedblätter vom ersten Mal, Gitarren- oder Klavierspieler oder Flötengruppe finden. Evtl. Weihnachtsgeschichte vorbereiten. Rechtzeitig Mitarbeiterinnen und Mitarbeiter gewinnen.

## Resonanz

Sowohl von seiten der Schülerinnen und Schüler wie auch vom Lehrerkollegium wurde der Versuch sehr positiv bewertet. Die Stimmung an der Schule sei in diesen Tagen sehr angenehm gewesen, gute Gespräche seien entstanden und hätten bis in den Unterricht hineingewirkt, die Kinder und Jugendlichen und die Lehrkräfte seien in bezug auf Weihnachten hinterfragt und angeregt worden.
Wichtig war, durch diese vier mal 30 Minuten, in der sonst eher fachorientierten Schule, den Menschen mit seinen Wünschen, Fragen und Hoffnungen zu Weihnachten stärker vorkommen zu lassen und eine Plattform für diese Themen und Anliegen zu bieten. Dies ist mit den vier kurzen Angeboten gut gelungen.

*Alwin Hummel*

# Ich kann zum Leben ja sagen, weil Gott zu mir ja sagt

Frühschicht in der Fastenzeit

## Thema

Die Fastenzeit kann eine Phase sein, um sich auf das Wesentliche des Lebens zu besinnen. Dieses Leben besteht aber nicht nur aus Licht-, sondern auch aus Schattenseiten, es ist ein Auf und Ab. Warum leben wir trotz manch schlechter Lebenserfahrungen weiter, was gibt uns Hoffnung und Vertrauen in die Zukunft? Jesus Christus hat uns das Reich Gottes verkündet, das hier schon auf Erden beginnt und das uns einen Vorgeschmack auf die ewige Lebensfülle gibt. Im Vertrauen darauf, daß sich dieses Reich letztendlich durchsetzt, und im Vertrauen darauf, daß Gott in allen Lebenslagen bei uns ist, können wir leben – trotz allem, was wir als lebenswidrig erfahren.

## Besinnung/Aktion

Trotz-Kärtchen und Ja-Kärtchen in verschiedenen Farben verteilen.
Auf die Trotzkärtchen soll geschrieben werden: Welche Probleme sehe/spüre ich derzeit in der Welt und bei mir; was läßt mich manchmal dem Leben mißtrauen?
Auf die Ja-Kärtchen soll geschrieben werden: Wann/wo kann ich so richtig ja sagen zum Leben?
Anschließend werden die Kärtchen auf ein Plakat geklebt. Während der Besinnung Meditationsmusik.

## Geschichte

### Schwedisches Waldmärchen

An einem schönen Sommertage war um die Mittagszeit eine Stille im Wald eingetreten. Die Vögel steckten ihre Köpfe unter die Flügel. Alles ruhte. – Da steckte der Buchfink sein Köpfchen hervor und fragte: »Was ist das Leben?«

Alle waren betroffen über diese schwere Frage. Eine Rose entfaltete gerade ihre Knospe und schob behutsam ein Blatt um das andere heraus. Sie sprach: »Das Leben ist eine Entwicklung.«

Weniger tief veranlagt war der Schmetterling. Lustig flog er von einer Blume zur anderen, naschte da und dort und sagte: »Das Leben ist lauter Freude und Sonnenschein.«

Drunten am Boden schleppte sich eine Ameise mit einem Strohhalm, zehnmal länger als sie selbst, und sagte: »Das Leben ist nichts als Mühe und Arbeit.«

Geschäftig kam eine Biene von einer honighaltigen Blume zurück und meinte dazu: »Das Leben ist ein Wechsel von Arbeit und Vergnügen.«

Sie stellte sich vor, wenn sie den Honig aus den Blumen holt, das sei Vergnügen, aber wenn sie Waben baut, das sei Arbeit.

Wo so weise Reden geführt wurden, steckte der Maulwurf seinen Kopf aus der Erde und sagte: »Das Leben ist ein Kampf im Dunkel.« Dann verschwand er.

Die Elster, die selbst nichts weiß und nur vom Spott der anderen lebt, sagte: »Was ihr für weise Reden führt! Man sollte wunder meinen, was ihr für gescheite Leute seid!«

Es hätte nun einen großen Streit gegeben, wenn nicht ein feiner Regen eingesetzt hätte, der sagte: »Das Leben besteht aus Tränen, nichts als Tränen.«

Dann zog er weiter zum Meer. Dort brandeten die Wogen und warfen sich mit aller Gewalt gegen die Felsen, kletterten daran in die Höhe und warfen sich dann wieder mit gebrochener Kraft ins Meer zurück und stöhnten: »Das Leben ist ein stetes vergebliches Ringen nach Freiheit.«

Hoch über ihnen zog majestätisch ein Adler seine Kreise, der frohlockte: »Das Leben ist ein Streben nach oben!«

Nicht weit davon stand eine Weide, die hatte der Sturm schon zur Seite geneigt. Sie sprach: »Das Leben ist ein Sich-Neigen unter eine höhere Macht!«

Dann kam die Nacht. In lautlosem Fluge glitt ein Uhu durch das Geäst des Waldes und krächzte: »Das Leben heißt, die Gelegenheit nutzen, wenn die anderen schlafen.«

Schließlich wurde es still im Walde.

In der Schule löschte der Professor, der über den Büchern gesessen hatte, die Lampe aus und dachte: »Das Leben ist eine Schule.«

Nach einer Weile ging ein Mann durch die menschenleeren Straßen nach Hause. Er kam von einer Lustbarkeit: »Das Leben ist eine fortwährende Jagd nach Vergnügen und eine Kette von Enttäuschungen.«

Morgens wehte ein leichter Wind durch die Straßen: »Das Leben ist ein Rätsel.«
Auf einmal flammte die Morgenröte in ihrer vollen Pracht auf und sprach: »Wie ich, die Morgenröte, nur der Beginn des kommenden Tages bin, so ist das Leben der Anbruch der Ewigkeit.«

## Schrifttext

Mt 7,24–27 Vom Haus auf dem Felsen

## Gebet

Guter Gott, unser Leben hat viele verschiedene Facetten. Das macht es erst interessant. Manchmal aber ist es schwer zu tragen, weil Einbrüche, Schicksalsschläge und Erfahrungen von Leere und Enttäuschung nicht ausbleiben. Im Vertrauen auf die Zukunft, die du uns schenkst, wollen wir versuchen, unser Leben anzunehmen und das Beste daraus zu machen, damit wir schon hier ein wenig vom Anbruch deines Reiches spüren. Laß uns ja sagen zu diesem Leben – trotz allem, was gegen dieses Leben spricht. Amen.

## Liedvorschläge

| | |
|---|---|
| »Leben wird es geben« | Songbuch 1, 15 |
| »Manchmal feiern wir mitten im Tag« | Erdentöne 146 |

*Reinhold Jochim*

# Veränderungen sind schwer, Veränderungen sind schön

## Frühschicht in der Fastenzeit

Die Fastenzeit regt dazu an, über sich nachzudenken und gegebenenfalls zur Veränderung gewisser eingefahrener Lebensgleise zu kommen. Fastenzeit ist Bußzeit, Zeit zur Umkehr von Wegen, die nicht mehr so sinnvoll erscheinen. Das Leben, im Licht des Evangeliums betrachtet, hat es manchmal nötig, andere Weichenstellungen vorzunehmen, um auf die Spur Jesu zu kommen.

### Lied-Text von Klaus Hoffmann

#### Veränderungen

Sage nicht niemals
denn damit
schließt Du Dir doch jede Tür
hinderst Dich nur selbst
ja, ich weiß, Du weißt schon
große Worte bringen nichts
es ist doch klar
Veränderungen sind schwer

Gestern schickten meine Freunde eine Karte
die mich mahnte
lieber, guter, alter Freund
wir raten Dir
bleibe bloß der Alte
der Du warst
und ich machte mir Gedanken
über ihre Angst
und dachte, dachte,
schade, wenn ich Euch verliere
weil Ihr den behalten wollt

der ich nicht mehr bin
wenn Du Dich bewegst
spürst Du Deine Fesseln
und Du setzt alles dran
sie wieder zu verlieren

Ja, da ist beständig diese große Angst
vorm Fallen, Fallen
die verhindert
daß Du Dich an Grenzen wagst
und Du traust, und Du traust, und Du traust
Dich nicht an sie heran
doch ich sag' Dir aus Erfahrung
mit der Zeit wirst Du Dich lieben, lieben
weil Du die Notwendigkeit erkennst
kommt der Mut von selbst

denn wenn Du Dich bewegst
spürst Du Deine Fesseln
und Du setzt alles dran
sie wieder zu verlieren

Veränderungen sind schwer
Veränderungen sind schön

(Klaus Hoffmann, LP Veränderungen)

## Aktion / Besinnung

Auf ein Plakat ist eine Gleisstrecke (»eingefahrenes Gleis«) gemalt; jede/r Teilnehmer/in malt von diesem Gleis weg eine eigene Strecke, stellt eine »Weiche der Veränderung«.
Besinnungsimpuls: darüber nachdenken, was ich in meinem Leben gern verändern will – dies dann in das vom Hauptgleis wegführende Gleis eintragen.
Dazu Meditationsmusik.

## Schrifttext

Röm 12,1–2.9–18.21 Leben aus dem Geist

Jesus war der Ruf nach Umkehr wichtig – dieser Ruf ist eine gute Botschaft, denn Umkehren heißt Neu-werden, neue Erfahrungen machen, die mich im Leben weiterbringen. Paulus sagt Konkretes, wohin man sich verändern soll.

## Gebet

Herr Jesus Christus, du hast uns zur Umkehr, zur Veränderung unseres Lebens aufgerufen. Gib uns die Kraft und den Mut, Gewohnheiten zu hinterfragen und eingefahrene Wege zu verlassen, um auf neuen Wegen dir und deinem Anliegen näherzukommen. Denn du hast uns den Wag gezeigt, der zum wahren Lebensglück führt. Amen.

## Liedvorschlag

»Ich steige ein in das Leben« Janssens 35

*Reinhold Jochim*

# Regelmäßige Angebote neben dem Unterricht

# Die Sache Jesu braucht Begeisterte

## Arbeitsgemeinschaft: Wir lernen Gitarre spielen und singen religiöse Lieder

»Die Sache Jesu braucht Begeisterte« – Der Text dieses begeisternden Liedes beschreibt sowohl Inhalt als auch Ziel der AG: »Wir lernen Gitarre spielen und singen religiöse Lieder«.
Mit viel Erfolg fand diese AG an einer Stuttgarter Grund- und Hauptschule statt. Dem Vorbild der religiös-musikalischen Lehrerin (Klassenlehrerin Klasse 6, Fachlehrerin für katholische Religion und Musik an der Hauptschule) nacheifernd, interessierten sich sofort viele Hauptschülerinnen und -schüler für dieses Angebot der Schulseelsorge.
Doch sogleich mußte eine große Hürde überwunden werden:
Woher bekomme ich eine Gitarre?
Fünf Schülerinnen und Schüler organisierten bei Eltern oder Verwandten zum Teil ältere Instrumente, die aber nach kleineren Reparaturen und neuer Besaitung sehr gut zu gebrauchen waren.
Ein Mädchen und ein Junge konnten ihre Eltern so von ihrer Begeisterung überzeugen, daß sie als vorgezogenes Weihnachtsgeschenk eine neue Gitarre erhielten.
Eine Schülerin durfte beim gemeinsamen Musizieren in der Schule die Schulgitarre benutzen – zum Üben besuchte sie regelmäßig ihre Freundin, so übten beide Mädchen mit großem Spaß und gutem Erfolg.
Von nun an trafen sich diese acht Hauptschülerinnen und -schüler und ihre Lehrerin mit neun Gitarren, die aus Sicherheitsgründen den Vormittag über im Lehrerzimmer abgestellt waren, jeden Freitag in der sechsten Stunde, um gemeinsam

- Gitarre spielen zu lernen,
- religiöse Lieder zu singen,
- mit diesen Liedern den musikalischen Teil von Schulgottesdiensten vorzubereiten,

aber auch um

- miteinander zu reden,
- die Erlebnisse der Woche zu besprechen und zu verarbeiten
- Freundschaften zu knüpfen und zu vertiefen.

So hatte diese AG neben der musikalischen eine starke diakonische und seelsorgerliche Dimension.
Diese Stunde wurde für die Schülerinnen und Schüler zu einem der wichtigsten Termine der Woche, so daß die Gruppe fast immer vollzählig zusammenkam.
Die Begeisterung in der Gruppe sprang auch auf andere Schülerinnen und Schüler und zum Teil auf ganze Schulklassen über:
Oft saßen sie einfach nur so zum Zuhören auf der Treppe vor dem Klassenzimmer, in dem die Gruppe übte. Manchmal wagte es eine Schülerin oder ein Schüler, im Musikunterricht der jeweiligen Klasse ein Lied auf der Gitarre zu begleiten. Bei Schulgottesdiensten regte die aktive Teilnahme der Gitarrenspieler viele zum aktiven Mitfeiern durch kräftiges Singen an. Beim Schulfest wurde von der AG »Wir lernen Gitarre spielen und singen religiöse Lieder« ein offenes Singen von religiösen und lustigen Liedern angeboten, das auf große Resonanz stieß – so gab es immer wieder Möglichkeiten zur Mitgestaltung des Schullebens.
Von Anfang an wurde die AG von der Schulleitung positiv aufgenommen und in allen organisatorischen Fragen nach Kräften unterstützt.
Der Schulleiter half bei der Klärung von Fragen, wie:

- Dürfen Räume der Schule für eine AG der Schulseelsorge benutzt werden?
- Wie steht es um den Versicherungsschutz der Schüler?

Viele Kopien wurden an der Schule gemacht, und Liederbücher der Schule wurden benutzt.
Das Liederbuch Troubadour für Gott, Kolping Bildungswerk, bildete die Grundlage für die Auswahl der religiösen Lieder. Die einzelnen Lieder wurden dann in erster Linie nach Schwierigkeit und Anzahl der Begleitakkorde ausgewählt, so daß über die einfachen Akkorde bis hin zu den schwierigen Barré-Griffen ein sinnvoll aufgebauter Gitarrenkurs entstand.
Abschließend kann gesagt werden, daß diese AG eine tolle Erfahrung und eine große Bereicherung für die Lehrerin, die teilnehmenden Schülerinnen und Schüler, deren Klassenkameraden und für das gesamte Schulleben darstellte.

*Franziska Schimo-Lott*

# Religion konkret

## Religionsarbeitsgemeinschaft

Im Winter 1988 wurde in Stuttgart ein Pilotprojekt gestartet, mit welchem eine Konzeption zur Schulseelsorge der Diözese Rottenburg-Stuttgart erprobt werden sollte.
Da ich im Religionsunterricht immer wieder auf die zeitliche und räumliche Begrenztheit stieß, wenn ich menschliche Grunderfahrungen zur Sprache bringen und Glaubensorientierung und Lebenshilfe geben wollte, sah ich in dem Angebot des Pilotprojektes eine Möglichkeit, diese Mängel ein Stück weit aufzuarbeiten. Ich begann im Herbst 1989 mit meiner Arbeitsgemeinschaft »Religion konkret«.

### Ziele

Das Angebot einer überkonfessionellen AG »Religion konkret« in der Schule war neu, ungewohnt und für manche suspekt. Es galt nun, den Rektor, das Kollegium und die Schüler und Schülerinnen zu informieren und sie an einem Entwicklungsprozeß teilnehmen zu lassen.
Ich trat an mit den Zielen, die sich aus den oben festgestellten Mängeln ergaben:

- dem Schüler und der Schülerin außerunterrichtliche und außerschulische Projekte anzubieten, die dem einzelnen Beteiligten eine Auseinandersetzung mit sich selbst, seinem Umfeld und seiner Mitwelt ermöglichen und seine Kommunikationsfähigkeit stärken;
- auf Spurensuche zu gehen und Religiöses im eigenen täglichen Leben und in der Begegnung mit der Umwelt zu entdecken, zur Sprache zu bringen und im Hier und Jetzt zu erleben;
- Spuren zu hinterlassen durch Begegnungen und Beziehungen;
- sinnvoll freie Zeiten zu »gestalten«.

### Werbung

Erstwerbung:

- Mündliche Absprache und schriftliche Informationen an den Schulrektor
- Informationen an die Gesamtlehrerkonferenz

- Absprache mit der Fachschaft Religion und Ethik sowie den Klassenlehrerinnen
- Für die Erstinformation an die Schülerinnen und Schüler besuchte ich die Klassen 5 bis 8 und stellte ihnen meine AG vor.

Kontinuierliche Werbung:
- Besuche der Schulneulinge der Klassen 5
- Briefe an die Eltern der Schulneulinge
- Aushang des Wochenplanes der AG am »Schwarzen Brett«
- Bei Projekttagen und »Tagen der offenen Tür« ist die AG mit Berichten, selbstgefertigten Produkten oder einem »Dritte-Welt-Stand« präsent.
- Jährliches Treffen ehemaliger und aktiver AG-Mitglieder zu einem Austausch von Erlebnissen, einem Rückblick und Ausblick und zu gemeinsamem Mahl.

## Entstehungs- und Entwicklungsgeschichte

Im September des neuen Schuljahrs startete ich mit sieben Mädchen und zwei Jungen aus den Klassen 5 und 6 unser neues Projekt. Wir hatten vor, uns regelmäßig jeden Dienstag, von 15.00–17.30 Uhr an der Schule oder bei mir zu Hause, ganz in der Nähe der Schule, zu treffen.
Den ersten Nachmittag begannen wir, nach einem gegenseitigen vorsichtigen Beschnuppern, mit einer Meditation. Ich ließ Gedanken zur Stille, zum Zusichkommen, zum Hiersein und zu unseren schöpferischen Fähigkeiten einfließen. Es erstaunte mich, wie anschließend der Wunsch nach wöchentlichen Meditationen kam und wie die Vorschläge zur Gestaltung unserer AG nur so sprudelten.
Eine echte Begeisterung war zu spüren, und es entwickelte sich bald ein Gefühl für Gemeinschaft. Dies wollten wir dokumentieren. Wir suchten nach einem Symbol, mit dem wir unsere AG »Religion konkret« darstellen könnten. Unter mehreren Vorschlägen entschieden wir uns für die »Windmühle«. Wir bastelten aus festem farbigem Karton eine Mühle mit einem Sockel, dem Gehäuse mit den Bausteinen und das Windrad mit den vier sich kreuzenden Flügeln.
Diese Windmühle als Symbol konnte uns bei der Deutung unserer Vision behilflich sein und sie griffiger machen. Da bedeuten jetzt die Körner unsere Pläne, das Mahlwerk steht für unser Tun, das Mehl für unsere umgesetzten Pläne, das Windrad mit den Flügeln für unsere Ideen, unsere Begeisterung und Kraft und den notwendigen Zusammenhalt.

Während der Meditation beim darauffolgenden Treffen wuchs bei uns die Einsicht, daß das Windrad den Wind braucht, den wir uns nicht selbst machen können; daß wir uns den Wind den unsere Begeisterung nötig hat, schenken lassen dürfen. Wir ahnten, daß dieser Wind etwas mit Gottes Geist zu tun hat, der hier bei uns ist.
Die Windmühle begleitete uns seither. Auf die Bausteine schrieben wir jeweils unsere Pläne, Inhalte, Projekte und unsere Erlebnisse.

## Angebote, gemeinsame Aktivitäten

- Meditation – naturale Meditation – gemeinsame Gespräche – Einzelgespräche – Wahrnehmung der Sinne
- Jahreszeiten – Brauchtum – Kirchenjahr – Geschenke basteln – Fensterbilder – Schmuck aus Fimo – Krippenfiguren aus Fimo – Brettspiel herstellen – Gottesdienst vorbereiten – Advent feiern – Krippenausstellung – Kirchen besichtigen – Andacht in mehreren Kirchen – Kreuze tonen – Ostergarten mit Naturalien anlegen – Taufe mitfeiern
- Wandern – Spiele im Freien – Ausflüge – Rundgang in der Stadt – Museum – Kino- und Theaterbesuch
- Backen – Kochen – Gemeinsam essen – Feste feiern – Musik hören – Singen – Tanzen – Theater spielen
- Infos: Mission – Einkauf für ein Paket – Paket nach Rußland
- Infos: Altenheim – Besuche im Altenheim – Werkstattbesichtigung – Freizeit mit behinderten Menschen – Hagen, unser Freund

Aus den oben genannten Inhalten greife ich zwei heraus, um einen tieferen Einblick in die Arbeit und die Erlebnisse unserer AG zu ermöglichen:

## Beschreibung einzelner Projekte

### Besuche und Erlebnisse im Altenpflegeheim

Nach drei Monaten intensiver Gruppenarbeit wuchs bei den Jugendlichen der Wunsch, auch außerhalb unserer Schule und Gruppe Kontakte mit anderen Menschen zu knüpfen. Dabei dachten sie mehr an bedürftige Menschen, denen sie Aufmerksamkeit und Freizeit schenken wollten.
Da es in unserer Umgebung mehrere Altenheime gibt, lag es nahe, sich dort umzutun. Der erste Schritt war, Zugang in ein Heim zu bekommen. Dies geschah über eine Betreuerin im Altenheim, die ich aus unserer Kirchengemeinde gut kenne. Unsere AG besichtigte mit ihr das Alten- und das Alten-

pflegeheim, wobei sie uns mit der Ergotherapeutin des Pflegetraktes bekanntmachte. Diese war von den Jugendlichen und dem Wunsch nach Engagement begeistert, und sofort schmiedeten wir Pläne, wie wir tätig werden könnten. Von diesem Augenblick an war die Therapeutin unser wichtigstes und treuestes Bindeglied zu den Menschen im Pflegeheim bis heute.
In der Regel verbrachten wir einmal im Monat einen Nachmittag im Altenpflegeheim. Die Therapeutin hatte immer ein Programm vorbereitet, das wir mit den alten Menschen durchführen konnten. Dabei waren wir zuerst einmal Lernende! Der Umgang mit den Pflegebedürftigen verlangte Aufmerksamkeit, Umsicht, Sensibilität, Zuverlässigkeit und Freundlichkeit. Uns wurden die verschiedenen Krankheiten und Behinderungen erklärt, die jeweils eine differenzierte Betreuung verlangten. Wir lernten aber auch die unterschiedlichen Fähigkeiten dieser Menschen kennen.
Auf unserem Programm stand:

- Spaziergang in den nahegelegenen Wald mit Menschen im Rollstuhl oder Spaziergang zur Jugendfarm. Dies ist besonders beeindruckend für die Menschen, die sich nicht mehr selbst bewegen können, da sie kaum mehr in die Natur oder mit Tieren in Berührung kommen. Bei solchen Ausfahrten findet sich auch mehr Raum für Unterhaltung und Geschichtenerzählen als sonst. Da hören wir von Glück und Unglück der alten Menschen. Die Rollstühle werden von den Jugendlichen geschoben, was große Sorgfalt und Aufmerksamkeit von ihnen verlangt.
- Bastelnachmittage, die meistens die Jahreszeiten zum Inhalt haben. Vor allem stellen wir Schmuck für die Zimmer und für das Heim her. Jeder Jugendliche hat einen oder zwei Heimbewohner zu betreuen. Oft schauen diese nur zu, oder sie machen kleine Handgriffe, weil sie stark behindert sind. Mit viel Geduld versuchen die Jungen und Mädchen, doch noch eine kleine Handbewegung ihnen zu entlocken. Anschließend freuen sich die Leute, wenn sie sehen, wie schön das Endprodukt, an dem sie mitgearbeitet haben, geworden ist.
- Brettspiele, bei denen es Spaß, aber auch Zank und Streit gibt. Die Jugendlichen sehen, daß auch alte Menschen gewinnen wollen und manchmal sehr schlechte Verlierer sind. Beim Spielen müssen wir manchem die Hand führen.
- Geburtstagsfeiern mit Kaffee, Saft und Kuchen und mit Singen und

Erzählen angereichert. Beim Essen und Trinken wird uns besonders bewußt, wie sehr diese Menschen auf fremde Hilfe angewiesen sind.

- Kaffeestüble, ein Treffpunkt für Altenheimbewohner und -bewohnerinnen, die sich noch selbständig bewegen können, mit Leuten, die diese besuchen. Den Jugendlichen macht es Spaß, wenn sie in dieser meist aufgelockerten Atmosphäre bedienen dürfen.
- Gottesdienstfeier, die von unserem Pfarrer und einigen Helferinnen vorbereitet wird, für das Alten- und Altenpflegeheim. Unsere AG durfte schon mit Musikstücken für Flöten diese Feier mitgestalten.

Unsere Besuche bleiben nicht ohne Echo. Wir spüren, daß wir etwas in Bewegung bringen, daß auch hier ein neuer Wind weht. Uns wurde schon von Leuten im Haus bestätigt, daß unsere AG Abwechslung in den Alltag des Heimes bringt:

- Die alten Menschen werden hellhörig und etwas aktiver, ihre Sinne werden angesprochen, Erinnerungen geweckt; sie spüren Zuneigung, erfahren Hilfe und erleben die Heiterkeit der jungen Menschen. Manche fragen nach uns und warten auf unseren nächsten Besuch.
- Für das Mitarbeiterteam im Heim ist es eine Möglichkeit, über die Jugendlichen von anderen Lebensbereichen am Ort etwas zu erfahren. Sie sehen auch, daß Schüler und Schülerinnen die Wichtigkeit ihrer Arbeit ahnen, diese mit zu ihrem Anliegen machen und noch mehr entdecken wollen. Obwohl unsere Besuche Mehrarbeit für die Ergotherapeutin bedeutet, läßt sie uns wissen, wie erfrischend, hilfreich und kostbar für sie die Zusammenarbeit mit uns ist.
- Für die Beteiligten aus unserer AG bedeuten die Kontakte mit dem Heim, daß ihre Fähigkeiten wie Zuhörenkönnen, Sensibilität, Umsicht, Einfühlungsvermögen und Fürsorge entdeckt und entwickelt werden können und dabei der Gesichtskreis und das Verantwortungsbewußtsein erweitert wird.

### Hagen – die Geschichte einer Freundschaft mit einem spastisch gelähmten jungen Mann

Initiiert wurde das Bekanntwerden der AG mit Hagen von Seiten seiner Eltern. Als diese von meiner Arbeitsgemeinschaft erfuhren, fragten sie mich, ob wir auch mit ihrem Sohn Verbindung aufnehmen könnten, damit

Abwechslung in das Leben von Hagen käme. Auch Hagen äußerte diesen Wunsch.
Natürlich wollten wir das! So kam es zu einem gemeinsamen Ausflug mit Hagen im Rollstuhl, zu einem Grillfest mit Singen und Spielen im Garten und Haus dieser Familie und zu vielen Erinnerungsfotos. Im Advent trafen wir uns alle wieder bei mir zu Hause, erlebten zusammen einen bunten Nachmittag und schlossen diesen mit einer adventlichen Feier am Abend ab. Es hatte sich in kurzer Zeit eine herzliche Freundschaft zwischen Hagen und uns entwickelt, und so schmiedeten wir beim Abschied Pläne für das neue Jahr. Aber schon kurz danach fiel ein Schatten darüber: Hagen erkrankte schwer. Innerhalb eines Monates wurde er so schwach, daß meine AG ihn nicht mehr besuchen durfte. Ich selbst war oft bei Hagen und konnte ihn und seine Eltern in dieser schweren Zeit bis zu seinem Sterben begleiten. Während dieser Wochen gab es viele Gespräche, Fragen und Tränen in meiner Gruppe und in deren Klassen im Religionsunterricht. Erfahrungen wie Behinderung, Krankheit, Leid, Ohnmacht, Tod und Trauer beschäftigten uns und konnten nur langsam ein Stück weit aufgearbeitet und mit unserer Glaubenshoffnung in Beziehung gebracht werden.
Nach der Beerdigung fertigten wir für Hagen eine Tafel aus Fimomaterial an, gravierten ein Andenken und unsere Namen ein und brachten sie mit einer Blumenschale an sein Grab. Wir hielten dort eine Erinnerungsfeier, zu der wir die Eltern von Hagen eingeladen hatten. Während der Feier entwickelte sich zwischen den Eltern und uns ein tiefes Glaubensgespräch über den Sinn von Leben, begrenztem Leben, Tod und Leben nach dem Tod. Anschließend wurden wir von Hagens Eltern in deren Haus eingeladen, in welchem wir noch vor einigen Monaten viele Stunden zusammen erlebt und dies auf Fotos festgehalten hatten. Dort stand jetzt sehr viel Trauerarbeit an.

## Diese Freundschaft zieht Kreise

Inzwischen gehören der AG »Religion konkret« Jugendliche an, die Hagen nur noch aus Erzählungen und Fotos kennen. Aber die Neuen wollen einmal im Jahr Hagens Grab mit Blumen schmücken. Einige baten mich um erneute Kontaktaufnahme mit behinderten Menschen.

– Besichtigung einer Werkstatt für behinderte Menschen

Ich setzte mich mit dem Werkstattleiter in den Schubert-Werkstätten in Bonlanden, bei welchem Hagen gearbeitet hatte, in Verbindung und trug ihm

unseren Wunsch vor. Er lud uns zu einer Werkstattbesichtigung ein. Eingehend wurden wir mit der Arbeitsweise bekanntgemacht und wurden uns die therapeutischen Hintergründe erklärt. Interessiert schauten wir den Menschen beim Arbeiten zu, stellten Fragen und bekamen bereitwillig Antworten von ihnen.
Beeindruckt von dieser Begegnung erzählten die Jugendlichen in ihren Klassen davon. So kam es, daß wir diese Besichtigung mehrmals wiederholten. Dabei beteiligten sich auch Schülerinnen, die sonst nicht in unserer Arbeitsgemeinschaft sind, und jene, die in ihrer Berufsfindungsphase standen.

– Freizeiterlebnisse mit behinderten Menschen

Über Hagens Eltern nahmen wir mit der Freizeitgruppe »Omnibus« Verbindung auf, die mit behinderten Menschen, deren Familien und Freunden Freizeit gestalten. Als ich dem Leiter der Gruppe meinen AG-Wunsch erklärte mit all dem, was dahintersteckte, war er erstaunt und bewegt, und er freute sich, daß ich ihm für die nächsten Veranstaltungen zusagen konnte:

- Zum Beispiel zu einem Krippenspiel, von Behinderten in einer Kirche selbst aufgeführt und einer sich anschließenden Adventsfeier im Gemeindesaal, zu der wir selbstgebackenen Kuchen mitbrachten. Wir setzten uns zwischen die unterschiedlichst behinderten Menschen, deren Eltern, Geschwister und Freunde. Unserer AG wurde eine besondere Begrüßung eingeräumt, und ich wurde aufgefordert, einige Worte an die Anwesenden zu richten. Es war erstaunlich, welch ungezwungene, herzliche Atmosphäre sich ausbreitete, und wie auch die AG-Gruppe nach anfänglicher Scheu später ohne Berührungsängste auf die ihnen noch fremden Menschen zuging.
- Weiter zu einem Nachmittag mit Tanz. Wir kamen wieder mit selbstgebackenem Kuchen und gespannter Erwartung. Der Nachmittag wurde von einer Tanzpädagogin gestaltet, die die Fähigkeit besaß, alle behinderten und »nichtbehinderten« Menschen für Gemeinschaftstänze zu begeistern. Wir mußten dies mit viel Gespür und Rücksichtnahme angehen.

Wir kennen nun schon einige Leute mit Namen und freuen uns auf das nächste Treffen, bei dem wir mit der »Omnibus-Gruppe« zum Schwimmen gehen werden.

## Abschließende Gedanken

Auf dem Weg eines fünfjährigen Entwicklungsprozesses in der Schulseelsorge an der Realschule wurden Spuren gesucht, entdeckt, und es wurden Spuren hinterlassen:

- Bei den aktiv Beteiligten in der AG »Religion konkret«, in der
  - Auseinandersetzung mit den anderen, wo jede und jeder einzelne erfahren konnte, wie wichtig sie/er ist;
  - sich Begabungen entfalten konnten, mit welchen das Ich – Du – Wir entwickelt und gestärkt wurde;
  - menschliche Grunderfahrungen und Glaubenserfahrungen entdeckt, erlebt und zur Sprache gebracht werden konnten;
  - soziales Verhalten hinterfragt und eingeübt wurde;
  - in Rückbindung an die christliche Botschaft solidarisches Denken und Sprechen zum Handeln führte;
  - Bedürftigsein und Beschenktsein erlebt wurde.
- Bei den Mitschülern und Mitschülerinnen, Lehrern und Lehrerinnen, deren Interesse und Zustimmung wir immer wieder spürten und so einen Beitrag für unsere Schulkultur leisten konnten.
- Bei den Eltern, die uns aufmunternd unterstützt und auch aktiv an Projekten mitgearbeitet haben.
- Nicht zuletzt bei mir, der Schulseelsorgerin. Ich bin um viele kostbare Erfahrungen reicher geworden.

*Elisabeth Brenken*

# Teestube

## Freizeitangebot für Hauptschüler und Hauptschülerinnen

Ausgangspunkt für die Überlegungen, eine Teestube für Schüler und Schülerinnen der 9. und 10. Klasse einer Ganztages-Hauptschule in Stuttgart einzurichten, waren einige Beobachtungen: die Jugendlichen dürfen das Schulgelände nicht verlassen, fühlen sich deshalb eingesperrt und wie Kinder behandelt. Vom Gelände entfernen dürfen sich nur die Schüler und Schülerinnen, die eine Erlaubnis der Eltern haben oder deren Eltern im Einzugsbereich wohnen. Gelangweilt verbrachten die Jugendlichen ihre Zeit auf dem Schulgelände und bemühten sich, beim Rauchen an allen möglichen Ecken nicht erwischt zu werden.

Die Idee, einen Raum für diese Jugendlichen einzurichten, wo sie die Mittagspause außerhalb der Schule verbringen können, schien zunächst utopisch – bis das benachbarte kirchliche Gemeindehaus in den Blick kam. Es bot sich an, dort während der Mittagszeit einen Raum für die Jugendlichen zur Verfügung zu stellen, wo sie gemeinsam die Freizeit gestalten und miteinander ins Gespräch kommen können.

Einige Gespräche waren notwendig mit dem Pfarrer und dem Vikar der benachbarten Kirchengemeinde, mit der Jugendleiterrunde, dem Kirchengemeinderat und der Schulleitung. Schließlich stand fest, daß ein Raum als »Teestube« zur Verfügung gestellt werden kann.

In der Mittagspause trafen sich die interessierten Schüler und Schülerinnen der 9. und 10. Klasse zwischen 13.00 und 14.00 Uhr in der Teestube. Sie nutzen die Möglichkeit, aus der Schule herauszukommen, Frust abzulassen, Musik zu hören, Spiele zu machen, Gespräche zu führen, persönliche Probleme mit anderen zu besprechen und nach Lösungen zu suchen. Berufsfindung, Bewerbungen und Vorstellungsgespräche, Freundschaften, Liebesbeziehungen, das Verhältnis zu den Eltern, Erfahrungen mit der Polizei, Angst vor Fremdenfeindlichkeit und Rechtsradikalismus, Lehrmeinungen der Kirche, Zukunftsängste, Schulschwierigkeiten und viele andere wichtige Themen kamen im Lauf der Zeit auf und wurden besprochen. Oft war das Bedürfnis nach Ruhe oder Musikhören und nach Spielen größer, als sich mit Problemen auseinanderzusetzen. Gelegentlich sind Interessen von einigen

Schülern und Schülerinnen kollidiert, weil die einen lieber Musikhören wollten, die anderen lieber miteinander reden wollten.
Die Teestube hat dazu geführt, daß sich die Stellung der Religionslehrerin in der Schule geändert hat. Sie wurde zur Verbindungslehrerin gewählt, und zunehmend machen Schüler und Schülerinnen von der Gelegenheit Gebrauch, in problematischen Situationen auf die Lehrerin als Ansprechpartnerin zuzugehen, z. B. bei sexuellem Mißbrauch, befürchteter Schwangerschaft, massiven Schlägen durch den Stiefvater, Versagensängsten in der Schule, großem Druck der Eltern, Bandenbildung, Drogenproblemen usw. Vor allem Schülerinnen nutzen die Gelegenheit, eine Lehrerin als Ansprechpartnerin zu haben.
Um Mädchen und Jungen in geschlechtshomogenen Gruppen einen eigenen Erlebnisraum zu eröffnen, wird die Teestube gelegentlich nur für Mädchen oder nur für Jungen geöffnet. In einer koedukativen Schule war dies zunächst eine befremdliche Vorgehensweise. Jedoch erkannten die Mädchen und Jungen für sich jeweils die Chancen, die sich in einem solchen Angebot für sie auftun.
Schwierigkeiten gab es immer wieder mit Raucherlaubnis und Rauchverbot, weil einige Lehrer und Lehrerinnen des Kollegiums es nicht für richtig hielten, den Schülern und Schülerinnen das Rauchen zu erlauben. Einige Zeit mußten die Schüler und Schülerinnen auf die Teestube verzichten. Seitdem die Lehrerin sich mit den Jugendlichen an der Schule trifft und mit ihnen gemeinsam zur Teestube geht, kann diese wieder zweimal wöchtlich genutzt werden.
Neben den Möglichkeiten zu einer gemeinsamen Freizeitgestaltung, zu gemeinsamen Gesprächen und Musikhören wurde den Hauptschülern und Hauptschülerinnen vermittelt, daß Kirche ihnen Raum zur Verfügung stellt, sie einlädt. Ihnen ist damit klarer geworden, daß Kirche mehr ist als »Sonntäglicher Gottesdienst«. Ein nachahmenswertes Beispiel von Öffnung der Gemeindehäuser für sogenannte »Fernstehende«.

*Sonja Wörtmann/Beate Thalheimer*

# Ich bin bei dir

## Mittagstisch und Freizeitgestaltung mit Grundschülern und Grundschülerinnen

Gott, Jahwe, wird oft übersetzt mit »Ich bin bei dir«. Dieser Gedanke ist tragende Grundlage für das Angebot einer »Gruppe Schulseelsorge« an einer Grundschule Stuttgarts.

Bei den Kindern sein, ihnen nicht ausweichen, mit ihnen Zeit verbringen, für ihre Sorgen, Nöte und Freuden als Ansprechpartnerin da sein, ist Ziel im Raum der Schule für eine Gruppe von 5–6 Kindern im Alter von 8–11 Jahren.

Die Kinder sind verunsichert durch Alleingelassensein, Elterntrennung, Suchtverhalten der Eltern, Arbeitslosigkeit und Orientierungslosigkeit und nicht selten einer großen aufgebürdeten Verantwortung der Sorge für jüngere Geschwister.

Die Kinder werden von den jeweiligen Klassenlehrern und -lehrerinnen zur Teilnahme an der Schulseelsorgegruppe vorgeschlagen und nach Rücksprache mit den Eltern aufgenommen.

Die Gruppe trifft sich wöchentlich dienstags nach Unterrichtsschluß für ca. vier Stunden. Treffpunkt ist das Religionszimmer. Dort werden im Sitzkreis erst einmal Nöte, Sorgen, Freud und Leid erzählt. Die Kinder unterstützen sich gegenseitig, indem sie sich Mut zusprechen, eigene Erfahrungen zu den Erlebnissen und Gedanken der anderen ergänzen, trösten, Fröhlichkeit verbreiten. Anschließend wird in der Küche der Vorschule gemeinsam ein Mittagessen gekocht. In einem Schulzimmer wird der Tisch gedeckt. Das gemeinsame Essen spielt eine wichtige Rolle. Gemeinsames hinsitzen, beten, anfangen, wenn alle etwas haben, werden oft als lästig erlebt, sind aber auch entscheidende gemeinschaftsstiftende Elemente, auf die bald niemand mehr verzichten möchte. Von den ausländischen Sitten und Gebräuchen der einzelnen ist bei Tisch einiges zu erfahren, und die Neugierde einzelner auf die fremde Kultur und auf den Mitschüler wächst.

Nach dem Essen ist Zeit für Spielen und Ruhen. Die Kinder wählen zwischen Tischtennis oder im Kaufladen spielen, Musikmachen, »Turnen« am Klettergerüst, Versteckspielen usw. Sie können sich auch in eine Ruheecke

zurückziehen und darauf warten, daß jemand kommt, nach ihnen schaut, sie streichelt.
Spülen und abtrocknen machen nicht so viel Spaß, sind aber fester Bestandteil des Beisammenseins.
Hausaufgaben machen oder basteln schließen den Nachmittag ab und lassen ihn ausklingen. Zum Schluß erhalten alle einen süßen »Wegbegleiter« und gehen dann auseinander – bis zur nächsten Woche.
Wenn neue Kinder in die Gruppe kommen, werden sie schnell über gemeinsame Spiele, z. B. mit Marionetten, integriert. Das Essen ist ein weiterer Ort, an dem es den Kindern leicht fällt, einander anzusprechen, aufeinander zuzugehen. Zu fragen, ob er oder sie etwas zu trinken oder noch einmal Spaghetti haben möchte, lenkt die Unsicherheit in überschaubare Bahnen.
Gelegentlich finden Nachmittage außerhalb der Schule statt.
Der Besuch im Kinderhaus, wo ein Schüler lebt und wohnt, konnte den anderen Kindern einen Einblick in den Wohn-, Schlaf,- Spiel- und Therapiebereich geben, in eine andere Art zu wohnen. Akzeptanz und Selbstwertgefühl des Kindes sind seitdem gestiegen, die anderen Kinder können sich besser vorstellen, wie das Leben im Kinderhaus aussieht. Zu Vorurteilen und Gerüchten konnten sie sich selbst ein Bild machen. Die Zusammenarbeit mit den Betreuern und Sozialpädagoginnen schlägt einen Bogen zwischen Schule und Kinderhaus und unterstützt das Kind in der Schule zusätzlich.
Ein Besuch im Kinderhort, in dem zwei Kinder der Gruppe regelmäßig sind, eröffnete den anderen Kindern diese Welt. Gemeinsames Essen mit den Hortkindern, Kennenlernen der Einrichtung, Spielangebote wahrnehmen überzeugte schließlich einen Schüler, zukünftig den Nachmittag im Hort zu verbringen. Damit war ein Ziel des Besuchs erreicht. In der Adventszeit fand ein weiterer Besuch statt. Die Kinder kamen mit selbstgebackenen Plätzchen und verzierten Kerzen in den Kinderhort. Der Nachmittag wurde durch das gemeinsame Spielen der Weihnachtsgeschichte, dem Kennenlernen von Advents- und Weihnachtsbräuchen, dem gemeinsamen Strohsternebasteln und Weihnachtsliedersingen gestaltet.
Gelegentlich finden Exkursionen statt zu Bibliotheken und Museen, Weihnachtsmarkt und Volksfest, ehemaligen Zollstationen von Römern und Gräbern von berühmten Menschen auf dem Friedhof. Die katholische und evangelische Kirche, sowie ein Teich im Pfarrgarten waren Ziele, die den Kindern sonst eher fremd geblieben wären.
In der Schule wird die Schulseelsorgegruppe unter anderem durch die Mitgestaltung der Dekoration sichtbar. Ein Schwerpunkt liegt auf dem Advents-

schmuck (Adventskränze, Sterne, Krippenbilder ...). Jahreszeitlich orientiert sich das Bastelangebot von der Osterkerze bis zum Osterhasen, vom Nikolaus bis zu pfingstlichen Feuerzungen. Besonderen Spaß haben die Kinder, wenn sie ihre Bilder und »Produkte« in der Schule aufhängen. Beim Gottesdienst zum Schuljahresbeginn und dem für Schulanfänger übernehmen die Kinder Teile der Gestaltung, z. B. eine Spielszene, Fürbitten usw. – für sie eine wichtige Rolle.

Für die Schülerinnen und Schüler der Schule wurde die Anschaffung eines Kummerkastens von der Gruppe vorgeschlagen. Diesen finanzierten die Eltern, die »Schulseelsorgekinder« gestalteten ihn. Die Kummerbriefe werden mit den betroffenen Schülerinnen und Schülern, wenn sie es wünschen, besprochen und Lösungsmöglichkeiten gesucht, z.B. in der Klasse, mit den Eltern, mit Lehrerinnen und Lehrern.

Neben der Arbeit mit den Kindern ist es wichtig, öffentlich zu machen, daß es in der Schule ein Angebot für benachteiligte Kinder gibt. »Tue Gutes und rede darüber!« – im Lehrerkollegium, bei der Schulleitung, in der zuständigen Gemeinde, in Arbeitskreisen, im Elternbeirat.

Viele Gespräche müssen immer wieder geführt werden mit neuen Kindern, die in die Schulseelsorgegruppe aufgenommen werden möchten, mit deren Eltern, mit Lehrern und Lehrerinnen, mit dem Beratungslehrer und der Schulleitung, mit den Erziehern und Erzieherinnen in Kinderhaus und Hort, manchmal mit dem Sozialamt.

Den Kindern in der Schule eine Anlaufstelle sein, ihnen Geborgenheit vermitteln und daß sie wertvolle Menschen sind – eine Aufgabe von Schulseelsorge.

*Brunhilde Schmidt/Beate Thalheimer*

# Schülerbibelkreise – gelebte Frömmigkeit im Schulalltag

Freie ökumenische Gruppen an der Schule

## Gelebte Frömmigkeit im Schulalltag

Endlich wieder das erlösende Ding Dang Dong. Pausenbeginn, irgendwo an einem württembergischen Gymnasium. Einmal die Woche schlendern etwa 20 Schülerinnen und Schüler aus unterschiedlichen Klassen nicht hinunter zum Schulhof oder zum nahe gelegenen Bäcker. Sie treffen sich im viel zu kleinen SMV-Raum, um dort geistliche Jugendlieder zu singen und einen Bibeltext zu diskutieren, aber auch um füreinander und für andere zu beten. Der »SBK« (Schülerbibelkreis) hat in diesen kurzen Pausengebeten seine innere Mitte. Er ist keine Jugendgruppe mit spektakulärem Programm, keine von Religionspädagogen ins Leben gerufene Initiative, sondern schlicht ein Treff von jungen Christen im Alltag Schule. Er versteht sich selbst als Versuch, dem Christsein an der Schule einen Ort und eine identifizierbare Gestalt zu geben, will dabei aber kein frommes Ghetto der Heiligen sein. Deshalb bleibt es selten nur beim Pausengebet. Man trifft sich darüber hinaus wöchentlich in Randstunden oder bei gemeinsamen Mittagessen und plant übers Schuljahr verteilte Aktionen bei Schulfesten oder Projekttagen, bereitet einen Schüler- oder Schulgottesdienst vor und organisiert einen Kuchenverkauf für ein Eine-Welt-Projekt (»Schüler-helfen-Schülern«).
Solche Schülerbibelkreise finden sich in keinem kirchlichen Register – obwohl sie etwa an einem Drittel der allgemein-bildenden Gymnasien und an einzelnen Realschulen anzutreffen sind. Das hat Gründe. Der besondere Flair der SBK liegt gerade in ihrer Eigenverantwortlichkeit. Dort gibt es keinen Pfarrer aus Konfirmanden- oder Firmunterricht, aber auch keinen dogmatisch eifrigen Jugendkreisleiter, der in Sachen Frömmigkeit die Normen setzt. Auch Religionslehrer werden von SBKs meistens gern als Gruppenbegleiter, nicht aber als Gruppenleiter toleriert.
Offiziell schulrechtlich sind SBKs Ableger der SMV.

Die SMV soll »die fachlichen, sportlichen, kulturellen, sozialen und politischen Interessen der Schüler fördern« … Sie »soll grundsätzlich alle Schüler umfassen und den Interessen aller Schüler dienen« … »Dies bedeutet, daß ein Schülerbibelkreis, der allen Schülern zugänglich ist, im Rahmen der SMV geführt werden kann«.
So ein Schreiben des bad.-württ. Kultusministeriums von 1976, das bis heute schulrechtliche Gültigkeit hat. SBKs sollen und wollen für alle Konfessionen offen sein. Dem entspricht auch die Realität. Annähernd alle SBKs sind ökumenisch besetzt. Die Schülerinnen und Schüler stammen aus der Evangelischen Landeskirche oder der röm-kath. Kirche, sind Methodisten, Baptisten oder kommen aus einer Pfingstgemeinde. Ein ehemaliger SBK'ler schreibt aus seiner Schulzeit: »… Das besondere an einem SBK ist, daß er mitten im Schulalltag stattfindet. Weder von der Zeit (sonst nur sonntags oder an einem Abend) noch vom Ort her (sonst Kirche oder Gemeindehaus) kapselt sich diese christliche Gruppe vom ›normalen‹ Leben ab. Dadurch kommt gar nicht erst eine ›Heile-Welt-Stimmung‹ auf, man sitzt mitten drin in den Problemen der Schule. (…) Der Glaube steht viel mehr auf dem Prüfstand als im schnuckeligen Jugendkreis. Durch den Bibelkreis mitten in der Schule wird Christsein aber auch viel natürlicher und unverklemmter. Andere Schüler merken, daß Glaube nicht unbedingt gleichzusetzen ist mit Kirche und alten Omas. (…) Dadurch, daß im SBK Christ-Sein raus aus der harmonischen, abgegrenzten Gemeinde kommt und mitten im Alltag gelebt wird, ist es offener für Außenstehende. (…)
Die verschiedensten Glaubensformen treffen zusammen. Die eigene Position muß kritisch überdacht werden, und man ist offen für ganz andere Sichtweisen. …
Besonders durch gemeinsame Aktivitäten (Freizeiten, Kirchentag, Gottesdienst-Vorbereitung, Kuchenverkauf, Stocherkahnfahrten …) bilden sich dann auch durch den SBK oft Freundschaften, und der SBK wird zu einer christlichen Gemeinschaft an der Schule, die jederzeit offen für Neue ist.«
Nicht jeder SBK erlebt die hier geschilderte Weite und Öffnung nach außen. Manche sehr kleinen Gruppen igeln sich ein und führen ein abgeschottetes Winkeldasein.
Seit 1990 bilden Vertreter der württembergischen SBK auf Landesebene einen »Landesschülerrat«, der konkrete Ideen und Vorschläge »aus der SBK-Praxis – für die SBK-Praxis« zu sammeln, zu entwickeln und zu multi-

plizieren versucht. Ungefähr 25 SBK'ler aus dem Oberstufen- und Berufsschulbereich sind gemeinsam mit ehrenamtlichen Mitarbeitern der Schülerarbeit im Evang. Jugendwerk in Württemberg aktiv. Jeweils zu Beginn des Schuljahrs wird von vielen SBKs als Einladeaktion ein neu vom Landesschülerrat gestalteter Stundenplan verteilt. Inzwischen sind kleinere Arbeitshilfen zu den Themen »ATEMPAUSE – Ideen für die Pausenandacht«, »Schulgottesdienst, »SBK-Freizeit« und »Aktionen an der Schule« entstanden.
Exemplarisch für den SBK-Alltag zitieren wir Abschnitte aus diesen Arbeitshilfen.

## »SBK live«. Beispiele des Landesschülerrates

### Eine Pausenaktion in der Adventszeit

Ziel
Advent ist die Zeit der »Ankunft« (lat. = »adventus«), die Zeit des Wartens auf den ankommenden Gott. In einem Anspiel soll das (Er-)Warten verdeutlicht werden und was (wer) es ist, das (der) ankommt an Weihnachten.

Pantomime
- Die Schüler und Schülerinnen stehen auf dem Schulhof, ahnen nichts (keine Vorankündigung!). Plötzlich öffnet sich im Schulhaus im zweiten oder dritten Stock ein Fenster und ein riesiges Paket mit Riesen-Schlaufe erscheint und schwebt ein Stück herunter. Darauf steht in großen Buchstaben: »Am 24. 12. öffnen ...« . Wer das Paket herunterläßt, ist nicht zu sehen.
- Ein weißgesichtiger Mime erscheint, tanzt unter dem Paket herum, zeigt hinauf, hüpft, will es haben. Nur langsam sinkt das Paket, er wird ganz ungeduldig, zeigt auf die Uhr.
- Dann hat er eine Idee: Er holt einen Abreißkalender und reißt Blatt um Blatt die Tage bis zum 24. ab. Bei jedem Tag ruckelt das Paket ein Stück weiter nach unten: Am 24. ist es dann unten (hängt ca. 1,5 m über dem Erdboden; vorher die Seillänge abmessen!)
- Er nestelt nun zuerst an der Schlaufe einer Papierrolle herum, die direkt unter »Am 24. 12. öffnen ...« angebracht ist. Als die Schlaufe aufgeht, entrollt sich ein Transparent, auf dem der Spruch fortgesetzt wird:

»... sich die Augen der Menschen: Gott kommt.« Der ganze Spruch heißt also: »Am 24. 12. öffnen ... sich die Augen der Menschen: Gott kommt.«

- Nun ist der Mime ganz erschrocken, versteckt sich, kommt wieder näher und öffnet dann ängstlich und vorsichtig das Paket an seiner Vorderseite, wo dann endlich eine Klappe aufgeht, und für alle sichtbar liegt ein Kind (große Puppe) im Paket.
- Der Mime erschrickt erst, springt zur Seite, kommt dann wieder näher, schaut rein. Dann kratzt er sich am Kopf, tippt sich an die Stirn und bedeutet durch Mimik und Gestik, daß er sich total für dumm verkauft fühlt, droht mit der Faust nach oben, wo das Paket herkam, und gibt dem baumelnden Paket einen Tritt.
- Dann schrickt er aber zusammen, hält die Hand ans Ohr: Er hört etwas! Das Kind schreit (lautlos). Er nähert sich wieder der Kiste, hält sie im Baumeln an, nimmt vorsichtig das Kind heraus, wiegt es, tröstet es, betrachtet es hinten und vorne und schaut hoch, dann wieder auf das Kind, ein paarmal hoch und wieder nieder, zuckt mit den Achseln, aber nimmt es zunehmend lieber und liebevoller an sich, in seinen Arm.
- Dann merkt er, daß das Kind friert, nimmt seinen roten Schal, wickelt das Kind darin ein. Es friert aber immer noch. Da zieht er seine Jacke aus, polstert den Geschenkkarton damit aus, legt das Kind hinein, zieht an dem Seil, bis das Paket nun vollends ganz auf dem Boden steht.

### Anschliessende Verteilaktion

Wenn die Schülerinnen und Schüler nun wieder ins Schulhaus gehen, wird ihnen ein kleines zusammengeklapptes und zugeklebtes Kärtchen ausgeteilt, auf welchem außen Geschenkpapier/-schlaufe aufgemalt ist und mit Schreibschrift ein Zitat von Marylin Monroe draufgeschrieben steht: »What's worth to have it, that's worth to wait is« (Marylin Monroe).
Und auf der anderen Seite: »Erst am 24. 12. öffnen ...«
Innen in dem Kärtchen steht dann: »Tausend glückliche Minuten, ein Fest voller Begegnungen mit Menschen (und Gott?) und ein knallbuntes neues Jahr wünscht dir der SBK« und darunter in übertragener, sprachlich zugänglich gemachter Form der Bibelvers: »So sehr hat Gott die Welt geliebt, daß er sich in seinem einziggeborenen Sohn selbst gab, damit alle, die ihm glauben, das volle Leben finden können ...« (Joh 3,16).
(Aus: Atem-Pause [4])

### Ein Tip zu Schulgottesdienst-Predigten: Ohne falsche Umwege zur Sache kommen

Manche SBKs meinen, sie könnten durch einen Schulgottesdienst endlich mal ihren Mitschülern das komplette Evangelium weitersagen. Das führt meist zu einer langen, dogmatischen Ansprache mit zahlreichen Aspekten und wenigen Beispielen. Bei einer Schulgottesdienst-Predigt gilt der Grundsatz: Weniger ist mehr – sofern das Wenige das Richtige ist! Eine SchuGo-Predigt ist wie ein Stand auf dem Jahrmarkt: Man hat einen Hammer in der Hand und maximal drei Schläge. Nach diesen drei Schlägen muß der Nagel sitzen, dann gewinnt man eine Flasche Wein. Bei uns sind die drei Schläge maximal 5–8 Minuten. Aber es geht hier wie dort um einen Nagel, auf den man schlägt. Ihr sollt mit der Predigt auch nicht den Zuhörern die Köpfe einschlagen, sondern sie auf den Kerngedanken des Textes festnageln. Wenn der Nagel sitzt, gewinnt ihr zwar keine Flasche Wein, dafür aber das eine oder andere Gespräch mit euren Mitschülern.
Deshalb: Nehmt euch im SBK zuallererst genügend Zeit, einen Kerngedanken für diesen Gottesdienst zu finden (und diesen möglichst auch mal schriftlich zu formulieren). Wenn dieser Gedanke steht, könnt ihr gemeinsam überlegen, mit welchen Beispielen, Geschichten und Verstehenshilfen ihr ihn plastisch machen wollt.
Dasselbe nochmal an einem Beispiel:

#### Thema des Gottesdienstes

»Gott ist anders«

#### Kerngedanke

Gott läßt sich nicht in unsere Gottesbilder einsperren, weil er uns als Person begegnen will.

#### 1. Verstehenshilfe

Stell dir vor, eine Ehefrau trägt seit zwanzig Jahren dasselbe alte Foto von ihrem Mann herum, hat aber keinen Kontakt zu ihm, weil sie sich mit dem Bild von damals begnügt.

#### 2. Verstehenshilfe

Stell dir vor, jemand geht ins Kino, macht die Augen zu und versucht krampfhaft, den Film zu riechen. Er wird alles andere im Saal riechen, aber nicht den Film. Dasjenige, was ich erkennen will, gibt vor, wie ich es erkennen kann –

auch wenn ich mir noch so viel Mühe gebe. Gott will sich durch eine Beziehung (hin und her), nicht durch distanziertes Betrachten erkennen lassen.

(Aus: Die grüne Banane [5])

## Erwachsene Christen als Gruppenbegleiter

Schülerbibelkreise stehen und fallen mit ihrer Leitung. Durch den Weggang der Abiturienten verlieren sie jährlich ihre erfahrenen Mitarbeiterinnen und Mitarbeiter. Deshalb brauchen SBKs Erwachsene, die die Kreise begleiten und ihnen ein Stück Kontinuität vermitteln können. Solche »Gruppenbegleiter« unterstützen den SBK, wenn es kriselt, knüpfen Kontakte nach außen und vermitteln einzelnen Schülern als Gesprächspartner die Einsicht, daß der Glaube auch über die Schulzeit hinaus trägt. Durch ihre Lebenserfahrung können sie den SBK bereichern und vor dem Abgleiten in extreme Positionen schützen.

In der Regel sind es Lehrerinnen und Lehrer, die dem SBK ihren Kontakt anbieten. Aber auch andere Erwachsene (z. B. Studentinnen und Studenten), die es sich zeitlich einrichten können, haben die Möglichkeit, einen Schülerbibelkreis zu begleiten. Je nach Situation ist es sinnvoll, regelmäßig am Schülerkreis teilzunehmen oder gelegentliche Besuche abzustatten (nur unter Vorankündigung – damit keine Schulrats-Assoziationen aufkommen!). Für manche »lehrergeschädigte« Schüler kommt es dabei zu einem Aha-Erlebnis, wenn ein Lehrer oder eine Lehrerin den SBK besucht. Festgefahrene Rollen können abgelegt werden, es kommt zu einer Begegnung von Mensch zu Mensch (»Lehrer sind auch Menschen!«; »Christsein an der Schule ist nicht nur unsere Sache!«).

## Geistlicher Berater der Gruppe

Schülerchristen sind Jugendliche, die zum Teil in ihrer geistlichen Entwicklung noch am Anfang stehen. Wer berät sie in theologischen Krisen?

Konkret: Gibt es im SBK Tendenzen zur Gesetzlichkeit oder zur Freizügigkeit, zum Fundamentalismus oder zu theologischer Indifferenz? Durch Vorbild, Bibelarbeit, Referat, persönliche Beiträge und Gespräche im SBK oder auf Freizeiten kann der Gruppenbegleiter seiner Aufgabe als geistlicher Berater nachkommen.

Für diese Aufgabe der Jugendseelsorge gehört neben die eigentliche Gruppenbegleitung auch »Kontaktarbeit«: Es muß für den Erwachsenen und die einzelnen Schüler Begegnungsmöglichkeiten geben, vor oder nach dem SBK, oder auch bei informellen Treffen in der Eisdiele, etc.

## Praktische Hilfestellung

Im SBK sollen die Jugendlichen leiten, obwohl sie doch oft im (Schul-)Alltag die Geleiteten sind. Eine weitere Aufgabe eines Gruppenbegleiters besteht deshalb in der pädagogischen Beratung: Wie plant man ein Programm? Welche Prozesse laufen im Schülerbibelkreis? Wie wirkt das Programm der Gruppe auf Außenstehende?
Im Zusammensein mit den Schülerinnen und Schülern kann der Gruppenbegleiter Ideen einbringen, sortieren und bewerten helfen. Manchmal nehmen sich Schülerkreise Aufgaben vor, die sie einfach nicht leisten können. Hier hat der Erwachsene die Chance, auf die Möglichkeiten und Grenzen der Gruppe aufmerksam zu machen.
Manche SBKs scheitern an ganz praktischen Fragen: Raumnot, Aufsichts- und Versicherungsfragen, das Verhältnis zur Schulleitung, zum Lehrerkollegium, zur SMV. Auch hier ist die Hilfe des Gruppenbegleiters sinnvoll.

## Grenzen der Gruppenbegleitung

Im Reich Gottes gibt es keine Konkurrenz zwischen Lehrern und Schülern, sondern die Herausforderung zur Solidarität und zum gemeinsamen Handeln. Trotzdem bleibt die Frage, ob der SBK den Gruppenbegleiter oder die Gruppenbegleiterin will. Kriterien für die Antwort könnten folgende sein:
- Verfolgen beide (SBK und Gruppenbegleiter) die gleiche Zielsetzung?
- Haben beide eine Spiritualität und einen christlichen Lebensstil, die sich vereinbaren lassen? »Kann« man miteinander?
- Kommt es zu einem harmonischen, gelösten Verhältnis? Können sich beide Seiten als Geschwister in Christus begegnen?
- Was kann man gemeinsam in Angriff nehmen?

Gerade das gemeinsame Tun schafft oft Verstehen. Ein Gruppenbegleiter sollte den Mut haben, die Frage, ob die Gruppe ihn will, offen auszusprechen. Die SBK'ler sollten die Antwort auf diese Frage in einem Treffen ohne den Gruppenbegleiter finden.

## Leiten oder Begleiten?

Phasenweise ist der Schülerkreis so schwach, daß einzelne aus dem SBK die Leitung nicht übernehmen können. Der Gruppenbegleiter sieht aber bei sich die Möglichkeit zur Leitung und könnte dadurch den Kreis aus der Krise führen. Dieser Konflikt zwischen der Idee des selbständigen Schülerkreises und der Realität eines orientierungslosen SBKs sollte praxisnah entschieden werden. Wo ein Kreis Leitung braucht, sollte auch der Gruppenbegleiter den Mut haben, sie für einige Zeit zu übernehmen. Dabei gilt es aber zu beachten:

- Fördern und fordern. Was Schüler selber tun können, sollen sie auch tun.
- Zuweilen genügt es, wenn der Gruppenbegleiter Impulse setzt und den ersten Schritt tut, dann können die Schüler selber weitergehen.
- Der Schülerbibelkreis will eine Veranstaltung von Schülern für Schüler sein. Pädagogisch sinnvolle Leitung macht sich im Lauf der Zeit selbst überflüssig.

Die genannten Arbeitshilfen des Schülerrates, ein Starthilfe-Paket, der Schülerrundbrief und weitere Materialien können bezogen werden über die Schülerarbeit im Evang. Jugendwerk, Postfach 80 03 27, 70503 Stuttgart, Tel. (07 11) 97 81-100.

*Peter Rostan*

# Außerschulische Projekte

# Mehr Leben als du ahnst

## Eine Woche miteinander wohnen und arbeiten

### Die Idee

Mit Schülerinnen und Schülern während der Schulzeit in einem Tagungshaus eine Woche lang zu leben und das alltägliche Leben gemeinsam zu gestalten. Ein Weg, Leben und Spiritualität im Alltag zu verbinden und eine andere Form von Zusammenleben kennenzulernen (Wohngemeinschaft auf Zeit).
Angesprochen werden Schülerinnen und Schüler ab Klasse 10.
Veranstalter ist das Referat Schulseelsorge des Bischöflichen Jugendamtes der Diözese Rottenburg-Stuttgart in Kooperation mit der jeweiligen Schule.
Im Folgenden wird der Verlauf einer Intensivwoche exemplarisch geschildert. Anmerkungen geben Hinweise auf Hintergründe und Sinn einzelner Schritte. Dem schließen sich Überlegungen zur Vorbereitung, Bedingungen für ein Gelingen der Woche und zur Nacharbeit an.

### Verlauf der Woche

#### Samstag

Nachmittags: Ankommen, Zimmer beziehen
Kaffee, Tee und Kuchen – gemütliches Ankommen
Die erste Runde besteht aus einer Begrüßung und der Übersicht über die Tagesplanung Samstag/Sonntag.

Der ganze Samstag dient dem Kennenlernen.

Ich sitze im Grünen
Stuhlkreis, ein Stuhl mehr als Personen
(ähnlich: Mein rechter Platz ist leer …)
Auf den Stuhl, der frei ist, versuchen sich die beiden, die daneben sitzen, so schnell wie möglich zu setzen.Wem es als erste/r gelingt, sagt: »Ich sitze …« Auf den frei gewordenen Stuhl rutscht der/die nächste nach und sagt: »… im Grünen …«. Wieder rutscht der/die nächste nach und sagt: »… und wünsch

mir …« (und nennt einen Namen aus dem anwesenden Personenkreis). Weiter geht es wie oben beschrieben …

### Ich stelle mich mit einer Geste vor

Reihum sagt jede/r: »Ich bin die/der …«, tritt vor und macht eine Geste, die zu ihm/ihr paßt. Die anderen sagen den Namen und machen die Geste nach. Schließlich werden die einzelnen Namen und Gesten aneinandergekettet und von allen nachgemacht.

### Spots in movement

Alle bewegen sich zu Musik im Raum und kommen den Anweisungen nach, z. B. alle schütteln sich so schnell es geht die Hände, machen sich gegenseitig ihre Gesten vor, ordnen sich nach Schuhgröße, Haarfarbe, Sternzeichen …

### Vertieftes Kennenlernen

Im Raum liegen Gegenstände aus. Jede und jeder sucht sich einen aus, der ihn/sie spontan anspricht, und nimmt diesen.
Es folgt eine Zeit der Betrachtung: Wie sieht dieser Gegenstand aus? Gefällt er mir? Was sagt er mir? Was sagt er über mich aus? Was davon will ich den anderen sagen?
Gegenseitiges Vorstellen der Gegenstände

> Parallel zur Abendessensvorbereitung sind einige damit beschäftigt, das Haus wohnlicher zu machen (Bilder, Tücher aufhängen, »Kuschelecken« einrichten mit Decken und Musik …)

### Wunschzettel

Zu Beginn der Abendeinheit werden Wunschzettel geschrieben:
Was ist mir wichtig diese Woche? Was wünsche ich mir? (grünes Papier) Was will ich hier auf keinen Fall? (rotes Papier)
Über welche Themen möchte ich hier sprechen? (gelbes Papier)
Die einzelnen beschriften die Blätter. Reihum werden die Aussagen vorgelesen ggf. erläutert und dann auf drei entsprechende Plakate geklebt.

### Regeln

Zum Schluß werden Regeln vereinbart (Gesprächsregeln, Geheimhaltungsregel, d. h., Persönliches, das in der Woche besprochen wird, darf nicht anderen weitererzählt werden; Regeln, die Besuch, Alkohol, Rauchen, Verbindlichkeit usw. betreffen)

TAGESABSCHLUSS– »EN KNOPF NA MACHE«
Alle erhalten ein Tagebuch, das sie individuell gestalten durch Bekleben (Zeitschriften).
Auf Decken am Boden liegend bei Meditationsmusik und Kerzenschein wird unter Anleitung den Ereignissen und Eindrücken des Tages nachgegangen. Dann ist Zeit, zum Tagebuchschreiben.

> Das Tagebuchschreiben ermöglicht den einzelnen, wichtige Gedanken und Ereignisse festzuhalten oder auch das zu Papier zu bringen, das sie (noch) nicht sagen wollen. Das »Ritual« wird jeden Abend vollzogen und gibt damit eine feste Struktur der Woche vor.

## Sonntag

Frühstück, auf freiwilliger Basis Teilnahme am Gottesdienst der Ortsgemeinde.

Arbeitseinheit: WER BIN ICH? WER SIND DIE ANDEREN?
Die Teilnehmenden liegen auf dem Boden und werden angeleitet, sich zu entspannen. Sie »gehen« in Gedanken zu folgenden Impulsen durch den Körper: Wobei stehen mir die Haare zu Berge? Mein Kopf ist voll von ... Mich beschäftigt derzeit ... Was höre ich gerne? Wo höre ich lieber weg? Worüber rede ich gerne? Wann halte ich lieber die Klappe? Was sehe ich gerne? Wo verschließe ich lieber die Augen? Was stinkt mir? Wann stehe ich aufrecht? Wann ziehe ich lieber das Genick ein? Was bewegt mich zur Zeit? Wofür schlägt mein Herz? Woran hängt mein Herz? Was gibt mir Kraft? Was liegt mir im Magen? Wann kribbelts im Bauch? Was möchte ich gerne weitergeben? Was bin ich bereit zu geben? Was würde ich gerne von anderen nehmen? Was kann ich? Woran möchte ich Hand anlegen? Wann bekomme ich weiche Knie? Worauf stehe ich? Worauf gehe ich zu? Was gibt mir festen Stand im Leben? Was trägt mich?

Loslösen aus der Meditation

Die Teilnehmer/innen schließen sich zu zweit zusammen und malen gegenseitig die Körperumrisse auf Plakate, die unter ihnen liegen. Dann gestalten die einzelnen ihre Umrisse, füllen sie durch beschriften oder malen aus.

Blitzlicht
Als Abschluß der Runde: Wie geht es den einzelnen?
Nachmittags stellen die einzelnen ihre Bilder im Plenum vor.

> Die Leiter und Leiterinnen beteiligen sich an dieser Einheit und stellen die eigenen Bilder auch vor. Diese Einheit dient wiederum dem Kennenlernen. Die einzelnen bemerken, wie wenig sie über sich und über die anderen wissen. Beim Vorstellen der Bilder ergeben sich noch einmal Themen, die im Verlauf der Woche Gegenstand von Arbeitseinheiten bzw. Gesprächen werden.

Nach dem Abendessen wird die Wochenplanung vorgenommen: Speiseplan, Koch-/Spüldienste, Arbeitszeiten, Besuch der Lehrerinnen und Lehrer …

Tagesabschluss– »en Knopf na mache«
Eine Geschichte wird vorgelesen und anschließend Zeit fürs Tagebuchschreiben eingeräumt.

### Montag

Morgenimpuls nach dem Wecken
Mit Luftballons zu Musik bewegen, erst alle für sich, dann die Luftballons einander zuspielen.
Impuls: Ich möchte darauf achten, wer und was mir heute begegnet.

> Da die Nächte meistens kurz und nicht sehr schlafintensiv sind, ist es sinnvoll, morgens den Kreislauf in Schwung zu bringen, Gemeinschaft zu erleben und einen Impuls mitzunehmen.

Wie jeden Morgen erfolgt nach dem gemeinsamen Frühstück die Abfahrt zur Schule. Zum Mittagessen kehren die Schüler und Schülerinnen, wenn sie keinen Nachmittagsunterricht haben, ins Tagungshaus zurück.

Gemeinschaft sichtbar machen
Alle sitzen im Kreis auf dem Boden. Wir spinnen ein Netz durch Zuwerfen eines Wollknäuels – dabei wird der Faden abgewickelt. Das entstandene Netz wird auf dem Fußboden befestigt.

Reflexion des Schultages
Wie war der Vormittag? Wem bin ich begegnet? Was ist mir begegnet?
Austausch in Mauschelgruppen (d. h. zu zweit oder zu dritt)

Miteinander Spasshaben, die Fantasie anregen

Kreis, in der Mitte liegen verdeckt Karten mit je einem Wort (Wald, blau, Auge, Fremde, Verantwortung, redegewandt, … – insgesamt ca 80 Wörter). Nacheinander ziehen alle, wenn sie an der Reihe sind, drei Karten und erzählen anhand der auftauchenden Wörter die Geschichte weiter (z. B.: In einem Wald, weit entlegen von menschlichen Großstadtsiedlungen, lebte ein Völkchen, daß sich »Blau-Auge« nannte, weil sie allesamt himmelblaue Augen hatten. Eines Tages …).

> Das Gemeinschaftsgefühl hat sich zu diesem Zeitpunkt meistens schon eingestellt, deswegen kann es, ohne etwas »aufzusetzen«, sichtbar gemacht werden. Nach einem meist anstrengenden Schulvormittag dient der Nachmittag dem Entspannen. Der Abend, die Dunkelheit und die Nacht bieten eine Atmosphäre, in der sich in Gruppen persönliche Themen geradezu von selbst ergeben.

Quellensuche

Nach dem Abendessen geht es auf Quellensuche.

Fotosprache: Auf dem Boden werden Bilder ausgelegt, die Symbole, Szenen, Menschen zeigen.

Aus welchen Quellen lebe ich? Was gibt mir Kraft?

Alle suchen sich ein Bild aus, das sie zu diesen Fragen anspricht, und teilen den anderen mit, was sie sich überlegt haben. Der Vorstellungsrunde schließt sich ein Gruppengespräch an, in dem es um Beziehungen, Glauben, Zweifel, Erfahrungen usw. geht.

> Über Bilder ist es leichter, über ein für viele ungewohntes Thema wie Glauben und Gott zu reden. »Es ist wie …« erleichtert Aussagen und ermöglicht durch Umschreiben, den eigenen Gedanken und Gefühlen näher zu kommen und sie zu benennen.

Der Gesprächsrunde schließt sich eine Erfahrung an, die das Gesprochene einbindet in die Beziehungen zu den Anwesenden und »Getragen werden«:

»en Knopf na mache«: Gehalten werden

Je zwei Teilnehmer/innen: eine/r liegt mit dem Rücken auf dem Boden. Die/der andere sitzt am Kopfende und greift mit offenen Händen unter den Kopf und hält diesen ruhig in Händen. (Nach ca. 20 Minuten Wechsel.)

Zeit der Ruhe, Meditationsmusik, Kerzenschein

Texte werden als Impuls vorgelesen:

Segnende Hände

meine hände
berühren dein haupt
zärtlich bestimmt
und teilen mit dir
teilen dir mit

ich teile dir mit
von meiner Kraft
in ihr begleite ich dich

ich teile mit dir
meine freude
in ihr möchte ich dir
hoffnung geben

ich habe dich gern
ich traue dir etwas zu
ich will dich ermutigen
du bist wertvoll
und du hast einen auftrag
den du erfüllen sollst
ganz als mensch
mit gottes kraft

und jetzt und heute
sollst du damit beginnen
denn du bist gesegnet
um segen zu sein

(Helga Kiesel/Raimund Klinke [6])

Du bist Segen

Wenn du da bist
lebe ich neu.
Deine Stimme will ich hören,
dein Lachen vernehmen,
deinen Blick genießen.
Ich will dich
sehen

hören
riechen
schmecken
fühlen.
Ich bin bei dir.
Du bist bei mir.
Die Zeit steht still.

(M. Frigger [7])

Kurzer Austausch: »Wie war's«, und Zeit für Tagebuchaufzeichnungen.

## Dienstag

Morgenimpuls
Hände massieren und meditieren

Betrachte die Linien deiner Hand.
Nicht wie eine Wahrsagerin oder ein Gaukler,
sondern wie jemand, der sucht und verstehen möchte.
In deiner Hand wirst du Linien erkennen,
die bei keinem anderen Menschen so gezogen sind wie bei dir.
Du kannst Handschuhe tragen,
um deine Linien zu verbergen,
damit du unerkannt bleibst – vor den anderen und vor dir selbst.
Zieh keinen Handschuh an.
Er macht dich glatt und unpersönlich. Du bist kein Massenprodukt.
Deine Seele macht dich unverwechselbar und einzigartig.
Nimm die Linien deiner Hand an –
es sind Linien zu dir selbst und zu deinem Sinn.

(Nach: Auf Gottes Spuren [8])

Spiele im Freien
Nach Schule, Essen und Freizeit: Spiele im Freien, von New Games über Faules Ei, Pinguin und Flamingo, Frosch und Fliege bis zur Reise nach Babylon.

Gemeinsame Malaktion
Ziel: Gemeinschaft erleben. Mit Fingerfarben wird ein großes Plakat bemalt – ohne thematische Vorgaben.

Auswertung der Malaktion nach dem Abendessen:
Wie war's am Anfang? Wem bin ich mit der Zeit in die Quere gekommen? Wie haben wir uns da verhalten? Wem bin ich aus dem Weg/Bild gegangen? Was habe ich sonst noch erlebt?

Abschluss im Freien auf Isomatte und im Schlafsack
»Geschichte vom Bär, vom Tiger und von der Eule« (Janosch)

Irisches Segenslied lernen:

Text und Musik von M. Pytlik

2. Führe die Straße, die du gehst immer nur zu deinem Ziel bergab, hab, wenn es kühl wird warme Gedanken und den vollen Mond in dunkler Nacht. Und auf allen deinen Wegen halte Gott dich fest in seiner Hand und auf allen deinen Wegen halte Gott dich fest in seiner Hand.

3. Hab unterm Kopf ein weiches Kissen, habe Kleidung und das täglich Brot; sei über vierzig Jahre im Himmel, bevor der Teufel merkt, du bist schon tot. Und auf allen deinen Wegen halte Gott dich fest in seiner Hand und auf allen deinen Wegen halte Gott dich fest in deiner Hand.

4. Bis wir uns mal wiedersehen hoffe ich, daß Gott dich nicht verläßt; er halte dich in seinen Händen doch drücke seine Faust dich nie zu fest: und auf allen deinen Wegen halte Gott dich fest in seiner Hand und auf allen deinen Wegen halte Gott dich fest in seiner Hand.

Dieses Lied begleitet den Verlauf der Woche. Es trifft in seinen Aussagen auf viele Situationen zu, die gemeinsam erlebt werden.

Tagebuch schreiben
Danach ist Zeit zum Tagebuch schreiben. Einige bleiben draußen zum Übernachten, andere ziehen es vor, im Haus zu schlafen.

## Mittwoch

MORGENIMPULS
Durch den Raum gehen zu Musik, den Schlaf abschütteln.
Lied: Irischer Segen
Nach Schule und Mittagessen steht an:

PLANUNG FÜR DEN NACHMITTAG MIT DEN LEHRERINNEN UND LEHRERN
Sammlung von Stichworten zu folgenden Fragen auf Plakaten:
Was wollen wir mit den Lehrern und Lehrerinnen besprechen?
Wie soll der Nachmittag gestaltet werden?
Was ist uns wichtig für die Atmosphäre?
Verbindliche Absprachen werden getroffen über den Verlauf, wer welche Aufgaben im Rahmen der Organisation übernimmt und wer für die Gesprächsleitung zuständig sein wird. Ergebnisse werden auf Plakaten für alle sichtbar festgehalten.

> In dem Gespräch muß deutlich gemacht werden, daß die Schüler und Schülerinnen den Nachmittag selbst organisieren und gestalten sollen. Die Jugendlichen bekommen lediglich die Hilfestellungen, die sie für Themenfindung und Strukturierung brauchen. Sie sollen bestimmen, wie sie ihre Gastfreundschaft gestalten wollen, was sie inhaltlich mit den Lehrkräften besprechen wollen und mit welchem Ziel. Sie sind in der Lage, den Nachmittag selbst zu gestalten und sollen sich nicht darauf verlassen, daß die Leiter und Leiterinnen ihnen diese Aufgabe abnehmen. Für die Schüler und Schülerinnen ist dies eine ungewöhnliche Zumutung. Sie tun sich erst einmal schwer, durchleben Höhen und Tiefen bei der Entscheidungsfindung und die Spannung, wie es werden könnte.

BLITZLICHT
Zum Abschluß der Planungsphase: »Wie geht es mir jetzt?« Die einzelnen äußern ihre Befindlichkeit. So wird die Stimmung in der Gruppe deutlich.

»EN KNOPF NA MACHE«
Meditationsmusik und Kerzenlicht

TENNISBALLMASSAGE
Decken, um auf dem Boden zu liegen. Je zwei gehen zusammen. Eine/r legt

sich auf den Bauch auf die Decke. Der/die andere hockt, setzt, kniet sich daneben und nimmt einen Tennisball in die Hand. Der Tennisball wird auf dem Rücken mal leichter, mal fester, mal schneller, mal langsamer gerollt (evtl. nach vorheriger Absprache auch über den Po zu den Beinen und Füßen). Ca. 15–20 Minuten, dann Wechsel. Im Hintergrund läuft ruhige meditative Musik.

> Diese Übung sollte nur in einer Gruppe gemacht werden, in der sich die Teilnehmenden gut kennen und bereit sind, sich ernsthaft auf den anderen einzulassen und die jeweils eigenen Grenzen zu respektieren.

Zum Abschluß kurzer Austausch: »Wie war's?«

TAGEBUCH SCHREIBEN

## Donnerstag

MORGENIMPULS
Lied: Irischer Segen

VERTRAUENSKREIS
Alle stehen Schulter an Schulter mit dem Gesicht zur Mitte im Kreis. In der Mitte steht ein Teilnehmer/eine Teilnehmerin, schließt die Augen und läßt sich mal nach hinten, mal nach vorne fallen.
Wichtig ist, vorher deutlich zu machen, daß sich die einzelnen sehr stark verletzen können, wenn sie nicht aufgefangen werden. Wer sich nicht sicher genug fühlt, jemanden aufzufangen, soll dies gleich sagen und sich Verstärkung vom Nachbarn, von der Nachbarin holen.

> Stellt ein Gemeinschaftsgefühl her und gibt Vertrauen in den Tag und in das gemeinsame Vorhaben.

BESUCH DER LEHRER UND LEHRERINNEN AM NACHMITTAG
Vorbereitung auf den Besuch (Tisch decken, Räume dekorieren, aufräumen, Kaffee kochen ...).
Ankunft der Lehrerinnen und Lehrer.
Die Schülerinnen und Schüler bringen den Lehrerinnen und Lehrern bei, mit »Tellern« und Bällen zu jonglieren.
Kaffee, Kaba, Kuchen, Tee und Erzählungen darüber, was bis jetzt auf der Intensivwoche gemacht wurde. Anschließend folgt ein Hausrundgang.

Gespräche mit Lehrerinnen und Lehrern im Kreis, auf dem Boden sitzend über:
Warum sind wir (die Teilnehmer) hier? Was erhoffen wir uns von dieser Woche?
Warum sind Sie als Lehrer, Lehrerin hier?
Wie waren Sie als Schülerin und Schüler?
Was wir schon immer mal sagen wollten ...
Abschlußrunde: Blitzlicht
Die Lehrerinnen und Lehrer gehen.

TAUZIEHEN IM FREIEN
Tau-Seil-Springen, um erst einmal Druck abzulassen, sich auszutoben, nachdem die Spannung nachläßt.

AUSWERTUNGSRUNDE ZUM NACHMITTAG
Evtl. Vereinbarungen treffen, wer einzelne Ergebnisse wo und bis wann verfolgt. Gegenseitig sagen, was (nicht) gut war.

KOLLEKTIVES SCHULTERKLOPFEN
Im Kreis hintereinander stehend, einmal mit der rechten, dann mit der linken Hand auf die Schulter des Vordermanns klopfen. Dann eine Drehung um 180 Grad und das gleiche beim neuen Partner, der neuen Partnerin.

Nach dem Abendessen: Tagesplanung bis zum Wochenende.
In den Blick nehmen, daß der Freitag der letzte volle Tag ist. Überprüfen, welche Themen noch fehlen und gemeinsam festlegen, was am nächsten Tag gemacht werden soll.
Freizeit, Zeit zum Tagebuchschreiben

## Freitag

MORGENIMPULS
Spiele mit dem Fallschirm im Freien

Nachmittags zum Austoben am schulischen Wochenschluß Spiele im Freien. Anschließend Einstieg ins Thema:

MEINE ZUKUNFT – WORAUF KOMMT ES IN MEINEM LEBEN AN?
Magier des 21. Jahrhunderts: Fünfzehn Magier stehen zur Auswahl.

Die Teilnehmer entscheiden sich, welche fünf Magier sie gern zu Hilfe nehmen würden und tauschen sich darüber aus. Anschließend begegnen sich die Magier in einem Rollenspiel.
(ausführlich beschrieben in: Das hätt' ich nicht gedacht. Religiöse Orientierungstage mit Schülerinnen und Schülern, herausgegeben von Ulrich Schabel, Freiburg 1994)

NACHTWANDERUNG
An einer Feuerstelle wird ein großes Lagerfeuer entfacht.
Lieder singen

> Es wird kein neues Thema aufgegriffen. Die Teilnehmer haben nachmittags bereits ihre Zukunft und damit die Zeit nach der Intensivwoche in den Blick genommen. Die Woche kann langsam ausklingen, Teil der back-home-Phase.

## Samstag

Alles ein bißchen später: Frühstück, Morgenimpuls, Lied: Irisches Segenslied
Planung des Tages: Organisation und Überblick (Zeitplan, Tagesablauf, Putzplan)

REFLEXION DER WOCHE
Die Teilnehmerinnen und Teilnehmer schreiben eine Stunde lang in ihr Tagebuch oder einen Brief an sich zu folgenden Impulsen:
Was war mir neu? Was habe ich hier gelernt? Was ist mir wichtig geworden? Was ist mir aufgefallen? Was fand ich gut/schlecht? Was war hier anders? (Der Brief wird ca. acht Wochen später an die Teilnehmerinnen und Teilnehmer geschickt.)
Runde: Was ich aus meinem Brief den anderen sagen will.
Nach dem Mittagessen wird das Haus geputzt und »übergabefertig« gemacht. Zur Belohnung gibt es Kaffee, Tee, Kaba, Kuchen.

SCHLUSSRUNDE
Ein Mülleimer und ein Koffer stehen im Raum.
Die Teilnehmerinnen und Teilnehmer erhalten Zettel, auf denen sie zu den Sätzen »Mülleimer: Ich lasse hier …« und »Koffer – Ich nehme mit …« entsprechende Aussagen aufschreiben.

Reihum werfen sie, nachdem sie vorgelesen haben, was auf den Zetteln steht, diese in die entsprechenden Gefäße. Diese werden verschlossen und »entsorgt«.

Letzte Runde
Was ich anderen noch sagen wollte ...

Abschiednehmen und Abreise

## Vorbereitung einer Intensivwoche

### Langfristige Vorbereitung – ca. ein Jahr

Kooperationsabsprachen mit der Schule, d. h. der Schulleitung und interessierten Lehrerinnen und Lehrern:
- Klassenstufe/Klasse festlegen, für die das Angebot gemacht werden soll.
- Termin festlegen, sinnvollerweise zum Schuljahresbeginn, damit die gemachten Erfahrungen im Schuljahr weitertragen können.
- Terminplanung: Information für Lehrerinnen und Lehrer, Schülerinnen und Schüler, Eltern; Besuch und Information in der Schule für interessierte Schülerinnen und Schüler.

Haussuche und -belegung; Tagungshaus sollte in erreichbarer Nähe zur Schule stehen (öffentliche Verkehrsmittel, Fahrrad ...).
Teamsuche – ein langfristiger Kurs braucht i. d. R. eine langfristige Planung auch beim Team.

### Mittelfristige Vorbereitung – ca. drei Monate vor Beginn

Informationen über das Vorhaben:
- im Kollegium durch die Schulleitung und engagierte Lehrerinnen und Lehrer;
- bei den Schülerinnen und Schüler, die als Teilnehmende in Frage kommen in Form eines Klassenbesuchs;
- bei den Eltern im Rahmen eines Elternabends und über schriftliches Informationsmaterial.

Vorbereitung im Team
Anmeldung der Schülerinnen und Schüler und damit eine verbundene Anzahlung, die für den Fall einer kurzfristigen Absage einbehalten wird.

**Kurzfristige Vorbereitung – in der Woche vor Beginn der Intensivwoche**

- Einkaufen für wenigstens drei Tage.
- Dem Tagungshaus endgültige An- und Abreisezeiten mitteilen.
- Material besorgen.
- In der Schule an den Besuchsnachmittag erinnern und die interessierten Lehrerinnen und Lehrer bitten, sich den Termin vorzumerken.

**Bedingungen, damit eine Intensivwoche gelingen kann**

Die *teilnehmenden Schülerinnen und Schüler* müssen sich für diese Woche von allen Freizeitaktivitäten abmelden, damit ihnen eine kontinuierliche Teilnahme an der Intensivwoche möglich ist. Wenn immer wieder einzelne fehlen, wirkt sich das negativ auf den Prozeß aus, den die Gruppe miteinander in dieser Woche erlebt.

In der Kooperationsschule sollten *Lehrerinnen und Lehrer* sein, die Intentionen einer Intensivwoche unterstützen und Schülerinnen und Schüler dafür gewinnen können. Es hat sich gezeigt, daß die Kooperation mit Schulen nur gelingt, wenn von Lehrern und Lehrerinnen die innerschuliche Organisation übernommen wird.

In der Regel sind Lehrerinnen und Lehrer bei der Intensivwoche selbst nicht dabei, sondern erscheinen im Tagungshaus lediglich am Besuchsnachmittag. Theoretisch wäre denkbar, daß sie an der Intensivwoche teilnehmen. Das bedeutet allerdings, daß sie genau wie die Teilnehmerinnen und Teilnehmer sich für die Teilnahme an der gesamten Woche verpflichten und ihre Privat- und Freizeitaktivitäten in dieser Woche absagen. Ferner müßte ihre Rolle geklärt werden. Sind sie als Teilnehmer, als Leiterinnen, als Teamer mit dabei? Diese Transparenz der Rolle ist notwendig, damit sich alle Beteiligten entsprechend darauf einlassen können.

Sinnvoll wurde die Teilnahme von *pastoralen Mitarbeiterinnen und Mitarbeitern* erlebt, wenn sie in der Gemeinde einen Auftrag für Jugendarbeit haben und hinterher mit den Jugendlichen an den gemachten Erfahrungen weiterarbeiten können.

Die *Schulleitung* muß sich bereit erklären, in der entsprechenden Woche keine Klassenarbeiten zu schreiben und die Schülerinnen und Schüler von Hausaufgaben und vom Nachmittagsunterricht freizustellen.

Im *Team* arbeiten heißt in dieser Woche:

- flexibel sein, weil nicht klar ist, was alles geschehen wird, und in der Vor-

bereitung lediglich bis zum dritten Tag inhaltlich/methodisch geplant werden kann.
- fast immer zu arbeiten (vorbereiten einzelner Einheiten, Gespräche im Team und mit Teilnehmerinnen und Teilnehmern führen, gelegentlich kochen, einkaufen, ...).
- kompetent sein und in verschiedenen Situationen angemessen reagieren.
- sich als Team vorher arrangiert und über grundlegende Vorgehensweisen verständigt haben.

Der *Zeitumfang* Samstag bis Samstag erscheint sehr lange. Es hat sich jedoch gezeigt, daß gerade das Wochenende zu Beginn der Intensivwoche als »vertrauensbildendes Miteinander« grundlegend ist für die gemeinsamen Erfahrungen. Bei Intensivwochen, die Sonntag oder gar Montag begannen, zeigte sich, daß die Zeit als sehr gedrängt und von vielen organisatorischen Absprachen überlastet erlebt wurde.

## Zur Nacharbeit

Da das Team des Referat Schulseelsorge i. d. R. nicht in der Nähe der Schule lebt, reißt der Kontakt zu den Schülerinnen und Schülern nach der Intensivwoche ab.

Es findet jedoch immer ein Gespräch mit der Schulleitung und den interessierten Lehrerinnen und Lehrern sowie einer Teilgruppe der Teilnehmerinnen und Teilnehmer statt. Es geht um den Austausch, wie die Intensivwoche erlebt worden ist und was zukünftig geändert werden müßte. Außerdem werden Aufgaben oder Ergebnisse, die im Verlauf des Gesprächs mit den Lehrerinnen und Lehrern während der Intensivwoche besprochen wurden, aufgegriffen und ggfs. Wege zur Umsetzung gesucht. Es geht dabei nicht selten um den Abbau gegenseitiger Vorurteile, ungerechte Regelungen (Hofkehrdienst usw.) und schulisches Lernen (wie und wo wird für das Leben gelernt?).

Ca. vier Wochen später findet ein Nachtreffen statt, wo es vor allem darum geht, miteinander Kaffee zu trinken und Fotos anzuschauen.

Wünschenswert sind Ansprechpartnerinnen und -partner, die für die Jugendlichen erreichbar sind. Wer sich darauf einläßt, muß dafür Zeit einplanen, denn die Jugendlichen suchen Erwachsene, die ihnen nicht ausweichen, sich mit ihnen auseinandersetzen, ihnen zuhören und für sie da sind.

*Beate Thalheimer*

# Ohne Frack und Zylinder

## Erlebnispädagogisches Projekt mit Hauptschülern

### Erlebnispädagogik – eine neue Chance in der Bildungsarbeit

Für die Arbeit mit Hauptschülerinnen und Hauptschülern[1] entdeckten wir in der Erlebnispädagogik einen neuen Weg, bei dem nicht nur der Intellekt, sondern ganzheitlich KÖRPER – GEIST und SEELE angesprochen werden. Dem liegt der Gedanke zugrunde, daß alles Erlebte Spuren hinterläßt, sei es nun gezielt bearbeitet in einem pädagogischen Prozeß oder sei es unbearbeitet. Ziel der Erlebnispädagogik ist, positive Verhaltensänderungen im Menschen zu erreichen. Dazu werden die drei Schritte »Erlebnis – Verarbeitung – Transfer« als methodisches Vorgehen genutzt, um die beabsichtigten und anzustrebenden Lernziele zu erreichen. Kurt Hahn, einer der Urväter der Erlebnispädagogik schreibt: »Erlebnisse können Kraftquellen für entscheidende Situationen im Leben eines Menschen sein.«[2]

DER ERSTE SCHRITT: Erlebnisse sollen vermittelt werden

Erlebnisse sprechen je nach Dichte und Intensität tiefe Schichten im Menschen an – und darüber ist oft nicht leicht zu sprechen. Oftmals braucht es auch nur etwas Zeit, damit sich das Erlebte setzen kann.

DER ZWEITE SCHRITT: Erlebnisse werden bewußt verarbeitet

Erlebnisse werden immer irgendwie verarbeitet. In der Erlebnispädagogik wird dieser Schritt gezielt und bewußt initiiert, denn »je bewußter ein Erlebnis verarbeitet ist, desto gewinnbringender kann es für das Leben des einzelnen werden«. (Kurt Hahn)

DER DRITTE SCHRITT: Transfer auf andere Lebenssituationen

Der Transfer bzw. der Übertrag der Erfahrungen durch ein Erlebnis geschieht immer, allerdings, wie die Verarbeitung, meist unbewußt. Die mit den Erlebnissen verbundene positive Kraft, soll in diesem pädagogischen Konzept gezielt genutzt werden.

## Von der Theorie zur Praxis

Bei der Entwicklung eines für unsere Verhältnisse brauchbaren Theoriekonzeptes in der Erlebnispädagogik und seiner Erprobung habe ich mit einem Jugendreferenten im Dekanat Neuenburg zusammengearbeitet. In dem Projektteam waren neben dem hauptamtlichen Jugendreferent ehrenamtlich tätige Gruppenleiterinnen und -leiter der Deutschen Pfadfinderschaft St. Georg (DPSG) engagiert.
Ziele des Projektes »Ohne Frack und Zylinder«, waren:

- Im Gegensatz zum üblichen Seminarstil wollen wir ein pädagogisches Konzept entwickeln, das die Jugendlichen ganzheitlich anspricht, mit Körper, Geist und Seele, und wollen erste Erfahrungen damit sammeln.
- Die Schülerinnen und Schüler sollen in der Gruppe Werte wie Solidarität und Gemeinschaft erfahren und dabei sich mit ihren jeweiligen Fähigkeiten einbringen.
- Die Jugendlichen sollen lernen, daß es unterschiedliche Qualitäten von Fähigkeiten und Begabungen gibt und daß es je nach Situation auf laute und leise, starke und schwache, spektakuläre und stille Fähigkeiten ankommen kann.
- Die Schülerinnen und Schüler sollen ihr Selbstvertrauen stärken und lernen, sich auf die anderen Jugendlichen zu verlassen. Sie sollen ihre Grenzen erfahren, weiten und annehmen lernen.

Zu den Erlebnistagen im Elsaß haben wir im Spätherbst Hauptschüler und Hauptschülerinnen der 8. Klasse einer Hauptschule in der Nähe von Bad Krozingen eingeladen. Im Einladungsprospekt machten wir deutlich, daß wir eine Nacht im Freien verbringen, am darauffolgenden Tag gemeinsam klettern und am dritten Tag die Veranstaltung bearbeiten und auswerten wollten.
Nach einem zweistündigen Schulbesuch gingen nach kurzer Zeit sechs Anmeldungen von Mädchen und acht Anmeldungen von Jungen bei uns ein. Doch je näher die Veranstaltung rückte, mußten sich auf Druck ihrer Eltern und aus Angst, daß etwas passieren könnte, die Mädchen wieder abmelden. So wurde aus der geplanten Veranstaltung eine Jungen-Aktion. Auch eine spannende Sache!

## Mittwoch, erster Erlebnistag

Los ging es dann um 14.00 Uhr an einem Mittwochnachmittag im Klassenzimmer. Nach einer Kaffee- und Kuchenrunde gingen wir in die angrenzende Sporthalle und machten mit einem großen Erdball eine Vorstellrunde, die es in sich haben sollte. Jeder Schüler kletterte, mit Unterstützung der Klassenkameraden, auf den 1,70 m hohen Erdball und stellte sich obenstehend mit Namen und Hobbys vor. Danach gab es zum Warmwerden noch einige Vertrauensübungen, die mit dem Erdball angeleitet wurden. Die Jugendlichen erlebten hier erstmals im Wechselspiel Zutrauen und Vertrauen auf sich selbst und auf die anderen Teilnehmer.

In einer Gesprächsrunde informierten wir die Teilnehmer über den geplanten Ablauf der Erlebnistage im Elsaß. Dann bekamen die Schüler erklärt, wie man einen Klettergurt anlegt, sich gegenseitig sichert und welche Knoten, wie geknüpft werden. Erste Spannung kam dann auf, als an der Sprossenwand mit der »Drei-Punkt-Steig-Technik« etwas Kletter-Knowhow vermittelt wurde.

Nachdem die Jugendlichen im Klettergurt waren, erstiegen sie einzeln die Sprossenwand und wurden dabei von ihren Kameraden gesichert. Hier zeigten sich bereits erste Stärken und Schwächen bei den Jugendlichen. Während die einen ziemlich mutig die Sprossenwand hinauf und hinunter kletterten, hatten andere zunächst einmal Mühe.

Der Schwierigkeitsgrad der Trockenübungen in der Turnhalle wurde nochmals mit dem »Sprung-in-den-Pendel« gesteigert. Dazu bauten wir aus Turnkästen eine ca. 2 m hohe Absprungrampe, von der aus die angegurteten Jugendlichen losspringen konnten. Das an der Decke befestigte Seil ließ einen langen Sprung in die Turnhalle zu. Mit dieser Übung erlangten die Jugendlichen Vertrauen in die Technik, in die Festigkeit der Seile und Gurte, aber auch in ihre eigenen Stärken und Fähigkeiten.

Zum Schluß gab es in der Turnhalle eine gemeinsame »Luft raus«-Aktion, mit der wir die Luft aus dem Erdball entließen. Hier zeigte sich für uns Teamer sehr deutlich, daß bereits viel Gemeinschaft unter den Jungen vorhanden war, so daß körperliche Nähe problemlos, ja sogar spaßbringend erlebt werden konnte.

Inzwischen war es Zeit für ein Abendessen geworden, und so zogen wir in das Klassenzimmer der Schüler. In zwei Kleingruppen aufgeteilt wählten die Jungen zunächst je zwei Teamer aus, die mit ihnen die nächsten Tage verbringen sollten. In Sekundenschnelle war diese Wahl getroffen. Bis heute konnten wir nicht ergründen, warum dies so schnell und unproblematisch vor sich ging. Dann wurden Fähigkeiten für das Überleben im Freien vermittelt. Immer nur ein Jugendlicher pro Kleingruppe bekam eine Sache beigebracht. Lesen einer topographischen Landkarte, Umgang mit einem Kompaß, Aufbauen eines kleinen Zeltes und nochmals Knotenkunde standen auf dem etwas anderen Stundenplan.

Mit Begeisterung, aber auch mit Anspannung waren die Schüler bei der Sache. Denn erst in der Natur sollten sie den anderen Jugendlichen ihre erlernten Fähigkeiten beibringen dürfen. Natürlich eine »schwere Last« und Verantwortung, die es auszuhalten galt.

Bevor wir zum Aufbruch ins Elsaß blasen konnten, mußten sich die Schüler in einer Art »Nasaspiel«[3] entscheiden, was sie als Einzelpersonen, aber auch als Kleingruppe gemeinsam auf den Weg und für die Nacht mitnehmen wollten. Klar war jedenfalls, daß die beiden Kleingruppen die nächste Nacht im Freien verbringen sollten. Zur Vorbereitung darauf gab es das folgende:

### Entscheidungsspiel

Euer Wohlbefinden heute Nacht draußen im Freien hängt in entscheidendem Maß davon ab, ob ihr jetzt die richtigen Entscheidungen darüber trefft, was ihr auf die Nacht-Tour mitnehmt.

Alle Dinge auf der Materialliste haben einen Sinn und eine Funktion, aber nur acht Dinge aus der Spalte »Pro Person«, acht Dinge aus der Spalte »Pro Gruppe« und 14 Dinge aus der Spalte »Proviant pro Gruppe« dürft ihr mitnehmen. Abgesehen davon bleiben dir noch zwei »Joker«.

Ein Joker trägt zu deinem persönlichen Wohlbefinden bei, einer zu dem der Gruppe (z. B. Tafel Schokolade, Kekse, ...).

Die Entscheidungsfindung geschieht folgendermaßen:

1. Du wählst acht Dinge aus der Rubrik »Pro Person«, die du für dich benötigst. Hierbei brauchst du die anderen Gruppenmitglieder nicht zu berücksichtigen.
2. Du wählst acht Dinge aus der Rubrik »Pro Gruppe«, die dir am wichtigsten erscheinen und kreuzt diese in der ersten Spalte an.
3. Du wählst 14 Dinge aus der Rubrik »Proviant pro Gruppe«, die dir am wichtigsten erscheinen und kreuzt diese in der ersten Spalte an.

Zu 2 und 3:

Nachdem jeder für sich gewählt hat, teilt er seine Entscheidung der Gruppe mit und begründet, warum er welche Dinge wichtig findet. Gemeinsam diskutiert ihr die einzelnen Vorschläge und entscheidet, welche Dinge letztendlich mitgenommen werden. Diese kreuzt ihr in der zweiten Spalte an.

Bei der Diskussion solltest du folgendes beachten:
- Gehe Kompromisse ein, und nimm auf Interessen der anderen Rücksicht.
- Vertrete aber auch deine Meinung, und verzichte nicht »um des lieben Friedens willen« oder weil du die Diskussion scheust, auf dir wichtige Dinge.
- Die Meinung jedes Teilnehmers soll gehört und besprochen werden.
- Die Gruppenentscheidung soll ein guter Kompromiß sein. Ist das nicht der Fall, geht der Stunk auf der Tour los; es bringt also nichts, »ja« zu sagen und doch nicht einverstanden zu sein oder einem anderen die eigenen Wünsche »unterzubuttern«.

Ihr habt ca. 1 Stunde dafür Zeit.

| | 8 Stück pro Person | | | 8 Stück pro Gruppe |
|---|---|---|---|---|
| | warmer Pullover | | | 1 Rolle Klopapier |
| | Sweat Shirt | | | Erste Hilfe Fibel |
| | T-Shirt | | | Wasserdesinfektionsmittel |
| | Regenjacke | | | 1 Mülltüte |
| | Regenschirm | | | 1 gute Landkarte |
| | lange Hose | | | 1 Kompass |
| | kurze Hose | | | Zelte |
| | Unterwäsche (2teilig) | | | Taschenlampe |
| | Socken | | | Taschenlampe |
| | warme Socken | | | Taschenlampe |
| | Schlafanzug | | | Verbandszeug |
| | Waschzeug | | | Feuer |
| | Trainingsanzug | | | 50 Centime |
| | Wollmütze | | | Taschenmesser |
| | Personalausweis | | | Taschenmesser |
| | Schlafsack | | | Taschenmesser |
| | Isomatte | | | Insektenschutzmittel |
| | Schuhe | | | Axt |
| | Schreibpapier | | | Zeitung |
| | Bleistift | | | Trillerpfeife |
| | Handtuch | | | 4 Teebeutel |
| | Joker | | | Joker |

| Proviant pro Gruppe 14 Stück | | | | | |
|---|---|---|---|---|---|
| | | 1 Müsliriegel/Person | | | 100 g Käse |
| | | 1 Flasche Wasser | | | 100 g Käse |
| | | 1 Flasche Wasser | | | 100 g Käse |
| | | 1 Flasche Wasser | | | 100 g Käse |
| | | 1 Flasche Wasser | | | 1/2 Gurke |
| | | 1 Brot | | | 1/2 Gurke |
| | | 1 Brot | | | 125 g Butter |
| | | 1/4 Salami | | | 1 Dose Brausetabletten |
| | | 1/4 Salami | | | 1 Tütensuppe |
| | | Kocher | | | 1 Tütensuppe |
| | | Tasse/Löffel | | | 1 Tütensuppe |
| | | Geschirrhandtuch | | | |

AUFBRUCH INS ELSASS

Nachts um 22.30 Uhr konnten wir, nach Beendigung des Entscheidungsspieles und dem Packen der gewählten Dinge, in zwei Kleinbussen, die ca. 1,5 stündige Fahrt ins Elsaß in Angriff nehmen. Voller Spannung fuhren wir los. Die beiden Kleingruppen versammelten sich kurz nach Mitternacht an einem geheim gehaltenen Platz außerhalb eines Ortes und zogen zwei verschlossene Kuverts.

Darin stand jeweils ein Auftrag:

»Ihr müßt morgen früh um 10.00 Uhr im Frankenthal sein. Dafür stehen euch verschiedene Wegstrecken zur Verfügung. Die kürzeste Route dauert ca. drei Stunden. Nun viel Spaß bei eurer Nachttour – und denkt auch daran, ihr habt ein Zelt zum Pennen dabei ...«

## Donnerstag, zweiter Erlebnistag

Nun brauchten die beiden Gruppen zunächst einmal Zeit, um herauszufinden, wo sie sich überhaupt befanden. Dazu konnten sie die Kenntnisse vom »Karten-und-Kompaß-Lesen« gut gebrauchen. Nachdem einigermaßen klar war, an welchem Ausgangspunkt sie waren und wo sie hin sollten bis zum nächsten Morgen, mußte eine gute Entscheidung über die Wegroute getroffen werden.

DIE NACHT IM FREIEN

Beide Gruppen erlebten eine spannende Nacht bei klarem Sternenhimmel und ca. 0 Grad Celsius. Die eine Gruppe kam morgens um 5.00 Uhr im Frankenthal an und schlug dort ihre Zelte auf, während die andere Gruppe um 7.00 Uhr morgens dazustoßen konnte. Bis 10.00 Uhr war dann schlafen, frühstücken und erzählen von den Umwegen in der Nacht angesagt.

### Übungen an herumliegenden Felsbrocken

Im Frankenthal liegen verstreut eine ganze Anzahl großer Felsbrocken herum. An diesen übten wir mit den Jugendlichen nochmals die »Drei-Punkt-Steig-Technik«. Die »Trockenübungen« von der Sprossenwand wurden bei den großen, herumliegenden Steinen mit unterschiedlichen Schwierigkeitsgraden kombiniert, und die Jugendlichen konnten erstmals ausprobieren, was sie bis dahin schon gelernt hatten. Hier zeigten sich bereits große Unterschiede im Können und Zutrauen der einzelnen. Ziel dieser Übungen war, das Zutrauen zu den eigenen Kletterfähigkeiten zu vertiefen. Darüber hinaus sollten die Jugendlichen sich mit dem Fels und den Naturgegebenheiten vertraut machen.

Dann ging es über ein Hochmoor zur eigentlichen Kletterwand. In der Ferne sah man schon die »Martinswand«, bei Le Hohneck am Ende des Münstertales gelegen. Sie bietet ganz verschiedene Klettermöglichkeiten für Anfänger und Könner. Für nahezu alle Schwierigkeitsgrade ist dort eine Kletterroute ausfindig zu machen. Im Hochmoor mußten sich die Jugendlichen nochmals bewußt dazu entscheiden, ob sie mit der Gruppe einen einfachen Durchstieg durch die »Martinswand« mitmachen oder aber auf Wanderwegen die Wand umgehen wollten. Ein Teamer stellte sich für diese Wanderung zur Verfügung.

### Die Entscheidung mitten im Klettereldorado

Die beiden Gruppen zogen sich ohne Teamer zur Beratung zurück. Es dauerte ziemlich lange, und bei uns Teamern stieg verständlicherweise die Spannung. Dann kamen die Teilnehmer zurück und erklärten, daß alle nur dann mitgingen, wenn wir im Team darauf achten würden, uns nicht zu übernehmen und die Schwachen zu integrieren. Diesen beachtlichen Lernerfolg hatten wir zu diesem Zeitpunkt noch nicht erwartet, und froh gestimmt wanderten wir los.

Kurz vor Erreichen der Martinswand bekamen alle Teilnehmer Kletterhelme ausgehändigt, was die Stimmung nochmals deutlich steigerte. Jeder hatte jetzt das Gefühl, daß es so »richtig« losgehen sollte.

Nach einigen Vorbereitungen durch die fachkundigen Kletterfreaks der DPSG konnten bald die Schüler einzeln angegurtet den ersten größeren

Felsbrocken ersteigen. Den ganzen Tag über kletterten wir von Fels zu Fels und steigerten behutsam die Schwierigkeitsgrade, immer darauf achtend, daß die Schwächsten gut mitmachen konnten.

Für einige ein absoluter Höhepunkt

Am Spätnachmittag gab es dann für drei Jugendliche einen absoluten Höhepunkt, denn sie seilten sich unter strenger Anleitung an einer senkrechten Wand ab. Diese Aktion sorgte für viel Spannung in der Teilnehmergruppe. Einzelne mußten lernen, daß aufgrund ihrer persönlichen Grenzen die Abseilaktion nicht realisierbar war. Die drei Jugendlichen, die sich abseilten, waren in diesem Moment natürlich die »Kings« und fühlten sich auch so.

Mit dem Gefühl, viel Neues erfahren und erreicht zu haben, wanderten wir gegen Abend zu einem französischen Wanderheim, kochten dort gemeinsam und verbrachten einen gemeinsamen Abend mit Gesang und einer kleinen biblischen Besinnung. In der Bibelstelle, Mt 25,14–30, ging es um das Einbringen und Teilen der verschiedenen Talente und Fähigkeiten.

## Freitag – Bearbeitung und Transfer der Erlebnisse

Nach dem Frühstück begannen wir mit einer Phantasiereise, in der wir die einzelnen Stationen der beiden letzten Erlebnistage nochmals vor dem geistigen Auge vorbeiziehen ließen. Dadurch sollten diese Erlebnisse bewußt hergeholt werden, um sie dann entsprechend bearbeiten zu können.

Die Jugendlichen zählten die Erlebnisse aus ihrer Sicht auf, und ein Teamer schrieb eifrig mit. Insgesamt über fünfzig wichtige Einzelerlebnisse kamen zusammen, eine erstaunliche Menge.

Um den zweiten Schritt in der Erlebnispädagogik, die BEARBEITUNG DES ERLEBTEN, zu ermöglichen, faßten wir folgende sieben Erlebnisblöcke zusammen:

- »Sporthalle, Erdball, Sprossenwand und der Sprung in den Pendel«.
- »Knotenlehre, Kartenlesen, Zeltaufbau und Entscheidungsspiel«.
- »Autofahrt ins Elsaß, Wegsuche, Nachtwanderung, Zelt«.
- »Übungen an den Felsbrocken, Weg zur Martinswand, gehen wir durch? Die Entscheidung«.
- »Einseilen, erster Durchstieg in der Martinswand, Besteigung des Turmes – sichern, seilen«.
- »Abseilen an der senkrechten Wand; wie war's für die Jugendlichen, die sich nicht trauen konnten«.

– »Weg zur Hütte, miteinander kochen und essen, der religiöse Impuls«.
Die Bearbeitung der Erlebnisblöcke wollten wir ursprünglich an einem großen Baum in der Nähe der Hütte in der Art gestalten, daß die Jugendlichen den Baum besteigen und mit der gewählten Position im Baum, eine zunächst nonverbale Bewertung ihrer Erlebnisse hätten vornehmen können.
Dies war aufgrund von Nebel und Nässe an den Bäumen aber nicht möglich, und so malten die Jugendlichen in ihrer Kleingruppe einen großen Baum auf ein Plakat und zeichneten mit unterschiedlichen Farben zu den einzelnen Erlebnisblöcken ihre subjektive Empfindung im Baum ein. Ziemlich hoch im Baum oder gar in der Baumkrone bedeutete: »Hier habe ich mich super gut gefühlt«; am Baumstamm, oder gar auf der Erde bedeutete: »Hier ging's mir mies, dieses Erlebnis war nicht gut für mich«. In intensiven Gesprächen wurden auf diese Art die Erlebnisse der einzelnen Jugendlichen bearbeitet. Wichtig war dabei, daß die Empfindungen der Jugendlichen, wie sie im Baum gezeichnet wurden, im Gespräch erklärt und gedeutet werden konnten. Auffallend war hier die hohe Sensibilität der »Abseil-Kings-Jugendlichen«, die zwar stolz auf ihre Leistung waren, es aber auch vermeiden konnten, sich über die anderen Teilnehmer lustig zu machen.
Den sicherlich schwierigsten Teil in der Erlebnispädagogik, den

### Transfer der Erlebnisse

haben wir mit einem eigens dafür entwickelten Würfelspiel versucht. Auf einem einfach gestalteten DIN-A1-Plakatkarton war ein Spielplan aufgezeichnet mit Symbolen wie Wanderschuhen, Wanderhütte, etc. Immer wenn ein Jugendlicher auf einen Wanderschuh hüpfte, zog er eine Fragekarte. Diese Fragen waren ausgehend vom konkret Erlebten mit Blick auf den Alltag zu Hause, oder umgekehrt vom Alltag mit Blick auf die Sondersituation »Klettern im Elsaß« hin formuliert.
Dazu je drei Beispiele:

Erlebnisse im Elsaß
Zum ersten Mal habe ich im Freien übernachtet. Der Sternenhimmel war irre toll.
Uff, die Martinswand: da steht mir der Schweiß jetzt noch auf der Stirn. Wenn ich nicht so viel Vertrauen gehabt hätte, wäre ich da bestimmt nicht rauf!

Die Wanderung in der Nacht war toll. Die Gruppe war spitze, wir haben gut zusammengehalten und konnten uns aufeinander verlassen.

Alltag zu Hause
Kennst du dieses Staunen über etwas ganz Tolles? Wie geht es dir sonst, wenn du in der Natur bist?
Kannst du ähnliches von deinem Leben erzählen? Kennst du das Gefühl, ich kann jemandem total vertrauen?
Kennst du das auch sonst in deinem Leben?
Umgekehrt stellten wir genausoviele Fragen. Auch dazu je drei Beispiele:

Alltag zu Hause
Ich gehe morgens zur Schule. Es stinkt mir, ich habe wieder nichts gelernt und habe Angst vor dem Lehrer, vor meiner Klasse.
Schon wieder Krach mit dem Vater. Der versteht einfach nicht, was ich will, und er traut mir nichts zu.
Heute abend habe ich Bock auf Disco. Alleine gehen will ich aber nicht. Meine Kumpels machen mich immer so blöd an, weil ich noch keine Freundin habe. Also hock ich wieder einsam rum.

Erlebnisse im Elsaß
Wie gehst du mit der Angst um, was machst du da? Hast du ähnliches in den letzten beiden Tagen erlebt?
Wie geht es dir, wenn dir nichts zugetraut wird? Hast du ähnliches hier im Elsaß erlebt?
Wie ging es dir damit bei diesen Tagen im Elsaß? Hast du ähnliches erlebt?
Wie gehst du sonst noch mit deiner Einsamkeit um?

Für dieses sehr dichte Transfer-Spiel hatten wir in den beiden Kleingruppen jeweils zwei Stunden Zeit. Wir konnten lange nicht alle Fragen beantworten und bearbeiten, denn zu spannend war die Erkenntnis, daß die Erlebnisse im Elsaß ganz viel mit den Verhaltensweisen im Alltag zu tun haben und umgekehrt. Wichtig war dabei für uns Teamer die Aussicht, daß die gesammelten Erlebnisse und Erfahrungen weiterwirken werden, auch wenn nicht alles bearbeitet und transferiert werden konnte.

### Zum Schluss ein Sprungtuch

Nach dem Mittagessen und dem Packen der Rucksäcke versammelten wir uns vor dem Haus und gestalteten gemeinsam eine Abschlußaktion. Die Jugendlichen konnten je nach ihren Fähigkeiten an der Ecke des Hauses bis zu einem maximalen Punkt hoch klettern, um dann rückwärts in ein Sprungtuch zu springen. Mit viel Spaß und Gaudi konnten wir damit drei gelungene Tage im Elsaß beenden und mit der Gewißheit die Heimfahrt antreten, daß diese Erlebnisse für die Jungen prägend waren und deshalb im Alltag nachwirken werden.

## Zusammenfassende Überlegungen

Von Erlebnispädagogik wird in letzter Zeit viel geschrieben und geredet, trotzdem werden ihre Impulse innerhalb der kirchlichen Jugendarbeit nur von wenigen Gruppen und Verbänden umgesetzt. Oft lautet die Kritik, »daß dabei zuviel Action gemacht werden muß«, oder einfacher, »daß klettern, abseilen, usw. nichts für mich ist«.

Hier besteht oftmals das Mißverständnis, daß eben nur Klettern, Kanufahren und ähnliches Erlebnispädagogik sei. Diese etwas kurzsichtige Kritik an der Erlebnispädagogik berücksichtigt viel zu wenig die vielfältigen Möglichkeiten, die außer Klettern und Kanufahren vorhanden sind. So lassen sich aus der Schülerarbeit mit Hauptschülerinnen und Hauptschülern eine ganze Reihe anderer Beispiele aufzählen, bei denen im Rahmen von Tagen der Orientierung erlebnispädagogisch gearbeitet worden ist.

Sicherlich gibt es extreme Formen von Erlebnispädagogik und daneben sanftere Konzepte und Vorgehensweisen. Der Streit, ob wir dabei »richtige Erlebnispädagogik« initiieren oder aber »nur« erlebnisorientiert arbeiten, interessiert mich nur wenig. Diesen Streit um die Begrifflichkeit sollen die selbsternannten Experten führen.

Ein Schwachpunkt der Erlebnispädagogik ist aus meiner Sicht, daß die beiden Schritte der VERARBEITUNG und des TRANSFERS bisher viel zu wenig Beachtung finden. In der Fachliteratur gibt es seitenfüllende Hinweise zu verschiedenen ERLEBNISSEN, aber nur wenige Überlegungen zum zweiten und dritten Schritt. Und genau hier wird es ja eigentlich erst spannend, hier beginnt der Reiz, das Erlebte auch nutzbar machen zu können, für den Alltag zu Hause, außerhalb der pädagogischen Sondersituation.

Die Erlebnispädagogik oder auch ein erlebnisorientiertes Konzept halte ich in der Schülerarbeit mit Hauptschülerinnen und Hauptschülern für einen richtungsweisenden Weg. Dies vor allem deswegen, da mit dieser Pädagogik ein Vorgehen ermöglicht wird, das den ganzen Menschen anspricht und ihn in den pädagogischen Prozeß mit einbezieht.

*Norbert Wölfle*

1 Die HauptschülerInnenarbeit der Erzdiözese Freiburg wird in den beiden folgenden Brenn-Punkten beschrieben: Brenn-Punkte Nr. 1 »Arbeit mit HauptschülerInnen« – Grundlagen und Brenn-Punkte Nr. 2 »Arbeit mit HauptschülerInnen« – Bausteine, Ideen, Impulse. Zu beziehen bei: Erzbischöflichem Jugendamt, Okenstr. 15, 79108 Freiburg

2 Entnommen aus einem unveröffentlichten Manuskript: Kuno Feierabend, »Erlebnispädagogik in der Jugend- und Erwachsenenbildung«, Freiburg 1995

3 Anregungen für das Entscheidungsspiel fanden wir bei: Klaus Antons, »Praxis der Gruppendynamik«, 4. Auflage, Göttingen 1976, Verlag für Psychologie, Seite 155 ff.

# Ganz in meiner Nähe – und doch weit weg

## Ein Projekt mit Schülerinnen und Altenhilfeeinrichtungen

Im letzten Jahr führte das Schülerreferat im Erzbischöflichen Jugendamt Freiburg das Projekt »Ganz in meiner Nähe – und doch weit weg« durch. Es bot Schülerinnen und Schülern die Möglichkeit, durch die Begegnung mit alten Menschen die Beschäftigung mit eigenen Lebensperspektiven und Lebenszielen zu führen, ihren Blick und ihre Wahrnehmung auf die Lebenssituation von alten pflegebedürftigen Menschen zu lenken und ihnen dabei gleichzeitig einen kleinen Einblick in ein berufliches Tätigkeitsfeld zu geben. Allen Zweifeln zum Trotz, ob und wie es gelingen kann, Jugendliche heute noch für ein ehrenamtliches soziales Engagement zu gewinnen, entwickelten wir ein »Modellprojekt« und probierten es aus. Im folgenden werden Konzeption und Projektverlauf beschrieben.

### Ausgangspunkte und Ziele

Das Thema »Älterwerden« bzw. »Alt-sein« hat für Jugendliche Faszination und Schrecken zugleich: Einerseits möchten sie die Vorzüge des Erwachsenenlebens möglichst schnell erreichen, z. B. den Führerschein, Unabhängigkeit von zu Hause, eigenes Geld verdienen, andererseits zeigen sie starke Vorbehalte gegen die Lebenswelt von Erwachsenen: sie wird häufig als eingefahren und langweilig beurteilt. Hinzu kommen die Angst vor Krankheit, dem Verlust der körperlich-geistigen Fähigkeiten und die damit drohende Einschränkung der eigenen Möglichkeiten. Schließlich existiert ein Bild von Altenheimen als letzte Abschiebestation, sozusagen als »Wartezimmer zum Tod«.

Die Entwicklung der Altenhilfe hat sich in den letzten Jahren jedoch stark verändert. Neue Modelle von der Tagespflege bis zum Betreuten Wohnen berücksichtigen die unterschiedlichen Wünsche und Situationen alter Menschen; das Gesicht der Altenheime verwandelt sich nach und nach von der langflurigen Krankenhauskühle zu atmosphärischen Wohneinheiten.

Dennoch wird diese Veränderung zu wenig wahrgenommen, obwohl sich viele Altenheime mitten in den Stadtzentren befinden. Während Jugendliche Altenheime meiden, beklagen sich Heimleitungen über den fehlenden Kontakt der Bewohnerinnen und Bewohner gerade auch mit jungen Menschen – und diese Situation drückt der Titel des Projektes treffend aus: »Ganz in meiner Nähe und doch weit weg!«

Die Ziele dieses Projektes lassen sich wie folgt beschreiben:
- Die Schülerinnen und Schüler sollen alten Menschen *begegnen* und deren Lebenssituation *kennenlernen.*
- Sie sollen Männer und Frauen *erleben,* die in der Altenhilfe arbeiten.
- An einem Nachmittag pro Woche sollen sie die Arbeit in einer Einrichtung der Altenhilfe *mitgestalten.* Dabei lernen sie eigene Stärken und Schwächen kennen und können sich in einem sozialen Arbeitsfeld *ausprobieren.*
- Die Erlebnisse und Eindrücke werden mit den anderen Teilnehmerinnen und Teilnehmern gemeinsam *reflektiert* und für die persönliche Entwicklung genutzt.

Entsprechend dieser Ziele wurden folgende Rahmenbedingungen festgelegt:
- Eine klare zeitliche Perspektive sollte den Schülerinnen und Schülern die Entscheidung zur Teilnahme erleichtern, deshalb wurde die Projektdauer auf drei Monate festgelegt, d. h. acht bis zwölf Einsätze waren möglich, je nachdem ob die Herbstferien dazugenommen wurden.
- Das Angebot richtet sich an Schülerinnen und Schüler ab Klasse 9 an Realschulen und Gymnasien. Ein Mindestalter von ca. 15 Jahren ist für solch einen Einsatz sinnvoll.
- Durchführungsort ist die Stadt Lahr. Dort gibt es einige Schulen und Einrichtungen, die in relativer Nähe zueinander liegen, so daß keine allzugroßen Wege entstehen.
- Durch einen Einführungsnachmittag, ein Zwischentreffen, einen Besuch während eines Einsatzes und ein Abschlußwochenende wurde eine kontinuierliche pädagogische Begleitung gewährleistet.
- Die Teilnehmerinnen und Teilnhmer bekommen eine Anerkennung für ihren Einsatz. Neben einer schriftlichen Bestätigung sollen politische Vertreter der Stadt bzw. des Landkreises für eine Würdigung gewonnen werden.

## Träger

Veranstalter des Projektes waren das Schülerreferat im Erzbischöflichen Jugendamt Freiburg und das Altenwerk der Erzdiözese Freiburg. Diese Zusammenarbeit bot sich einmal aufgrund der gemeinsamen Verortung im Erzbischöflichen Seelsorgeamt an, v. a. jedoch durch das gemeinsame Interesse am Thema.
Das Leitungsteam bildeten der Bildungsreferent des Schülerreferates und der Referent des Altenwerks sowie eine Honorarmitarbeiterin.

## Arbeiten im Vorfeld

Die Anfrage bei den verschiedenen Einrichtungen der Altenhilfe erwies sich als äußerst erfolgreich. Die Mehrzahl zeigte Interesse und Bereitschaft an einer Teilnahme. Es gelang, verschiedene Einrichtungsarten zu gewinnen: die Nachbarschaftshilfe, ein Seniorenhaus mit Tagespflege, ein offener Seniorentreffpunkt, sowie Altenheime mit Pflegestationen. Wichtiges Kriterium unsererseits war, daß die Teilnehmerinnen und Teilnehmer Tätigkeiten verrichten können, die keiner großen Einarbeitung bedürfen, also auch keine pflegerischen Dienste.
Für die meisten Einrichtungen war die von uns gewünschte Zahl, zwei bis drei Jugendlichen eine »Stelle« einzurichten, möglich. Dabei konnte jeweils eine zuständige Bezugsperson benannt werden.
Der Kontakt zu den Schulen wurde über die Religionslehrerinnen und -lehrer hergestellt. Die Resonanz auf die Projektidee war positiv, und alle Befragten stellten gern eine Unterrichtsstunde zur Verfügung, in der wir für das Projekt werben konnten. Da das Thema »Soziales Engagement« auch in den Lehrplänen unterschiedlicher Fächer zunehmend an Bedeutung gewinnt, wurde unser Projekt als geeigneter Einstieg, bzw. als sinnvolle Ergänzung begrüßt.
In einigen Fällen war die Terminierung des Klassenbesuchs schwierig; eine frühzeitige Vereinbarung scheint hier wichtig zu sein, damit die Lehrerinnen und Lehrer notwendige Absprachen mit Direktion und Kollegium treffen können.
Ebenfalls im Vorfeld informierten wir die Altenkoordinationsstelle im zuständigen Landratsamt. Dort wurde dieses Projekt mit großem Interesse verfolgt und an einer geeigneten Form der Anerkennung mitüberlegt.

## Der Projektverlauf

### Die Klassenbesuche

Die zunehmende Erfahrung, daß schriftliche Werbeträger nur sehr bedingt Beachtung finden, führte uns zu einer Idee der direkteren Kontaktaufnahme. Bei einem einstündigen Schulbesuch durch das Team sollten die Schüler auf das Anliegen des Projektes aufmerksam gemacht und für das Thema sensibilisiert werden. Zudem sollte durch die persönliche Präsenz des Leitungsteams eine erste Möglichkeit zum Beschnuppern und für Rückfragen ermöglicht werden.

Der Ablauf gliederte sich in folgende Elemente auf:
Nach der Vorstellung des Teams wurde mit einem *4-Ecken-Quiz* zur Situation alter Menschen in Deutschland der Einstieg gestaltet: Zu verschiedenen Fragen werden jeweils vier Antwortmöglichkeiten angeboten; jede/r Schüler/in entscheidet sich für eine Lösung und stellt sich in eine dafür vorgesehene Ecke des Klassenzimmers. Die Lösungen sorgen in der Regel immer für großes Erstaunen, sodaß sich eine kurze Gesprächsrunde dazu anbietet.

Auszüge aus unserem Fragekatalog:
- Mit wieviel Jahren wird eine Frau in Deutschland heute im Durchschnitt zum ersten Mal Großmutter? (Mit 46 Jahren, Männer mit 50 Großvater, Urgroßmutter wird Frau mit 69 Jahren)
- Wieviel über 100jährige gab es 1992 in Deutschland? (4040, davon 440 in den neuen Bundesländern; für das Jahr 2000 rechnet man mit 10 000–13 000 Hundertjährigen)
- Wieviel Prozent der über 90jährigen leben noch selbständig zu Hause? (60%, 20% sind pflegebedürftig zu Hause, 20% leben in einem Heim)
- Wie alt war Konrad Adenauer als er Bundeskanzler wurde? (73 Jahre) Wie lange regierte er? (14 Jahre)

In einem zweiten Schritt wurden Einblicke in die alltägliche Lebenswelt alter Menschen gewährt. Hierzu packten wir einen mitgebrachten *Museumskoffer* aus:
In einem alten Reisekoffer befinden sich verschiedene Gegenstände, die alte Menschen heute benutzen oder die aus deren Jugendzeit stammen, z. B: alte (Familien-)Fotos, alte Briefe, Schellacks, alte Geldscheine, ein Schulbuch in Sütterlinschrift, ein Gehstock, eine Pillendose aus dem Altenheim, ein Ver-

größerungsglas, Bücher von oder für alte Menschen (A. Wimschneider, Herbstmilch), Fotos von alten Menschen, u. a.
Die Gegenstände werden in der Mitte des Klassenzimmers ausgelegt, und die Schüler bekommen Zeit, die »Ausstellung« zu besichtigen. Anschließend werden sie nach dem Gegenstand befragt, der sie am meisten interessiert hat.

Erst in einem dritten Schritt wurde das Projekt vorgestellt. Zu diesem Zeitpunkt war das Interesse geweckt, und bei der Darstellung konnten die Gedanken aus dem vorangegangenen Einstieg einbezogen werden.
Am Ende der Stunde wurden an die interessierten Schülerinnen und Schüler Prospekte verteilt, in dem das Projekt mit dem genauen Verlauf beschrieben war und ein Anmeldecoupon beilag. Meistens kam es dabei zu Einzelgesprächen, bei denen Jugendlichen ihr Interesse signalisierten.
Zum Anmeldeschluß lagen uns 22 Anmeldungen vor, bis auf eine Ausnahme ausschließlich von Mädchen! Dies bestätigte unseren Eindruck aus den Klassenbesuchen, daß das Interesse für soziale Themen bzw. soziales Engagement bei Jungen – zumindest in diesem Alter – sehr gering, bzw. nur schwer vermittelbar ist.

## Der Einführungsnachmittag

Ziele dieses ersten Treffens aller Projektteilnehmerinnen (unser einziger Teilnehmer war verhindert und meldete sich später vom Projekt ab) waren:
- Gegenseitiges Kennenlernen von Teilnehmerinnen und Team
- Motivationsklärung
- Gemeinsame Einstimmung auf die Situation alter Menschen
- Vorstellung der beteiligten Einrichtungen, der zuständigen Mitarbeiterinnen und Mitarbeiter und Information über die Arbeitsbereiche
- Einteilung in die Einrichtungen und konkrete Absprachen

In der Warming-up-Phase zu Beginn des Treffens wurden u. a. *Namensbuttons* hergestellt, die von den Teilnehmerinnen während ihrer Einsätze als Namensschild getragen wurden.

Ziel der *Motivationsklärung* war, sich gegenseitig zu erzählen, welche Gründe für die Teilnahme am Projekt entscheidend waren und welches Interesse damit verbunden ist.
Mittlerweile war die Gruppe soweit miteinander vertraut geworden, daß erste Hemmungen abgebaut waren und ein inhaltlicher Einstieg möglich wurde.

Mit Hilfe einer *Bilderkartei,* bestehend aus unterschiedlichen Darstellungen alter Menschen, konnte sich jede ihre Gefühle, Gedanken, Vorurteile und Erlebnissen gegenüber bzw. mit alten Menschen bewußt machen. Dazu suchte sich jede ihr Bild aus und stellte es den anderen vor.

Der zweite Teil des Nachmittags diente der Vorstellung und Einteilung in die Einsatzstellen. Auf unsere Einladung waren aus fast jeder Einrichtung Mitarbeiterinnen und Mitarbeiter gekommen, die ihre Einrichtung und die Möglichkeiten für die Mitarbeit aufzeigten.
Im Rahmen einer *Infobörse* bestand für die Schülerinnen die Möglichkeit, sich detaillierter bei den einzelnen Einrichtungen kundig zu machen: Die Vertreterinnen und Vertreter der Einsatzstellen begeben sich dazu an verschiedene Plätze im Raum, und die Teilnehmerinnen gehen nacheinander zu den Stellen, die sie interessieren. Die Infobörse endet, sobald es keine Fragen mehr gibt. Die Jugendlichen stellen sich zu der Einsatzstelle, für die sie sich entschieden haben.

In der folgenden Entscheidungsphase wird geprüft, ob alle eine Stelle gefunden haben, gegebenenfalls müssen nochmals Fragen geklärt werden, es kann zu Tausch und Neuverteilungen kommen. Erst dann können die Jugendlichen mit den Vertreterinnen und Vertretern konkrete Absprachen treffen, z. B. Arbeitsbeginn, Ansprechpartner, Arbeitszeit etc.

Beim abschließenden Plenum, zu dem Teilnehmerinnen und Team wieder unter sich waren, zeigte sich, daß die stationären Einrichtungen wie Alten- und Pflegeheim den Vorrang vor den ambulanten Diensten erhalten hatten. Dies lag zum einen darin begründet, daß sich die Jugendlichen bei der Arbeit in solch einer Einrichtung ein »dichteres Erfahrungsfeld« versprachen, gegenüber z. B. dem Außendienst in der Nachbarschaftshilfe oder den wechselnden Besuchern des Seniorentreffs. Entscheidend war jedoch v. a., daß aus diesen Einrichtungen niemand am Einführungstreffen teilnehmen konnte, sodaß die Informationen nur aus zweiter Hand, nämlich durch das Team, kamen. Der persönliche Eindruck war jedoch für die Wahl der Einsatzstelle von besonderem Gewicht.

Bevor das Einführungstreffen endete und der Einsatz begann, bekamen die Teilnehmerinnen ein *Tagebuch* überreicht mit der Einladung, wichtige Eindrücke während des Projektes darin festzuhalten.
In der Woche nach dem Einführungsnachmittag begannen die Jugendlichen ihren Einsatz.

## Das Zwischentreffen

Das Zwischentreffen lag zeitlich in der Mitte des Projekts. Zu diesem Zeitpunkt hatten die Teilnehmerinnen die Anfangsphase zumeist hinter sich und bereits eine Fülle sehr unterschiedlicher Erfahrungen gemacht. Als Ort des Zwischentreffens konnten wir Räume in einer Einsatzstelle, einem Alten- und Pflegeheim, bekommen. Im Verlauf des Nachmittags schauten Bewohnerinnen und Bewohner des Hauses bei uns herein, waren etwas irritiert, daß ihr sonstiger Aufenthaltsort von jungen Leuten belegt war, zeigten sich jedoch auch interessiert an unserer »Ausrüstung«, wie Methodenkoffer, Papierrollen, Farbkisten etc. Diese äußere Atmosphäre verdichtete das Treffen auf sehr angenehme Weise.
Im Mittelpunkt des Treffens stand die Reflexion der Erfahrungen und Erlebnisse aus den ersten Einsätzen.

In einer *Phantasiereise* kehrten die Teilnehmerinnen noch einmal an den Anfang des Projekts zurück: die Erwartungen wurden wachgerufen, die Eindrücke des Einführungsnachmittags und dann der Beginn in der Einrichtung.
Beim Malen von Bildern oder Schreiben von Texten ließen die jungen Frauen ihre Erfahrungen revue passieren und drückten sie aus. Für viele war der Blick ins Tagebuch eine Erinnerungsstütze.

Das anschließende Gespräch in Kleingruppen diente neben dem Austausch der gegenseitigen »kollegialen Beratung«, Fragen im Umgang mit alten Menschen, die Handhabung von Geräten, wie z. B. dem Rollstuhl, Ideen für die Gestaltung eines Nachmittags – in all diesen praktischen Bereichen konnten sich die Jugendlichen gegenseitig Hilfe und Unterstützung geben. Gemeinsame Betroffenheit herrschte bei Erfahrungen mit Bewohnern, die stark verwirrt waren, oder noch mehr bei Todesfällen.
In einigen Fällen gab es Schwierigkeiten mit dem Personal und der Begleitung – für viele der Teilnehmerinnen waren diese Wochen gefüllt mit intensiven Begebenheiten, die sie in dieser Dichte bisher nur selten erlebt hatten.
Während bei praktischen Schwierigkeiten Lösungen gesucht werden konnten, gelang dies auf die persönlich-existentiellen Fragen im Rahmen dieses Nachmittags nur in Form von Teilantworten. Jedoch: durch das Formulieren und zur Sprache bringen von Fragen, die dabei erfahrene gegenseitige ernsthafte Zuwendung und den solidarischen Umgang miteinander erlebte sich die Gruppe als eine tragfähige, ermutigende Gemeinschaft.

Im, zum Ende des Zwischentreffens, geschlossenen Abschiedskreis stärkten sich die Teilnehmerinnen für die »zweite Halbzeit« ihres Einsatzes. Mit *Stein und Blume* drückte jede aus, welche Last sie hier losgeworden ist und worauf sie sich jetzt freut, bzw. was ihr Mut gemacht hat.
Mit einem Text zur Ermutigung endete das Zwischentreffen.

## Einsatzstellenbesuche

Neben den gemeinsamen Treffen der Projektgruppe waren wir als Leitung interessiert, einen unmittelbaren Eindruck von den Einsätzen der Jugendlichen zu bekommen.
Bei unseren Besuchen in den Einrichtungen fand ein Rollenwechsel zwischen Team und Teilnehmerinnen statt: Während bei den Projekttreffen die Jugendlichen »zu uns« kamen, und der Ablauf durch das Team strukturiert war, waren in diesem Fall wir »Gäste«. Die Jugendlichen machten uns mit den Räumlichkeiten vertraut, stellten uns den Bewohnern vor, erklärten uns Abläufe, luden uns zum Mitmachen ein.
In zweifacher Hinsicht halte ich solche Besuche vor Ort für unverzichtbar: Zum einen werden die Erfahrungen und Themen, die bei den Treffen von den Jugendlichen geschildert werden, anschaulicher und nachvollziehbarer. Die Befürchtung, daß sich die Jugendlichen dadurch kontrolliert fühlen, hat sich aufgrund der ausschließlich positiven Rückmeldungen nicht bestätigt. Zum anderen wurden wir selbst mit der Atmosphäre der Heime konfrontiert und konnten die von den Teilnehmerinnen oft genannte Unsicherheit und Beklommenheit der Anfangsphase an uns selbst spüren und sehr gut nachempfinden.

## Das Abschlußwochenende

Dieses Wochenende war ursprünglich als letzter Teil des Projekts gedacht und wurde erst durch die im Verlauf entstandene Idee des Abschlußforums eingeholt. Dennoch mußte der Charakter dieses Seminars nicht verändert werden. Auf drei Ebenen sollte das Projekt ausgewertet werden:

In der *persönlichen Auswertung* reflektierten die Teilnehmerinnen ihre Erfahrungen im Zusammenhang. Mit Hilfe eines gemalten Weges wurden die unterschiedlichen Erlebnisse ausgedrückt. Diese Vielschichtigkeit der Erfahrungen konnte in der Rückschau von den jungen Frauen als sinnvoll und nutzbringend gedeutet werden, und oft war es gerade die Bewältigung schwieriger Situationen, die nachhaltig im Gedächtnis blieb und auf die die Schülerinnen sehr stolz waren.

Eng verzahnt mit der persönlichen Auswertung war der *Austausch in und mit der Gruppe*. Wie bei allen Treffen im Verlauf des Projektes stand dies auch hier im Mittelpunkt. Das persönliche Lernen lebte von der Erfahrung des An- und Ernstgenommenwerdens, dem Wissen um Solidarität und Unterstützung gerade auch dann, wenn es einmal schwierig war. Im Gegensatz zur Schule wurde der Lernstoff nicht von der Leitung vorgegeben, sondern er entwickelte sich aus dem Zusammentragen der situativ unterschiedlichen, grundlegend jedoch gleichartigen Erfahrungen. Jede hatte hier wichtiges zur Problemstellung wie -lösung beizutragen.

Die dritte Reflexionsebene betraf das *Projekt selbst, mit seinem Aufbau und der Durchführung durch die Leitung*. Aufgrund des »Modellcharakters« waren uns Rückmeldungen und kritische Anmerkungen seitens der Teilnehmerinnen besonders wichtig. Unser durchgängiger Anspruch, die Jugendlichen an der Gestaltung des Projektverlaufs so weit möglich zu beteiligen, sollte sich schließlich auch in der Verbesserung bzw. Veränderung des Konzeptes niederschlagen.

Neben der Auswertung des Projektes und genügend Zeit für das gesellige Beisammensein beinhaltete das Abschlußwochenende noch zwei weitere inhaltliche Blöcke.

In zwei Workshops konnten sich die Teilnehmerinnen zwischen den Themen »Umgang mit verwirrten Menschen« bzw. »Tod und Sterben« entscheiden. Beide Themen hatten in den Erfahrungsberichten beim Zwischentreffen einen hohen Stellenwert, und der Wunsch nach weiteren Informationen bzw. einer tiefergehenden Beschäftigung war entsprechend groß.
Zum Thema »Umgang mit verwirrten Menschen« hatten wir als Fachmann einen Dozenten einer Altenpflegeschule angefragt, der Workshop zu »Tod und Sterben« wurde von uns selbst vorbereitet. Diese Auswahl war zugleich die Wahl zwischen einem eher sachorientierten und einem sehr persönlich angelegten Thema und bot zwei unterschiedliche Lernfelder.
In einem weiteren inhaltlichen Block hatten die Teilnehmerinnen die Möglichkeit, ihre Eindrücke in Form von Statements oder poetischen Texten aufzuschreiben, die beim Abschlußforum vorgetragen werden sollten. Diese gemeinsame Vorbereitung gab den jungen Frauen Sicherheit und Selbstvertrauen, sich vor einem interessierten Publikum zu präsentieren.

Das Ende des Wochenendes bedeutete zugleich den Abschied voneinander. Trotz des bevorstehenden Forums war dies das letzte Treffen im Kreis dieser Gruppe. Der Abschied wurde deshalb besonders gestaltet und bekam für alle die dementsprechende Bedeutung.

### Das Abschlußforum

Für eine öffentlichkeitswirksame Präsentation des Projektes gab es aus unserer Sicht mehrere Gründe:
- Die Jugendlichen engagierten sich ehrenamtlich, d. h. ohne Bezahlung, während der Schulzeit, mit viel persönlicher Bereitschaft. Und dies in einer Zeit, in der viel über Individualismus und Egoismus diskutiert wird.
- Das Projekt kam nur durch die Kooperation mit verschiedenen Trägern zustande, die im herkömmlichen Arbeitsalltag keine oder nur wenig Berührungspunkte haben.
- Das Thema »generationsübergreifender Dialog« wird in verschiedenen Kontexten zur Zeit heftig diskutiert und eingefordert.
- Nicht zuletzt sollten die Teilnehmerinnen die Möglichkeit haben, ihre Erfahrungen mitzuteilen.

Das Abschlußforum entstand in gemeinsamer Trägerschaft mit der Altenkoordinationsstelle des Landratsamtes Offenburg.
Eingeladen waren die beteiligten Kooperationspartner: die Schulleitungen und die beteiligten Religionslehrer sowie die Leitungen und zuständigen Mitarbeiter aus den Einrichtungen.
Das Abschlußforum fand an einem Vormittag im Sitzungssaal des Lahrer Rathauses statt. Die Teilnehmerinnen bekamen dafür schulfrei. Im Mittelpunkt des Forums stand neben den eindrucksvollen Statements und Texten der Jugendlichen die Würdigung durch die anwesenden politischen Vertreter, den Oberbürgermeister der Stadt Lahr sowie den Sozialdezernenten des Landkreises.
Dazu kamen die Erfahrungsberichte aus Sicht der Einrichtungen.
Im anschließenden inoffiziellen Teil konnten sich die Jugendlichen und die Vertreter der Einrichtungen voneinander verabschieden; dabei bekamen die Schülerinnen eine schriftliche Bescheinigung über ihre Tätigkeit überreicht, und es wurde ihnen noch einmal z. T. in sehr persönlicher Weise gedankt.
Die zahlreich erschienenen Medienvertreter nutzten die Chance für Interviews und sorgten für eine breite Berichterstattung in Presse und Radio.

## Fazit

Die Idee des Projektes »Ganz in meiner Nähe – und doch weit weg« ist bei den Jugendlichen gut angekommen und konnte verwirklicht werden. Eine Gruppe von 20 Teilnehmerinnen gewinnen zu können, hatten wir gehofft, jedoch nach der anfänglich spärlichen Resonanz bei den Klassenbesuchen nicht erwartet.

Die Motive der Teilnehmerinnen waren unterschiedlich und trafen sich mit unseren Zielbeschreibungen: Der Reiz einer Schnupperlehre spielte nur eine untergeordnete Rolle, vorrangig waren die Neugierde und das Interesse, einen Einblick in die Lebenswelt alter Menschen zu bekommen.

Die Identifikation mit dem Projekt war groß: Die Teilnahme wurde z. T. gegen den Willen der Eltern durchgesetzt, und die »Anmache« seitens verschiedener Mitschülerinnen hinterließ keinen großen Eindruck. Die größten Widerstände waren die eigenen Fragen und Unsicherheiten – und hier zeigten die jungen Frauen Mut und Selbstvertrauen.

Bis auf eine Ausnahme blieben alle Teilnehmerinnen bis zum Ende des Projektes dabei, ein Indiz für die Verbindlichkeit und die Verantwortung jeder einzelnen.

Bei den meisten Teilnehmerinnen entstanden im Laufe der Zeit persönliche Beziehungen zu einzelnen Heimbewohnern. Das Schlagwort vom »generationsübergreifenden Dialog« wurde verwirklicht. Die Bedeutung dieser Begegnungen zeigt ihren Wert auch darin, daß die meisten Jugendlichen nach Ende des Projektes in irgendeiner Form den Kontakt weiter pflegen wollen.

Die Begleitung durch Mitarbeiter der Einrichtungen war von unterschiedlicher Qualität. Manche Jugendliche hatten keine festen Ansprechpartner und fühlten sich zeitweise auf sich selbst gestellt. Dies lag zum einen an dem schichtdienstbedingten häufigen Wechsel des Personals, zum anderen aber auch am fehlenden Informationsfluß zwischen Heimleitungs- und Stationsebene. Es ist künftig darauf zu achten, daß Absprachen über Form und Personen der Begleitung mit allen betreffenden Mitarbeitern im Vorfeld des Projektstarts verbindlich getroffen werden. Unserer Erfahrung nach ist dies vor allem für den Einsatz jüngerer Teilnehmerinnen und Teilnehmer unverzichtbar.

In den Fällen, in denen es klare Absprachen gab, wurde die Begleitung mit viel persönlichem Engagement des Personals durchgeführt.

Die begleitenden Treffen erfüllten mehrere Funktionen: Mit Hilfe ganzheitlich angelegter Methoden aus dem Repertoire kirchlicher Jugendarbeit gelang es, die Erfahrungen und Fragestellungen aus den Einsätzen in ihrem existentiellen Kern zu erfassen und für die eigene persönliche Entwicklung zu nutzen.

Daneben hatten die Treffen »Tankstellen«-Charakter: Die Gruppe wurde zum Ort, um Enttäuschungen oder Frustrationen abzuladen, durchzuschnaufen, und sich gegenseitig zu stärken.

Das Projekt »Ganz in meiner Nähe – und doch weit weg« hatte die Intention, Schülerinnen und alte Menschen zusammenzubringen. Dies ist gelungen, und die positiven Erfahrungen und Rückmeldungen aller Beteiligten ermutigten uns, eine Dokumentation zu erstellen, die all denen, die die Projektidee aufgreifen und selbst initiieren wollen, als Arbeitshilfe dienen kann.

*Ekkehart Bechinger*

# Vier Tage auf Expedition – Natur pur

## Ein kooperatives Projekt zwischen Jugendarbeit und Schule als eine Antwort auf Gewalterscheinungen*

Die rechtsradikale Gewalt im Herbst und Winter 1992 in unserer Gesellschaft und die Faszination dafür von Schülergruppen an unserer Grund- und Hauptschule lösten bei uns Lehrerinnen Betroffenheit aus. Es war festzustellen, daß sich einerseits die Bereitschaft zur Gewalt bei den Hauptschülern verstärkte und daß andererseits die gelernten, auf der kognitiv-argumentativen Ebene anzusiedelnden Konfliktlösungsstrategien der Lehrkräfte diesem Gewaltphänomen nicht wirksam begegnen konnten. Beobachtungen innerhalb und außerhalb der Schule und Gespräche mit den Jugendlichen führten zu folgenden Thesen:

- Jugendliche suchen Formen, um sich selbst zu spüren.
- Jugendliche wollen Stärke erleben.
- Jugendliche suchen eine Gegenwelt zur Bedeutungslosigkeit und Hoffnungslosigkeit, die die Erwachsenen verkörpern.
- Jugendliche wollen dabei sein, nicht außerhalb stehen, bedeutend sein.
- Jugendliche haben mit ihrem Sympathisieren mit rechtsradikaler Gewalt ein letztes Tabu ihrer Lehrer und Lehrerinnen gefunden und gebrochen.

Verschiedene Konzepte wurden am Pädagogischen Tag von den Lehrkräften erarbeitet, wie Gewalterscheinungen im allgemeinen und rechtsradikaler Gewalt im besonderen in der Schule und in den Klassen mit konstruktiveren Methoden als bisher begegnet werden sollte.

Zwei Lehrerinnen und ein Gemeindediakon entwickelten zusammen mit Schülerinnen und Schülern aus den Klassen 7, 8 und 9 einer Hauptschule ein Projekt, das an den Bedürfnissen der Jugendlichen ansetzte und diese konstruktiv nutzte. Die Wahl fiel auf eine Backpacking-Tour, weil sie Kommunikation, Natur- und Gruppenerfahrung fördert, weil sich die Projektmitglieder in ihren körperlichen und psychischen Stärken und Grenzen

* Gekürzte und überarbeitete Fassung eines Beitrags aus: Lehren und Lernen (20), H. 8, 1994, S. 44–57

erfahren können, weil die Planungen und Entscheidungen gemeinsam gefällt und verantwortet werden können.

## Projekt: Vier Tage auf Expedition – Natur pur

Als Zielgruppe waren im Blick:
- Jugendliche mit einer geringen Frustrationstoleranz;
- Jugendliche mit dem Bedürfnis, sich selbst zu spüren;
- Jugendliche, die Grenzerfahrungen und Identifikationsmöglichkeiten suchen;
- Jugendliche mit der Bereitschaft, sich körperlich zu erproben;
- Jugendliche, die Mühe haben, sich einer Gruppe oder einem Verein anzuschließen.

## Verlauf des Projektes

Bei einem ersten Treffen interessierter Schüler und Schülerinnen mit dem Leitungsteam wurden vier verschiedene Routenvorschläge für eine Backpacking-Tour vorgestellt und diskutiert. Zur Wahl standen der Limeswanderweg bis Osterburken und die Routenziele Dinkelsbühl, Aalen und Heidenheim. Die Gruppe entschied sich für Aalen als Ziel der Tour. Die Aussicht, die Limestherme und das Besucherbergwerk zu genießen, faszinierte die Schüler und Schülerinnen.
Bei diesem ersten Treffen wurde auch geklärt, wer welchen Teil der Ausrüstung (Zelt, Schlafsack, Iso-Matte, Rucksack) selbst besitzt und was für die Gruppe ausgeliehen werden mußte. Anhand genauer Checklisten wurde der persönliche Bedarf und der der Zeltgruppe festgelegt. Das Ziel dabei war, das Gewicht der Rucksäcke auf ein tragbares Maß zu beschränken. Es war nicht einfach, manchen Jugendlichen deutlich zu machen, daß die vielen kleinen wünschenswerten Dinge einen zu schweren Rucksack verursachen und daß deshalb besser auf vieles zu verzichten sei.

Mit einem Schreiben an die Erziehungsberechtigten konnten diese ihre Zustimmung zur Teilnahme ihres Kindes am Projekt geben und auf evtl. körperliche Beeinträchtigungen hinweisen. In einem späteren Schreiben wurden sie über den geplanten Verlauf der Backpacking-Tour unterrichtet.

Bis zum zweiten Treffen der Projektgruppe hatten sich die Schüler und Schülerinnen entschieden, ob sie am Projekt teilnehmen wollten. Hier wurde auch geprüft, ob die persönliche Ausrüstung den Anforderungen der

Tour genügt. Es wurden Zeltgruppen gebildet und ein Speiseplan für den ersten Tag erstellt. Die Verpflegung bis zum Abend nahm jeder und und jede selbst mit. Das Abendessen sollte in Welzheim erst eingekauft werden.

Am MONTAG traf sich die Gruppe um 7.00 Uhr. Es galt nun, einige Gepäckstücke umzuverteilen und Isomatten und Zelte an den Rucksäcken festzubinden.
Der Weg der Wanderung führte am Vormittag über Ittenberg, Eschelhof, Hörschhof und Sechselberg bis zum Ebnisee. Beeindruckend war es, den Hörschbachwasserfall zu erleben und im Ebnisee zu plantschen. Unterwegs probierten einige Schüler Sauerklee und Sauerampfer, suchten nach Aaronstab und beobachteten Molche.
Am Nachmittag ging es das Wieslauftal entlang, bis es galt, die Steigung nach Welzheim zu überwinden. Die Rast in Welzheim wurde genutzt, um das Abendessen einzukaufen und die leeren Getränkeflaschen zu füllen.
Die letzten vier Kilometer bis zum Tannhof gestalteten sich beschwerlich. Die Rucksäcke drückten, die Blasen an den Füßen schmerzten, und die Kräfte gingen zur Neige.
Am Zeltplatz mußten die letzten Energien zum Aufbauen der Zelte und zum Kochen von Spaghetti und Tomatensoße mobilisiert werden. Nach dem Essen gingen einige Schüler ans Spülen, andere taten sich etwas Gutes, ließen sich massieren und massierten andere.

Der ZWEITE TAG begann mit einem Geburtstagsständchen für einen Teilnehmer. Der Aufbruch verzögerte sich, weil zunächst einige Schwierigkeiten mit den Kochern überwunden werden mußten und der Zeltabbau sowie das Packen mehr Zeit als geplant in Anspruch nahmen. Der Weg führte vom Tannhof über den Schmidhof zur Meuschenmühle, wo ein oberschlächtiges Wasserrad zu sehen war. In Brend wurde eine kurze Pause eingelegt, ehe es wieder bergab und bergauf nach Alfdorf ging. Dort traf die Gruppe in der Mittagshitze ein. Die Geschäfte hatten leider schon geschlossen, Getränke konnten jedoch bei einer Frau privat erworben werden.
Bei der Mittagsrast nach Alfdorf kam es zu einem *Konflikt.* Ein Teil der Gruppe streikte und wollte das Ziel »Aalen« aufgeben. Diese Jugendlichen waren nur noch bereit, sich dem greifbareren Ziel »Schwäbisch Gmünd« zu verpflichten. Es wurde hart diskutiert und nach mehreren Kompromissen gerungen. Über fünf Vorschläge zur weiteren Gestaltung des Projekts wurde abgestimmt. Für den nächsten Tag wurde beschlossen, einen Teil der

Strecke mit dem Zug zurückzulegen, um das Ziel »Aalen« zu erreichen, der zweite mußte aber in seiner ganzen Länge durchgehalten werden. Die Abstimmung zeigte, daß der Großteil der Gruppe sich auf diesen *Kompromiß* einlassen konnte. Drei Jungen streikten aber weiter. Nach längeren inneren Kämpfen gab einer auf, ein anderer folgte. Der dritte Junge wollte sich noch von seiner Mutter abholen lassen.
Zwischen dem Gemeindediakon und dem Jungen war eine Beziehung entstanden, die eine Konfrontation ermöglichte: »A., das kannst du nicht bringen!« Schweigend zogen die beiden den anderen nach.
Bei Adelstetten war die Gruppe wieder zusammen, gemeinsam ging es in der Hitze weiter. Viele Pausen wurden erforderlich. Etwa drei Kilometer vor Lindach erbarmte sich ein Bauer der erschöpften Gruppe und nahm sie auf seinem Anhänger bis zum Lebensmittelgeschäft in Lindach mit, was zu einer Hochstimmung in der gesamten Gruppe führte. Eine Lehrerin übernahm dort mit einer Schülergruppe zusammen den Einkauf der erforderlichen Lebensmittel.
Der Weg bis Herlikofen erschien endlos – trotz vieler Pausen. Völlig erschöpft kam die Gruppe zu später Stunde in Herlikofen an. Ein Pfadfinder erwartete die Gruppe auf dem Zeltplatz – ein Auftrieb für die letzte kurze Etappe. Einige begannen mit dem Zeltaufbau, andere sorgten für das Feuer. Zu nächtlicher Stunde versammelte sich die Gruppe um das Lagerfeuer, grillte Würste, sang gemeinsam und ließ den Geburtstag ausklingen.
Es war eine große Leistung aller Jugendlichen, daß sie angesichts der körperlichen und psychischen Strapazen den bei Alfdorf gefundenen Kompromiß im Laufe des Tages nicht in Frage stellten. Negative und destruktive Kräfte verwandelten sich in konstruktive.

Gemäß dieser Abmachung begann der DRITTE TAG später. An der Feuerstelle wurde gefrühstückt. Anschließend wurde gesungen und bei einer Andacht an die Erfahrungen des Vortages angeknüpft. Es stimmte: »Von guten Mächten wunderbar geborgen …«
Gegen Mittag brach die Gruppe in Richtung Böbingen auf. Die Strecke entlang der Straße wirkte ermüdend, und so wurde auf halbem Weg noch einmal gerastet. Einige Jungen nutzten die Gelegenheit, ihre Kräfte zu messen und mit dem Gemeindediakon zu raufen. Die Zugfahrt bis Aalen war ein Genuß. Eine Wette mit zwei Jugendlichen gewannen zwar die Erwachsenen, zogen aber insofern den kürzeren, als sie mit rußverschmierten Gesichtern durch Aalen zu gehen hatten.

Nachdem die Jugendherberge erreicht und die Zimmer bezogen waren, gab es Abendessen. In einem eigenen Aufenthaltsraum konnte Tischfußball und Klavier gespielt, gesungen und Darbietungen der Gruppenmitglieder bestaunt werden.

Am VIERTEN TAG wurde vor dem Frühstück gepackt, die Zimmer gereinigt und die Vorbereitungen im Aufenthaltsraum der Gruppe für das Frühstück getroffen. Nach dem Spülen und Spielen brach die Gruppe zum Bahnhof auf. Die restlichen Gepäckstücke wurden aufgegeben. Ein Teil der Projektgruppe vergnügte sich im Hallenbad, ein anderer besichtigte das Besucherbergwerk »Tiefer Stollen«.
Die Rückfahrt führte mit dem Zug über Schwäbisch Gmünd, Schorndorf und Waiblingen nach Sulzbach.
Der fünfte Tag begann um 9 Uhr im ev. Gemeindehaus. Es galt, die Ausrüstung zu putzen, die Tagesprotokolle zu schreiben und von den Erlebnissen der Tage zu erzählen. A. zog dabei folgendes Resümee: »Im voraus kannst du nicht sagen, ob es geil wird. In der Situation selbst kannst du nicht sagen, daß es geil ist. Erst hinterher kannst du sagen, daß es geil war.«
Die Gruppe vereinbarte, das Nachtreffen mit einem Pizzaessen zu verbinden und so das restliche Geld zu verwenden. Der Tag klang mit Cola und Butterbrezeln sowie einem gemeinsamen Singen aus.

## Reflexion des Projektes

### Die Projektgruppe

Zehn Schüler und zwei Schülerinnen aus fünf verschiedenen Nationen bildeten mit dem Gemeindediakon und den beiden Lehrerinnen die Projektgruppe. Bei der Zusammensetzung der Gruppe fällt auf, daß sich sowohl verhaltensauffällige und gewaltbereite Jugendliche als auch Jugendliche mit ausgeprägter sozialer Kompetenz für dieses Projekt entschieden hatten. Die Mädchen in der Gruppe leisteten einen wichtigen Beitrag für die Gruppendynamik. Das Projekt zeichnete sich durch ein gutes Miteinander der verschiedenen Nationalitäten aus. Es setzte einerseits Selbstvertrauen und eine gewisse Gruppenfähigkeit voraus, förderte diese aber andererseits auch.

### Vernetzung Schule – Jugendarbeit

Das inhaltliche Ziel der Vernetzung von Schule und Jugendarbeit gelang hervorragend. Die Vor- und Nachtreffen fanden im ev. Gemeindehaus statt, einem Raum, der nicht an Schule erinnerte. Für manche Jugendlichen war der entscheidende Punkt zur Teilnahme an diesem Projekt, daß der Gemeindediakon mitmachte. Die Beziehungen wurden durch diese Woche vertieft. Im Leitungsteam wurde das gemeinsame Arbeiten als sehr konstruktiv und bereichernd erlebt. Der Austausch über pädagogische und weltanschauliche Fragen eröffnete neue Perspektiven für die jeweilige berufliche Arbeit.

Die Chancen eines kooperativen Projektes zwischen Jugendarbeit und Schule liegen nach diesen Erfahrungen:
- in der Erweiterung der personellen Ressourcen und der Ausweitung der freizeit- und schulpädagogischen Kompetenzen der Verantwortlichen,
- in der Erweiterung der Handlungskompetenzen, in der Gestaltung von persönlichen Beziehungen und der Wahrnehmung von gruppendynamischen Prozessen,
- in der Nutzung materieller Ressourcen (Ausrüstung, außerschulische Räumlichkeiten),
- im Schaffen von neuen Begegnungsmöglichkeiten (Jugendliche und Erwachsene können sich neu erleben),
- in gemeinsamen außerschulischen Erfahrungen, die in die Schule hineinwirken und
- in der Begleitung der Jugendlichen durch außerschulische Partner und Partnerinnen auch nach Abschluß des Projektes.

Projekte dieser Art können allerdings nur dann zur regelmäßigen Einrichtung werden, wenn sie in ein Gesamtkonzept von Schule und Kirchengemeinde eingefügt sind. Das gemeinsame Leben mit den gewachsenen Beziehungen kann der Boden sein, wo Fragen des Glaubens entstehen und gestellt werden. In Gesprächen kann gemeinsam nach Antworten gesucht werden. Es ist ein gänzlich anderes Vorgehen als im Religionsunterricht, wo häufig Fragen beantwortet werden, ehe sie entstehen und gestellt werden.

## Zielorientierung

Zur Gruppenbildung und zum Zusammenhalt trug das gefundene Ziel bei, Aalen am dritten Tag zu erreichen. Es war wichtig, daß die Möglichkeiten des individuellen Aussteigens aus dem Projekt reduziert waren. Wenn jemand der Grenzerfahrung ausweichen und nach Hause wollte, war das in diesem Moment aufgrund fehlender Telefone in der Natur nicht möglich.

Wenige Zeit später war diese Grenze überwunden, und die Jugendlichen spürten nicht mehr den Zwang zum Aussteigen.
Die Aufsichtspflicht bei einem Projekt dieser Art ist gut zu bewerkstelligen, da die Jugendlichen im umfassenden Sinne beansprucht und gefordert sind. Sie haben sich außerdem einem Gruppenziel verpflichtet.

## Selbst- und Gruppenerfahrung

Die Jugendlichen und Erwachsenen hatten in der Natur viele Gelegenheiten, ihren Körper und sich selbst zu spüren. Die Sonne brannte vom Himmel, sie schwitzten und hatten Durst. In der Nacht spürten sie die Kälte und den Tau. Die Bewegung an der frischen Luft und das Tragen der Rucksäcke führte zu einer gesunden Müdigkeit und Erschöpfung.
Es war möglich, eine Vertrauensbeziehung untereinander aufzubauen. Schüler und Schülerinnen erlebten, daß sie konstruktiv sein und sich selbst überwinden können, auch wenn sie zunächst keine Lust zum Weitergehen, zum Kochen, zum Zeltaufbauen und zum Spülen hatten.
Es war erstaunlich, wie es ihnen gelang, zwischen der Rolle der Lehrerin und der der Privatperson zu unterscheiden und entsprechend zu agieren. Es fiel auf, daß sich die Gruppenmitglieder danach in den Pausen im Schulalltag sehr offen begegneten.
Jugendliche konnten in diesem Projekt die Erfahrung machen, Erwachsenen und Jugendlichen, sich selbst und auch der Gruppe zu vertrauen – selbst in der Krise. Sie erfuhren, daß sie sich selbst helfen können und daß dann hilfsbereite Menschen da waren, als es nicht mehr gehen wollte: die Frau mit Sprudel in Alfdorf, der Bauer bei Lindach, der Pfadfinder und der Führer im Bergwerk, der die Gruppe zum Zug brachte.
Diese Erfahrungen widersprechen dem, wie Jugendliche ihre Wirklichkeit erleben und beschreiben: Mir hilft keiner. Ich muß für mich selbst sorgen, sonst komme ich zu kurz. Jugendliche konnten ihre Wirklichkeit neu wahrnehmen und bewerten: Es gibt Hilfe – auch für sie!

## Sinnfrage

Die Konzeption des Projektes zwang in materieller Hinsicht zur Beschränkung auf das Wesentliche. Es ging ohne Walkman, Fernsehen und Video. Die Kleidung mußte praktischen Anforderungen genügen und nicht dem neuesten Modetrend. Essen und Trinken bekamen ihren urspünglichen Stellenwert.

Die Frage nach den besten Erfindungen wurde nach dem anstrengenden zweiten Tag am Lagerfeuer gestellt. Nicht der Computer stand an erster Stelle, sondern die Dusche und das Bett!
Plantschen im Ebnisee, Beobachten einer Ringelnatter, Entfachen und Erleben eines Lagerfeuers, unter freiem Himmel zu schlafen, all diese Naturbegegnungen sind Erfahrungen aus erster Hand. Primärerfahrungen dieser Art sind für Jugendliche selten geworden. Sie erleben in unserer Konsum- und Mediengesellschaft eine Welt aus zweiter Hand.
Hier wird deutlich, daß das Projekt ein Weg war, zum Wesentlichen vorzudringen, unsere Grundbedürfnisse nach Nahrung, Kleidung, Gemeinschaft mit anderen und der Natur sowie nach Spiritualität zu spüren. Junge Menschen konnten erleben, daß nicht die gängige Konsumorientierung unsere Grundbedürfnisse befriedigt, sondern daß diese Befriedigung auf ganz andere Weise zu suchen und zu finden ist.

## Transfer in den Schulalltag

Die Erfahrung, daß die eigenen Grenzen durchaus überschritten werden können, sollte auf schulische Bereiche übertragen werden. Schüler und Schülerinnen brauchen allerdings Begleitung, wenn sie daran arbeiten sollen, ihre Frustrationen zu überwinden und den Weg zur eigenen Stärke zu finden – eine wichtige Voraussetzung, um nicht auf die Stärke radikaler Gruppen setzen zu müssen.
Wie wird es möglich, daß die Jugendlichen ihre Grenzen im schulischen Lernen überwinden? Sie brauchen Zielorientierung als Motivation und als gruppenbildendes Element. Ein ganzheitliches Lernen, die Begrenzung des Lernstoffes und ein Ansetzen an den Möglichkeiten der Jugendlichen statt an ihren Grenzen und Defiziten wären außerdem erforderlich. Schule muß sich verändern, will sie (auch gewaltbereiten) Kindern und Jugendlichen gerecht werden, die unter schwierigen gesellschaftlichen Bedingungen aufwachsen.

*Liselotte Denner/Susanne Schweizer*

Literatur
Hiller, Gotthilf: Nichts gegen rechte Kerle. Zehn Ratschläge an Erwachsene zur Kultivierung der Aggressivität von Kindern und Jugendlichen – notiert im Frühjahr 1993, in: Neue Sammlung (33) H 2, 1993, S. 207–213

# W

# allfahrt

# Auf den Spuren des heiligen Franziskus

Ökumenische Schüler- und Schülerinnenwallfahrt nach Assisi

## Eine Wallfahrt mit Schülerinnen und Schülern – ist das heute überhaupt sinnvoll?

»Im Gehen geht's« – oder: »Solange ich gehe, geht's.« Ganz im Gegensatz dazu: »Wer rastet, der rostet.« Wer religiöse Erfahrungen auf dem Schreibtischstuhl, im Klassenzimmer bei Religionsbuch und 45-Minuten-Takt machen will, wird sich sicherlich schwertun. Nicht von ungefähr spricht schon das Zweite Vaticanum vom pilgernden Gottesvolk und erinnert uns, uns auf den Weg zu machen und unterwegs zu bleiben.
Auch Friedrich Nietzsche, der große Philosoph und Religionskritiker bemerkt dazu: »So wenig als möglich sitzen, keinem Gedanken Glauben schenken, der nicht im Freien geboren ist und bei freier Bewegung – in dem nicht auch die Muskeln ein Fest feiern.« Religiös beendet er seine Überlegungen, wenn er betont: »Das Sitzfleisch ist die eigentliche Sünde wider den Heiligen Geist.«
Im Gehen geht's. Auch Goethe dichtete seine bedeutendsten Werke der Literatur im Auf- und Abgehen, und Spezialisten merken das sogar seinen Versen an. Bis hin zu den Griechen, zu Aristoteles und Epikur können wir erfahren, daß es wirklich im Gehen geht. Nicht zuletzt aus solchen Erwägungen kam es zur Idee einer ökumenischen Schüler- und Schülerinnenwallfahrt der Klassen 8, 9 und 10 aller Schularten.
Aber eine Wallfahrt mit Schülern und Schülerinnen? Meldet sich dazu überhaupt jemand an? Sind Wallfahrten nicht Relikte vergangener Zeiten?
Klöster, Verbände und Kirchengemeinden laden immer wieder Jugendliche zu Wallfahrten ein und finden reges Interesse. Gerade Jugendliche haben das Wallfahren wieder neu entdeckt, wobei die Inhalte geblieben sind. Die Form hat sich erheblich verändert und stellt sich erfahrenen Wallfahrern und Wallfahrerinnen neu und anders dar.

Bei der Ausschreibung muß allen Eingeladenen klar werden, daß sie keineswegs bedeutend kirchlicher und frömmer sind als all die, die sich nicht angemeldet haben. Auch müssen die, die sich angemeldet haben, keineswegs Franziskusfans sein. Man darf nicht davon ausgehen, daß alle sich angemeldet haben, um im Glauben gestärkt und gefestigt zu werden. Wer die »Wallfahrtslatte« zu hoch anlegt, braucht sich nicht zu wundern, wenn er resigniert und frustriert sich an manchem Schüler und mancher Schülerin aufregt und zusätzlich die Atmosphäre vergiftet.

Vielmehr sollten wir die Möglichkeit nutzen, um mit den Schülern und Schülerinnen – so wie sie sind – partnerschaftlich ins Gespräch zu kommen. Für viele ist eine Wallfahrt zuerst einmal eine willkommene Unterbrechung des Schulalltags. Hauptsache weg vom gewohnten Ort; Hauptsache schulfrei. Es ist lukrativ, mit anderen in einer Gemeinschaft Gleichgesinnter unterwegs zu sein. Auch das Ausland ist attraktiv für Schüler und Schülerinnen, besonders für italienische, die mit Assisi heimatliche Gefühle verbinden.

Mögen all diese Motivationen nicht der Grundidee einer Wallfahrt entsprechen, läßt sich trotzdem deutlich unterstreichen, daß es vor Ort wirklich zur Wallfahrt kommt. Allein das Ambiente des Wallfahrtsorts lädt ein, über den eigenen Glauben nachzudenken und sich von vorbildhaften Christen, wie in Assisi vom heiligen Franziskus, treffen zu lassen. Ja, so sehr lassen sich Schüler und Schülerinnen berühren und begeistern, daß sie bereit werden, neue Schritte zu wagen. Sie versuchen, die eingefahrenen Gleise und Wege zu verlassen und sich an den Spuren des heiligen Franziskus neu zu orientieren. Jeder, der schon einmal in Assisi war, wird bestätigen, wie sehr dieser Wallfahrtsort geprägt ist von seinem Heiligen. Kein Tourist und kein Pilger wird an Francesco, wie er dort genannt wird, vorbeikommen.

Solche Erfahrungen machten wir mit den Schülern und Schülerinnen der Klassen 8, 9 und 10. Tatsächlich fuhren viele mit, die mit Wallfahrt »nicht viel am Hut hatten«. Sie ließen sich ohne Probleme auf das dichte und intensive Programm ein und folgten gern den Spuren des heiligen Franziskus.

## Ziele einer Schüler- und Schülerinnenwallfahrt nach Assisi

Bei einer Wallfahrt nach Assisi gilt es, wichtigen Plätzen und Stationen des heiligen Franziskus nachzuspüren und sich mit seinem Lebensstil und seinem Lebensideal auseinanderzusetzen.

Zu Themen wie Frieden, Gerechtigkeit und Bewahrung der Schöpfung, die heute aktuelle Themen von Jugendlichen sind, sagt uns Franziskus nach über 800 Jahren noch immer viel Interessantes und scheint aktueller denn je zu sein. Er kann uns in diesen wichtigen Bereichen Hilfestellung geben, unser Christsein glaubwürdig zu leben. Mit Texten aus dem Wallfahrtsbuch, das zusammengestellt, gedruckt und gebunden den Teilnehmern und Teilnehmerinnen an die Hand gegeben wurde, wollen wir uns näher informieren und anregen lassen.

Bei der Wallfahrt nach Assisi ist die Auseinandersetzung mit »Kirche« wichtig. Es gilt nicht nur touristenartig die herrlichen Kirchen zu besichtigen, sondern die Schüler und Schülerinnen sollen Freude verspüren an gemeinsamen gottesdienstlichen Feiern.

Die Aufbruchstatio wird bewußt als gottesdienstliche Feier gestaltet, um alle spirituell auf die Wallfahrt einzustimmen.

Morgen- und Abendgebete sollen mit Impulsen in den Tag einführen bzw. den Tag reflektiert vor Gott stellen und zusammenfassen.

Gemeinsame ökumenische Gottesdienste sollen zum bleibenden Erlebnis und kreativ und symbolträchtig gestaltet werden.

Neben den gottesdienstlichen Feiern wird Kirche erlebt in ihrer Vielschichtigkeit, in ihren Gegensätzen und Widersprüchen, aber auch in all ihrem Faszinierenden und Beispielhaften.

Außer diesen Zielen geht es ferner darum, daß Schüler und Schülerinnen gemeinsam unterwegs sind, Gemeinschaft erleben und erfahren im Miteinander-Essen, in den verschiedenen Begegnungen, im Austausch und im gegenseitigem Mitteilen der gemachten Eindrücke.

Für Schüler und Schülerinnen ist es wichtig, das Leitungsteam als ein Team zu erleben, das nicht nur aus fachkundigen Funktionären und Organisatoren besteht, sondern aus Glaubenden, für die Christsein eine große Bedeutung hat und die die Kirche trotz erlebtem Frust lieben.

## Organisatorisches

Wichtige Hinweise, die zwingend sind für die Durchführung:
- Vorbereitung und Durchführung im Team.
- Mindestens ein Teamer oder eine Teamerin sollte den Wallfahrtsort Assisi gut kennen und auch die nötigen Beziehungen zu Klöstern, zu Schwestern und Brüdern der franziskanischen Bewegung besitzen.
- Das Team sollte aus Frauen und Männern bestehen.

- Im Team sollte jemand sein, der/die italienisch spricht.
- Wegen der Schulbefreiung für Schüler und Lehrer sollten frühzeitig die katholischen bzw. evangelischen Schuldekanatsämter und deren Schuldekane eingeschaltet und informiert werden.
- Zuschüsse sind rechtzeitig zu beantragen. Es empfiehlt sich, bei allen möglichen Töpfen und Geldquellen anzufragen (Kirchlicher Jugendplan, Stadtzuschüsse, Förderverein der Schule, Pfarrei, Dekanat, Kirchenbezirk ...).
- Vor der Wallfahrt: Vortreffen aller Teilnehmerinnen und Teilnehmer, um sich kennenzulernen, die nötigen Absprachen zu treffen und Informationen weiterzugehen.
- Empfehlenswert ist ein Wallfahrtsbuch mit Texten zur Vita des heiligen Franziskus, zu Schwerpunktthemen wie Friede, Gerechtigkeit, Bewahrung der Schöpfung und Geschwisterlichkeit in Kirche und Welt zusammenzustellen. Darin sollten Programm, Gebete, Lieder und nicht zuletzt leere Seiten für Tagebuchnotizen enthalten sein.
- Die Wallfahrt sollte nicht weniger als fünf Tage in Assisi dauern. An- und Abreise sind aus Kostengründen nachts zu unternehmen.
- Bei 30 und mehr Teilnehmenden ist es ratsam, ebenfalls aus Kostengründen mit dem Bus zu fahren. Bei kleineren Gruppen ist meist der Zug billiger. Jedenfalls kommt man in Assisi gut ohne Bus aus.
- Je nach Geldbeutel können Unterkünfte gewählt werden. Klöster sind wegen der Atmosphäre, dem fanziskanischen Geist, dem guten Essen, etc. empfehlenswert. Der Preis entspricht den Leistungen. Die Unterkunft sollte im oberen Assisi sein.
- Halbpension ist ausreichend. Mittags kann gut auf Plätzen und Wiesen mitten in Assisi gevespert werden. Das hat für die Gruppe einen ganz eigenen Reiz.

## Pädagogisches

Es ist hilfreich, die Wallfahrtsgruppe in kleine Gruppen (ca. acht Leute) zu unterteilen. Wenn die Führungen für die Großgruppe (mit Ausnahme durch die Basilika San Francesco) bestimmt sind, ist es wichtig, anschließend in Kleingruppen ins Gespräch zu kommen. Manches kann besser vertieft und offene Fragen können beantwortet werden. In den Kleingruppen wird die Möglichkeit geboten, sich Zeit zu nehmen, um Tagebucheintragungen zu verrichten und gemeinsam Mittag zu essen. Jede/jeder besorgt etwas zum gemeinsamen Mahl auf der Wiese oder an einem schönen Platz.

Schön ist es, wenn jede Gruppe einen Namen hat. In bezug auf den heiligen Franziskus, der die Geschwisterlichkeit mit allen Menschen und allen Dingen lebte, bieten sich vielleicht als Erkennungszeichen schön gestaltete Buttons an, die je nach Gruppe einen »Bruder oder eine Schwester aus der Natur« zum Namen haben, also z. B. Schwester Wasser, Bruder Feuer, Schwester Spinne, Bruder Wind ... Diese Buttons könnten beim Vortreffen gebastelt und gestaltet werden.

## Inhaltliches, Theologisches, Kirchenhistorisches, Religiöses, Franziskanisches

Wer eine Wallfahrt vor der eigentlichen Abfahrt geringschätzt, darf sich nicht wundern, wenn es überhaupt nicht zur Wallfahrt kommt. Nur einsteigen und fortfahren bringt es nicht! Deshalb ist es empfehlenswert, den eigentlichen Aufbruch angemessen zu gestalten.
Mit einer sogenannten »Aufbruchstatio«, einer kleinen Andacht vor Beginn der Wallfahrt, haben wir bei allen Wallfahrten, egal mit welcher Zielgruppe positive Erfahrungen gemacht.
Bei der Aufbruchstatio werden die Wallfahrerinnen und Wallfahrer auf die kommenden Wallfahrtstage eingestimmt und zugleich aufgefordert, Vertrautes zurückzulassen und Abschied zu nehmen von der heimatlichen Umgebung. Denkbar für diese Abschiedsszene ist der Schrifttext aus Gen 12,1–9. Das Bild »Abraham« von Roland-Peter Litzenburger trifft hier ebenfalls die Situation der Schüler und Schülerinnen (Bildnachweis: Roland Peter Litzenburger, Abraham 1964, Gretel Kunze. Künstlerischer Nachlaß, Markdorf). Umrahmt von Liedern und Gebeten wird am Schluß der Andacht ein Reisesegen gespendet. Zu dieser Aufbruchstatio sind alle Eltern und Geschwister eingeladen, um so auch ihnen den Abschied und den Aufbruch bewußt zu machen.
Jetzt erst hieß es in den Bus einzusteigen und nach Assisi zu fahren, um dann fünf Tage auf den Spuren des heiligen Franziskus Neues für das eigene Leben zu erfahren und zu erleben.
Um die Mittagszeit Ankunft in Assisi. Quartiere wurden bezogen, jeder hatte genug Zeit zum Einrichten, Frischmachen und für ein kleines Mittagessen.

### Erster Mittag in Assisi: »Assisi – wie es sich uns zeigt«

Um Assisi in seiner ganzen Schönheit zu sehen, um auch einen Überblick über Stätten, Stationen und Kirchen, die während der Wallfahrt unsere Ziele

sein werden, zu bekommen, eignet sich gerade die Rocca Maggiore als günstiger Ort und Aussichtspunkt.
Hier ist es sinnvoll, die Zeit und die Welt des Francesco Bernadone anzuschauen. Schlagzeilen und Schlaglichter, religiöse Aufbrüche, Konflikte von Kirche und Staat und Verstrickungen in Macht- und Gewaltstrukturen informieren auf einer selbsterstellten Wandzeitung über die weltpolitischen wie kirchen- und kommunalpolitischen Ereignisse dieser Zeit.
Um auch einen geographischen Eindruck über Assisi zu bekommen, wurde anschließend die Stadt erobert. Man schlenderte durch die Gassen, ging auf den zahlreichen Stufen treppauf und treppab.
Nach dem Abendessen und einer freien Zeit für Persönliches endete der erste Tag in Assisi mit dem Tagesausklang, einem Nachtgebet, das nochmals das Erlebte revue passieren ließ.

## Zweiter Tag: »Franziskus – Begegnung mit einem, der seinen Weg suchte«

Wie an jedem Morgen, begann dieser Tag mit einem Morgengebet, das schwerpunktartig in das Tagesprogramm einführte.
Wie sehr Franziskus seinen Weg sucht, wird in seiner Jugendzeit deutlich. Aus dem Playboy und König der Feste wird ein ärmlicher Bettler. Aus dem Francesco aus guten und gesichertem Hause wird einer, der Christi Nachfolge ernst nimmt und jegliche materiellen Sicherheiten aufgibt und zurückläßt.
All die Pläne, die vor allem sein Vater Bernadone mit ihm vorhatte, durchkreuzt er. Der Bruch mit dem Vater und ein Ringen um seinen eigenen Weg ist eine zwingende Folge. Um dies zu verdeutlichen, werden San Francesco Piccolino, die Kirche Chiesa Nuova besichtigt und eine Statio im Hof des damaligen Bischofs Guido bei der Kirche Santa Maria Maggiore gehalten. Dabei wird folgende Geschichte erzählt:
»Dann machte der leibliche Vater den Versuch, den Sohn der Gnade, der alles Geld von sich getan hatte, vor den Bischof der Stadt zu bringen, damit er in dessen Hände auf das väterliche Erbe verzichte und alles, was er hatte, zurückgebe. Weil dieser aber die Armut aufrichtig liebte, erklärte er sich dazu gern bereit und erschien vor dem Bischof. Dort zeigte er kein Zaudern und kein Zögern wegen irgend etwas und wartete weder auf ein Wort noch sprach er selbst, sondern zog ohne Verzug seine Kleider aus und gab sie dem Vater zurück. Da sah man nun, daß der Gottesmann unter seinen vor-

nehmen Gewändern auf bloßem Leibe ein Bußkleid trug. Ja, das wunderbare Feuer des Geistes machte ihn so trunken, daß er auch seine Unterkleider zurückgab und vor allen Leuten ganz entblößt stand und an seinen Vater die Worte richtete: »Bis heute habe ich dich auf Erden meinen Vater genannt, jetzt aber kann ich voll Vertrauen sprechen: Unser Vater, der du bist im Himmel, bei dem ich all meine Schätze hinterlegt und auf den ich meine ganze Hoffnung und Zuversicht gesetzt habe.« Als der Bischof das sah und erkannte, wie der Gottesmann vor übergroßer Liebe zum Herrn glühte, erhob er sich und schloß Franziskus weinend in seine Arme; da er aber ein liebevoller und gütiger Mann war, schlug er den Mantel, den er trug, um ihn und gebot dem Gesinde, man möge ihm etwas bringen, um die Blöße seines Leibes zu bedecken. Da brachte man das ärmliche und billige Kleid eines Bauern, der beim Bischof in Diensten stand. Voll Dank nahm Franziskus dieses Gewand an, zeichnete mit eigener Hand mit Kalk ein Kreuz darauf und machte es zum Kleid für einen gekreuzigten Menschen und halbnackten Armen. So also wurde der Knecht des allerhöchsten Königs von allem entblößt, um dem entblößtem gekreuzigten Herrn nachzufolgen, den er so sehr liebte; er wappnete sich dann mit dem Kreuze, um seine Seele dem Holz des Heiles auszuliefern und dadurch dem Schiffbruch der Welt zu entkommen.«

(Bonaventura, Legenda maj II, 4.)

Diese Geschichte lädt die Schüler und Schülerinnen ein, sich Gedanken über ihr eigenes Elternhaus zu machen.
Impulsfragen:
- Welche Pläne haben meine Eltern mit mir?
- Sind das auch meine Pläne?
- Wonach richte ich mich aus?

In den jeweiligen Kerngruppen wird die Möglichkeit zum Austausch und zur Tagebucheintragung gegeben. Das gemeinsame Miteinander-Essen auf der Wiese, zu dem jede/r was beisteuert, ist nicht nur nahrhaft, sondern auch gemeinschaftsfördernd.
Am Nachmittag führt uns der Weg nach San Damiano, an den Ort, wo Franziskus seine Berufung erfuhr, Restaurator und Renovator der Kirche zu werden. Folgende Legende empfiehlt sich den Wallfahrern und Wallfahrerinnen vorzutragen:
»Als er eines Tages aufs Feld hinausgegangen war, um nachzudenken, und in die Nähe des Kirchleins San Damiano kam, das vor Alter einzustürzen

drohte, ging er vom Geiste getrieben hinein, um zu beten; er warf sich vor dem Bild des Gekreuzigten nieder und ward beim Gebet mit überreichem geistlichem Trost erfüllt. Als er mit Tränen in den Augen zum Kreuze des Herrn aufschaute, hörte er mit seinen leiblichen Ohren, wie vom Kreuze her dreimal eine Stimme also zu ihm sprach: »Franziskus, geh hin und stelle mein Haus wieder her, das ganz zerfällt, wie du siehst.«

(Bonaventura, Legenda maj. II, 1)

Der abschließende ökumenische Gottesdienst in San Masseo stand unter dem Thema: »Franziskus – ein Vorbild für uns?!«
Folgende Fragen beschäftigten uns dabei:
- Sind nicht auch wir angehalten, Restauratoren und Renovatoren unserer Kirche zu sein?
- Sind nicht auch wir angehalten, unser Leben nach dem Evangelium auszurichten, das heißt Friedensstifter zu sein, Freund der Aussätzigen und Ausgestoßenen, Bruder und Schwester zu allen Geschöpfen und arm sein um der Gerechtigkeit willen?

Als Friedenszeichen bekamen alle ein Tau – das Symbol für die franziskanische Familie: ein Vermächtnis des heiligen Franziskus, ein Zeichen des Segens und des Friedens, ein Erinnerungszeichen an das Kreuz, das Zeichen unserer Erlösung (vgl. dazu Ez 9 und Offb 7,3).

### Dritter Tag: »Anfang eines neuen Weges – brüderliche Gemeinschaft«

Aus der Drei-Gefährtenlegende wird uns eine wichtige Geschichte des heiligen Franziskus überliefert, die der eigentliche Wendepunkt seiner Bekehrung beschreibt: die Begegnung mit den Aussätzigen.
Diese Begegnung mit dem Aussätzigen war der Anfang eines neuen Weges.
»Eines Tages, da er in glühendem Flehen vor Gott begriffen war, kam ihm die Antwort: Franz, was du bisher fleischlich geliebt und begehrt hast, das mußt du verachten und hassen, wenn du meinen Willen erkennen willst. Hast du erst einmal damit begonnen, so wird dir unerträglich und bitter sein, was dir zuvor liebwert und süß erschien; und aus dem, was dich vorher erschauern machte, wirst du tiefes Glück und unermeßlichen Frieden schöpfen.
So im Herrn gestärkt, begegnete er, nahe bei Assisi reitend, einem Aussätzigen. Bisher hatte er vor solchen einen mächtigen Ekel empfunden. Aber

siehe, nun stieg er, sich Gewalt antuend, vom Pferd, reichte jenem einen Gulden und küßte ihm die Hand. Auch jener gab ihm den Kuß des Friedens. Und so bestieg er wieder das Pferd und ritt seines Weges weiter.
Von da an begann er immer mehr, sich zu verachten, bis er zuletzt durch Gottes Gnade zum vollen Sieg über das eigene Selbst gelangte. Kurz danach nahm er eine große Summe Geldes mit sich und begab sich ins Siechenhaus. Und indem sich alle Aussätzigen um ihn zusammenfanden, reichte er einem jeden seine Gabe und küßte ihm die Hand. Und als er von dannen ging, war wirklich in Süße für ihn verwandelt, was vorher bitter gewesen: die Aussätzigen anzusehen und anzurühren ...
Wie er in seinem Testament bezeugt, machte es ihm Freude, bei ihnen zu weilen und ihnen demütig zu dienen.«

(Drei-Gefährten-Legende)

Die Statio, an der die Geschichte mit dem Aussätzigen erzählt wird, könnte entweder an der Porta Moiano – einem Tor, das aus der Oberstadt Assisi herausführt – oder vor der Casa Gualdi, dem Siechenheim, gestaltet werden.
Der Weg geht weiter in die Unterstadt zu einer der größten Kirchen der Welt zur Kirche S. Maria delgi Angeli.
In der heutigen Gestalt läßt dieses imposante Bauwerk keineswegs gleich die Anfänge des Franziskanerordens erleben. Dieses Bauwerk wirkt eher abstoßend, weil es sich so gar nicht franziskanisch zeigt. Hier scheinen wir nicht eine arme Kirche zu sehen, die sich am Evangelium orientiert, sondern eine Kirche, die Macht und Stärke dokumentiert. Es muß aber betont werden, daß auch hier – wie in vielen anderen Bereichen im kirchlichen Leben – der gute Kern trotz aller imposanten und gewaltigen Fassaden nicht übersehen werden darf. Der gute Kern ist die Portiunkula-Kapelle. An diesem Ort gründete Franziskus seine brüderliche Gemeinschaft. Interessant ist die Lage von Portiunkula: Nicht zufällig gründete Franziskus seine Gemeinschaft außerhalb der Stadt, dort wo Ausgestoßene, Ausgesetzte und Abgeschobene lebten, dort wo Menschen mit dem Angesicht Jesu lebten (vgl. Mt 25,31–40). Portiunkula ist der Ort, wo Franziskus die Aufgabe seines Lebens, den eigentlichen Willen Gottes und letztlich seine Identität gefunden hat. Hier beginnt ein Lebensabschnitt, hier wirken sich Berufung und Bekehrung auch für seine Brüder aus. Hier gab er ihnen die ersten Regeln, die das Evangelium zur Vorlage hatten. Hier fanden dann auch die jährlichen Kapitel

statt; Portiunkula wurde so zur Haupt- und Mutterkirche der franziskanischen Gemeinschaft. Die Bedeutung dieses Ortes unterstreicht Franziskus dadurch, daß er hier von seinen Brüdern endgültig Abschied nehmen wollte.
Im folgenden bietet es sich an, mit Schülern und Schülerinnen über den Franziskanerorden ins Gespräch zu kommen. Mögliche Themen könnten sein »Franziskus und der Franziskanerorden«, »Kirche, wie sie sich uns zeigt«, »Die franziskanische Forderung nach Armut und die Wirklichkeit der Kirche«, »Leben in Gemeinschaft«, Abgeschoben-ausgestoßen-ausgesetzt: Menschen am Rande«.
Erfahrungsgemäß kommen in Kleingruppen gute Gespräche darüber zustande.

## Vierter Tag: »Vom Lärm in die Stille – von der Stille in den Lärm«

Da dieser Tag der 4. Oktober war, der Namenstag des heiligen Franziskus, und in Assisi überall gefeiert wurde, zog es uns in die Stille. Aus dem hektischen Assisi wanderten wir zur Carceri – einer Einsiedelei im Bergwald des Monte Subasio. Schon zu Zeiten des heiligen Franziskus war dieser Ort ein Ort der Stille, ein Ort zum Auftanken und zur Besinnung. Für ihn war es ein Zufluchtsort, zu dem er sich auch immer wieder vom Lärm in die Stille zurückzog. Die Zeiten der Einsamkeit, des Ausgesetztseins mit Gott und der Natur, waren damals Franziskus und seinen Brüdern wichtig.
Schüler und Schülerinnen sind an diesem Ort durchaus in der Lage, still und ruhig zu werden, um zu erfahren, wie man aus der Stille Kraft und Energie schöpfen kann. Nach dem beschwerlichen »Aufstieg« muß genügend Zeit sein zur Meditation, zum Über-sich-Nachdenken und zum Einfühlen in die Natur.
Beeindruckend ist es, zuvor den Sonnenaufgang auf dem Monte Subasio zu erleben, um so neben der Ruhe auch »Natur pur« erfahren zu können (nur bei guter Witterung).
Nach einer längeren persönlichen Zeit bietet es sich an, in einer der Höhlen mit einer kleinen Gruppe einen gemeinsamen Gottesdienst zu feiern. Bei einer größeren Gruppe empfiehlt es sich, über San Benedetto, dem alten Benediktinerkloster, heimwärts zu gehen. Eine wunderschöne Krypta und ein Gottesdienstraum mit bester Akustik laden ein zum Singen, Beten, zur Stille und zum Gottesdienst feiern. Von San Benedetto geht es ständig bergab wieder in das belebte Assisi.

## Fünfter und letzter Tag: »Die franziskanische-biblische Botschaft«

»Repetitio est mater studiorum« – »Die Wiederholung ist die Mutter des Studiums.« Ganz entsprechend diesem lateinischem Sprichwort ist der Morgen des fünften und letzten Tages mit dem Thema: »Die franziskanische-biblische Botschaft«, überschrieben. Wir besichtigten an diesem Morgen die Basilica San Francesco. Eine grandiose Kirche, die keiner beim ersten Mal ganz anschauen und begreifen kann. Die Grabeskirche des heiligen Franziskus mit ihren zahlreichen Bilderzyklen steht wegen ihres Reichtums an Kunst im Gegensatz zum Armutsideal. Würde Franziskus heute die Kirche sehen, er würde sich wohl im Grab umdrehen. Von Armut, dem hohen franziskanischen Ideal, ist hier keine Spur zu entdecken. Für manche Franziskusbegeisterte ist diese Kirche – so faszinierend sie auch künstlerisch ist – eine Zumutung und Herausforderung. Trotzdem, alles was in dieser Kirche beschrieben, gemalt und zu interpretieren ist, ist grandios. Diese Kirche am Ende der Wallfahrt zu besichtigen, gehört zum Pflichtprogramm.

Wer sich trotz zahlreicher Literatur überfordert sieht, durch diese Basilika zu führen, nehme wegen einer Führung mit den dortigen »schwarzen Franziskanern« Kontakt auf.

Bewußt setzen wir die Basilika San Francesco an den Schluß unserer Wallfahrt. All die zahlreichen Bilder, vor allem der Passionszyklus und Compassionszyklus in der Unterkirche, das Vierungsgewölbe mit den Allegorien des Gehorsams, der Armut, der Keuschheit und dem glorifizierten Franziskus und der Franziskuszyklus in der Oberkirche, der in 28 Bildern von Giotto und seiner Werkstatt das Leben des heiligen Franziskus darstellt, bieten nochmals eine gute Wiederholung, das Leben, die Spiritualität und die Ideale des heiligen Franziskus darzustellen.

Bis zum heutigen Tag ist Franziskus »das Spiegelbild der Heiligkeit des Herrn« geblieben. Nicht von ungefähr schreibt sein erster Biograph Thomas von Celano: »Ich bin davon überzeugt, daß der selige Franziskus ein überaus heiliger Spiegel des Herrn gewesen ist, ein Bild seiner Vollkommenheit.«

Nach der Führung gingen wir zum Hauptportal der Oberkirche hinaus und ließen uns vom Himmelfahrtsbild und vom Bild der Vogel-Predigt treffen: »Darum geht zu allen Völkern und macht alle Menschen zu meinen Jüngern …« (Mt 28,19 ff).

Zeit zum Erholen war jetzt angesagt. So konnten manche diese Zeit nutzen, um einiges zu besorgen und einzukaufen, oder sich einfach ins Gras bei San

Stefano zu legen, um all die vielen Eindrücke nochmals in Ruhe zu ordnen. Neben all diesen Stätten, die in unserem offiziellen Wallfahrtsprogramm aufgenommen wurden, gibt es noch eine Fülle von nicht weniger interessanten Kirchen, z. B. die Chiara Kirche, die Domkirche San Rufino, San Pietro und der Traum eines jeden Assisifahrers, das Kirchlein San Stefano. Ebenfalls empfiehlt es sich, wie wir es auch am letzten Abend unternommen haben, zur gesungenen Vesper nach San Damiano zu pilgern. Auch wenn die Vesper in italienischer Sprache gesungen wird, spricht hier die Stimmung und die Atmosphäre Schüler und Schülerinnen an. Sogar die, die nun wirklich mit Kirche, liturgischem Gesang und Stundengebet nichts anzufangen wissen, sind überwältigt vom Gesang der Brüder in San Damiano.

## Literarisches

Die wichtigste Literatur zur Vorbereitung und Durchführung einer solchen Wallfahrt nach Assisi:

S. Clasen, E. Grau (Hrsg.), Die Dreigefährtenlegende des hl. Franziskus. Die Brüder Leo, Rufin und Angelus erzählen vom Anfang seines Ordens, Werl 1972 (Franzisk. Quellenschr. Bd. 8).

Theophile Desbonnets, Assisi. Auf den Spuren des heiligen Franziskus, Schwyz 1971.

Gerhard Ruf, Das Grab des hl. Franziskus. Die Fresken der Unterkirche von Assisi, Freiburg 1981.

Du Mont Kunst-Reiseführer Umbrien, Klaus Zimmermanns (Hrsg.), Köln 1987.

Pax et bonum – Friede und Heil.

*Franz Keil*

# Besinnungstage – Tage der Orientierung

# Wohin soll ich mich wenden?

Tage der Orientierung zum Thema Zukunft

## Tage der Orientierung

Tage der Orientierung (TdO) sind ein Angebot der Bischöflichen Jugendämter an Schulklassen. Sie ermöglichen, daß sich eine Schulklasse, eine Gruppe von Schülern und Schülerinnen außerhalb des Schulalltags begegnen kann. Die Jugendlichen erhalten die Gelegenheit, ihre Interessen, Meinungen und Fähigkeiten in einem geschützten Rahmen neu kennenzulernen. Das kann zum Ablegen von Vorurteilen, zu einer Reflexion und Veränderung der Klassengemeinschaft führen.
Wie der Name »Tage der Orientierung« ausdrückt, ist das übergreifende Ziel, mit den teilnehmenden Schülern und Schülerinnen nach Lebensorientierung zu suchen. Die Voraussetzung hierfür ist, daß die Jugendlichen freiwillig an der Veranstaltung teilnehmen, das Thema selbst benennen und in direkten Bezug zu ihrer eigenen Lebenssituation setzen.
Im Rahmen der freien Gestaltung ist es möglich, personen-, prozeß- und themenorientiert zu arbeiten. Es kann vieles angeboten werden, was in einer 45-Minuten-Unterrichtsstunde nicht genügend Zeit und Raum findet. Bei einem Unterrichtsbesuch, der den Tagen der Orientierung vorausgeht, sind den Schülern und Schülerinnen Voraussetzungen zu verdeutlichen und sie sind darauf aufmerksam zu machen, daß viele Chancen der Mitgestaltung für sie gegeben sind. Die auf den Tagen der Orientierung angebotenen Themen (Anzahl der Themenmöglichkeit hängt unter anderem von der Teamgröße ab), werden durch Stimmenmehrheit ermittelt. Es gilt, sehr darauf zu achten, daß sich jeder Jugendliche dennoch mit seinem Anliegen in der Gruppe und bei dem Thema wiederfindet bzw. sich zuordnen kann.

## Situation der Schüler und Schülerinnen

Erik H. Erikson umschreibt die Jugendlichen als Trapezkünstler, die in der Mitte heftiger Bewegtheit ihren sicheren Griff an der Kindheit aufgeben und nach einem festen Halt am Erwachsensein suchen. Ein atemloses Intervall

lang hängt vom Zusammenhang zwischen Vergangenheit und Zukunft und von der Verläßlichkeit derer ab, die sie loslassen müssen, und derer, die sie aufnehmen werden (vgl. Erikson, Erik H., Kindschaft und Gesellschaft, Stuttgart 1971).
Diese Umschreibung umreißt die Lebenssituation der Jugendlichen, die an Tagen der Orientierung teilnehmen (Schulendklassen). Das sichere und vorstrukturierte System Schule soll verabschiedet werden und die Jugendlichen in eine Welt übertreten, in der individuell erbrachte, ökonomisch verwertbare Leistungen ausschlaggebend sind. Die Erwartungen, die auf die Jugendlichen zukommen, sind hoch und können nur zum Teil bewältigt werden. Neben dieser Handlungsaufgabe stehen noch weitere, die erbracht werden sollen (vgl. Havinghurst, Robert J., Development Tasks and Education. In: Oerter, Rolf, Entwicklung und Sozialisation, Band 3, Donauwörth 1977).

- Akzeptieren der eigenen körperlichen Erscheinung und effektive Nutzung des Körpers
- Erwerb der männlichen bzw. weiblichen Rolle
- Erwerb neuer und reiferer Beziehungen zu Altersgenossen beiderlei Geschlechts
- Gewinnung emotionaler Unabhängigkeit von den Eltern und anderen Erwachsenen
- Vorbereitung auf Heirat und Familienleben oder andere Lebensformen
- Gewinnung eines sozial verantwortungsvollen Verhaltens
- Aufbau eines Wertesystems und eines ethischen Bewußtseins als Richtschnur für eigenes Handeln
- über sich selbst im Bilde sein
- Aufnahme intimer und emotionaler Beziehungen zum Partner/zur Partnerin (Sexualität/Intimität)
- Entwicklung einer Lebensperspektive

Werden diese Handlungsaufgaben auf einen Jugendlichen übertragen, werden die verschiedensten Motive der Themenwahl deutlich sichtbar und spürbar.

## Ziele beim Thema »Zukunft«

Bei den Tagen der Orientierung gilt es den Jugendlichen zu vergegenwärtigen, daß jede Person ein Selbst auf verschiedene Arten ist:

- die Person, die man wirklich ist;
- die Person, für die man sich hält;
- die Person, wofür man glaubt, daß die anderen einen halten;
- die Person, zu der man werden möchte oder zu werden glaubt;
- die Person, die man für das zukünftige Wunsch- oder Vorstellungsbild der anderen über sich selbst hält.

## Pädagogische Prinzipien

Um dem gewaltigen Aufgabenkomplex zu begegnen, bedarf es Rahmenbedingungen und pädagogische Prinzipien, die der Arbeit bei TdO zugrunde liegen.

- Freiwilligkeit der Teilnahme und der Beteiligung. Der/die Jugendliche entscheidet selbst über die Teilnahme (nicht die Schulpflicht).
- Mit- und Selbstbestimmung des Lernprozesses.
  Die Schüler und Schülerinnen bestimmen selbst das Vorhaben. Es werden ihnen keine Leistungsziele gesetzt, und es wird nach einem veränderbaren Programm gearbeitet.
- Erfahrungsbezogenes Lernen mit Offenheit zur Aktion.
  Den Jugendlichen wird ermöglicht, ihre Lebenssituation zu reflektieren. D. h. wiederum, daß es keine vorgefertigten Programme gibt, sondern Elemente, die gemeinsam zu einem Ganzen zusammengefügt werden (Baustein-System).
- Gruppenorientierung.
  Die Lernprozesse verlaufen in der Gruppe. Das Verhältnis der Gruppenmitglieder ist von Partnerschaft und Mitbestimmung gekennzeichnet.

## Methoden

### Gruppenhände

| | |
|---|---|
| Alter: | ab 12 Jahre |
| Gruppengröße: | 7–10 |
| Dauer: | ca. 30 Minuten |
| Material: | buntes Papier, Stifte, Scheren, Plakat (mindestens DIN A3), Klebstoff |
| Ziel: | Die Gruppe vereinbart Regeln, damit sie Vertrauen zueinander gewinnt und ein Wir-Gefühl entstehen kann. Bewußtes Wahrnehmen der Hand bzw. der eigenen Person. |

Verlauf: Die Teilnehmer und Teilnehmerinnen (TN) umfahren mit einem Stift eine der beiden Hände, die sie auf ein farbiges Papier gelegt haben. Im Anschluß daran schneiden sie die aufgezeichnete Hand aus. Die TN werden aufgefordert, in Einzelarbeit ihre Wünsche und Bedingungen an die Gruppe auf die Hand zu schreiben. Es soll damit zum Ausdruck gebracht werden, was den einzelnen TN für die Gruppenarbeit wichtig ist, um sich aktiv daran zu beteiligen. Danach liest jeder seine Wünsche und Bedingungen der Gruppe laut vor. Die restlichen Gruppenmitglieder können bei Unklarheiten direkt nachfragen. Die Hand wird auf das Plakat geklebt. Solange einer seine Hand aufklebt, warten die anderen. Sind alle Hände aufgeklebt, fragt der Gruppenleiter nach, ob alle TN den Vereinbarungen zustimmen können. Das Plakat sollte in der Nähe des Gruppenzimmerausgangs aufgehängt werden, damit sich alle beim Verlassen des Raumes daran erinnern können.

Auswertung: Es kann am Ende der Veranstaltung eine Auswertung an Hand der getroffenen Vereinbarungen erfolgen. Die TN überprüfen, wie es ihnen mit den eigenen aufgestellten »Regeln« ergangen ist, bzw. wie sie vielleicht künftig mit Vereinbarungen umgehen wollen.

Erfahrung: Die TN können die getroffenen Vereinbarungen immer wieder, das heißt nach Bedarf überprüfen. Gleichzeitig vertieft es das Wir-Gefühl.

## Steckbrief »Wanted«

Alter: ab 12 Jahre
Gruppengröße: maximal 10
Dauer: 1,5 Stunden
Material: Papier (DIN A4), Zeitungen, Kataloge (in reichlicher Auswahl), Scheren, Klebstoff, Filzstifte, Wachsmalstifte

Ziel: Die Jugendlichen sollen sich beschreiben, d. h. über ihre Angewohnheiten, Aussehen, Out-fit, ... nachdenken. Anderen Gruppenmitgliedern von sich etwas erzählen, (gegenseitig) kennenlernen.

Diese Methode eignet sich für die Kennenlernphase. Die Jugendlichen beschäftigen sich zunächst mit sich selbst und können selbst entscheiden, wieviel sie von sich preisgeben. Ebenso kann diese Methode zur Reflexion bzw. Betrachtung der eigenen Person (Selbstbild) angewandt werden.

Verlauf: Die TN erhalten den Arbeitsauftrag, einen Steckbrief zu ihrer Person zu erstellen. Sie selbst entscheiden, was in dem Steckbrief an Information über sie enthalten ist. Die Gestaltung ist jedem selbst überlassen (malen, Collage, schreiben ...). Im Anschluß an die praktische Tätigkeit stellt jede und jeder seinen eigenen Steckbrief der Gruppe vor.

Variante/Auswertung: Der Vorstellungsrunde der Steckbriefe kann ein Austausch folgen.

War es schwierig, sich zu beschreiben? Wenn ja, wo lagen die Hauptprobleme? Fällt es mir leicht, anderen etwas über mich mitzuteilen? Gibt es Gemeinsamkeiten mit anderen Gruppenmitgliedern?

Erfahrung: Wird die Methode bei Schulklassen, die meinen sich gut zu kennen, angewandt, machen die Schüler und Schülerinnen die Erfahrung, daß sie eigentlich doch sehr wenig voneinander wissen.

**Eins-Sein**

Alter: ab 14 Jahre
Gruppengröße: maximal 8
Dauer: 2–2,5 Stunden
Material: Plakate (DIN A3), Farbstifte, Filzstifte, Decken oder weiche Unterlagen, CD-Player, ruhige Musik

Ziel: Die TN sollen sich ihrer eigenen Lebenssituation und der entscheidenden Punkte ihres bisherigen Lebensabschnitts bewußt werden. Sie sollen die Technik der meditativen Übung – Entspannung kennenlernen.

Die Gruppe sollte sich in der Vertrautheitsphase (Intimitätsphase) befinden, wenn die Methode eingesetzt wird.

Verlauf: Die TN legen sich entspannt auf den Boden. Jeder sollte eine bequeme Lage für sich finden und diese einnehmen. Es folgt nun die meditative Übung (s. u.).
Im Anschluß an die Übung bekommt jeder TN die Gelegenheit, seine wichtigsten Lebensabschnitte auf dem Plakat festzuhalten. Während des Malens spielt ruhige, sanfte Musik im Hintergrund. Sind alle TN zu der Erkenntnis gekommen, daß sie ausreichend Zeit hatten, ihre Gedanken festzuhalten, stellen die TN auf freiwilliger Basis nacheinander ihre Gedanken vor. Es ist darauf zu achten, daß keine Interpretationen durch die restlichen Gruppenmitglieder erfolgen.

Erfahrung: Den Jugendlichen werden sehr oft Personen bewußt, die für sie eine wichtige Rolle in ihren Lebensabschnitten spielten. Zum anderen kommt die Lösung vom Elternhaus zum Ausdruck bzw. ihre Fähigkeiten, die sie im Laufe der Jahre entwickelt haben.

Meditativer Text

Ich möchte euch jetzt einladen, eine bequeme Position/Lage für euch zu finden. Ihr könnt auch nochmals etwas verändern, eventuell den Gürtel lockern, Schmuck ablegen, ... alles, was euch stört, entfernen.
Versucht nun bewußt, euren Atem wahrzunehmen, wie die Ausatemluft ausströmt und die Einatemluft euch wieder auffüllt – sich die Bauchdecke hebt.
Konzentriert euch nun auf euch selber. Laßt den heutigen Tag nochmals wie einen Film an euch vorbeilaufen. Wem seid ihr alles begegnet? Was gab es zum Essen? Wie seid ihr hier, in diesem Raum angekommen? Folgt euren Gedanken bis zu dem Zeitpunkt, wo ihr jetzt hier auf dem Boden liegt. Versucht nun die Gedanken wegzuschieben, aber nicht zu verdrängen. Geht nun in Gedanken zurück zur Verabschiedung zu Hause, bevor ihr zu den Tagen der Orientierung gefahren seid. Von wem habt ihr euch alles verabschiedet? Waren bzw. sind es wichtige Personen in eurem Leben? Habt ihr mit ihnen zusammen wichtige Entscheidungen getroffen? Gab es sonst eine Besonderheit in letzter Zeit? Laßt euch Zeit beim Suchen bzw. Anschauen.
Wenn ihr jetzt die Uhr, den Kalender weiter zurückdreht, um fünf Jahre: Gab es dort besondere Ereignisse? Vielleicht die Erstkommunion, die erste eigene Armbanduhr, ein besonderer Urlaub. Schaut einfach mal nach. Viel-

leicht schlagt ihr mal ein Fotoalbum auf und betrachtet euch die Fotos. Was für Fotos findet ihr? Von welchen Ereignissen, Festen, Begebenheiten? Vielleicht kommen euch durch die Bilder noch andere Ereignisse ins Bewußtsein. Wir blättern im Album weiter zurück, zu eurem Schulbeginn. Was gab es denn dort alles? Neue Freunde und Freundinnen? War eure Zeit begrenzt? Vielleicht war es auch etwas Tolles? Lesen, rechnen, schreiben, viele neue Erfahrungen ...
Dann blättern wir im Album weiter zurück. Schaut mal nach, an welches Ereignis ihr euch aus eurer Kindheit noch erinnern könnt. Vielleicht müßt ihr auch schmunzeln, wenn ihr es auf das heutige Leben übertragt. Schaut euch um in eurer Kindheit ...
Wenn ihr genug im Album gestöbert habt, schlagt es langsam zu. Laßt euch bitte viel Zeit dazu.
Nehmt das Fotoalbum und stellt es in den Schrank oder die Schublade, den Aufbewahrungsort zurück. Verabschiedet euch. Laßt euch nun bitte viel Zeit und öffnet ganz langsam die Augen. Ihr selbst bestimmt, wann es soweit ist. Räkelt die Finger, die Hände, die Zehen, Füße, Beine und Arme ganz allmählich.
Dreht euch dann auf die Seite und versucht, ganz langsam aufzusitzen, aufzuknien. Ihr habt ein Blatt und Farbstifte vor euch. Ich möchte euch nun einladen, soweit es euch möglich ist, euren Lebensweg, wichtige Stationen, Gedanken die euch begegnet sind, zu malen, zu zeichnen. Laßt euch viel Zeit dabei und bleibt ganz bei euch, auf eurem Blatt.

### Klassentreffen im Jahr 2010

Alter: ab 14 Jahre
Gruppengröße: 7–10
Dauer: 1,5 Stunden
Material: Farbstifte, Klebstoff, Scheren, Plakate, Zeitschriften, Einladungsschreiben zum Klassentreffen (wird individuell angefertigt)

Ziel: Die Jugendlichen sollen sich in Gedanken mit ihrer Zukunft auseinandersetzen. Sie bekommen die Gelegenheit, ihre Wünsche und Träume zu visualisieren. Im Austauschgespräch kann an die Realität angeknüpft werden.

Verlauf: Die TN bekommen das Einladungsschreiben zum Klassen-

treffen im Jahr 2010. Sie stellen jedoch mit Entsetzen fest, daß auf dem gleichen Termin ein wichtiger Fixtermin steht. Da in der Einladung zu lesen ist, daß sie bei Verhinderung eine schriftliche Abmeldung an den Klassenlehrer schicken sollen, kommt ihnen die Idee: »Ich schreibe einen Brief mit Infos über mich an den Klassenlehrer und dieser soll den Brief beim Klassentreffen aushängen. Die ehemaligen Mitschüler und Mitschülerinnen sollen über mein momentanes Leben etwas erfahren.«
Die Schüler und Schülerinnen fertigen also ein Entschuldigungsschreiben mit ihren Informationen an. Die Gestaltung ist den TN selbst überlassen (malen, Collage, ...).

Auswertung: Nachdem die Schreiben erstellt worden sind, stellt sich jede und jeder vor, wie das Leben im Jahr 2010 aussieht/aussehen könnte. Es kann bei einzelnen Punkten Bezug zur Realisierbarkeit der Wünsche und Träume genommen werden. Der Gruppenleiter/die Gruppenleiterin sollte darauf achten, daß bei den vorgegebenen Situationen einzelne Aspekte vertieft werden können (Beispiel Beruf, Partnerschaft ...).

Erfahrung: Die Jugendlichen spiegeln sehr viel Optimismus wider. Der Beruf steht für sehr viele im Vordergrund, vor allem, damit Wünsche und Bedürfnisse materiell befriedigt werden können. Bei der Berufswahl zeigt sich eine eingeschränkte Bandbreite bei den Mädchen, im Gegensatz zu den Jungen, für die mehrere Möglichkeiten in Betracht kommen. Der Beruf stiftet Identität.

**Ich finde an mir gut – andere finden an mir gut**

Alter: ab 14 Jahre
Gruppengröße: maximal 8
Dauer: 1,5 Stunden
Material: Papierbögen in Größe von Körperumrissen, Filzstifte

Ziel: Bewußtwerden von Fremd- und Selbstbild
Körpererfahrung
Positive Verstärkung des Selbstbewußtseins

Es ist darauf zu achten, daß es sich nur um positive Eigenschaften handelt. Bei der Erstellung der Körperumrisse sollte geschlechtsspezifisch gearbeitet werden.

Verlauf: Die Papierbögen werden auf dem Boden ausgebreitet. Es bilden sich Paare, die sich gegenseitig die Körperformen mit einem Stift umreißen.
Der weitere Verlauf der Methode erfolgt in Einzelarbeit. Die TN sollen ihre positiven Eigenschaften, Fähigkeiten in die eigenen Körperumrisse schreiben. Hierzu wird relativ viel Zeit benötigt.
Im Anschluß daran wandern die TN je einen Körperumriß weiter. Hier sollen sie alle positiven Eigenschaften der Person, zu der der entsprechende Umriß gehört, außerhalb des Umrisses auf das Blatt schreiben. Dies wiederholt sich so lange, bis alle TN sich gegenseitig mindestens eine positive Eigenschaft oder Fähigkeit zugeschrieben haben.
Danach schauen sich alle die eigenen Körperumrisse nochmals genau an und versuchen, Gemeinsamkeiten von Fremd- und Selbstbild herauszufinden.

Auswertung: Es findet eine Austauschrunde statt, in der die TN sich mitteilen, wie es ihnen mit den positiven Eigenschaften und Zuschreibungen geht.

Erfahrung: Für sehr viele ist es ein großartiges Erlebnis, von anderen eine Rückmeldung zu bekommen, die im Alltag sonst nicht ausgesprochen wird. Es stärkt die Ich-Identität, das Selbstbewußtsein der Jugendlichen, die auf der Suche nach sich selbst und nach ihrer Zukunft sind.

*Gaby Merk*

# Die Geister, die ich rief

## Tage der Orientierung zum Thema Okkultismus

Ein Ziel von Tagen der Orientierung, die z. B. vom Referat Schulseelsorge des Bischöflichen Jugendamtes der Diözese Rottenburg-Stuttgart angeboten werden, ist, einen Raum zu bieten, in dem Schüler und Schülerinnen sich persönlich mit Themen auseinandersetzen können, die sie umtreiben. So sollen Lebensthemen der Schüler und Schülerinnen aufgegriffen und diese prozeßorientiert bearbeitet werden. Das heißt: es stehen nicht schon am Anfang der Veranstaltung Inhalte fest, die zu vermitteln sind, sondern die Inhalte erwachsen aus der persönlichen Auseinandersetzung und dem Gruppengeschehen. Aus diesem Grund wurde für den Schulbesuch ein Themenwahlblatt erstellt, auf dem verschiedene Themen vermerkt sind, bei denen ein persönlicher Bezug hergestellt werden kann. Es soll den Schülern und Schülerinnen schon beim Klassenbesuch deutlich werden, daß es auf den Tagen der Orientierung um ihre Themen und um die persönliche Bedeutung dieser Themen gehen soll.
Obwohl das Thema »Okkultismus« nicht eigens auf dem Themenwahlblatt vermerkt ist, kommt es immer wieder vor, daß das Thema von Seiten der Klasse vorgeschlagen wird. Steht das Thema dann zur Auswahl, so wird es meist auch mit Mehrheit gewählt.

### Motive

Die Gründe für die Wahl des Themas »Okkultismus« sind verschieden. Der vorrangige Grund ist für viele Schüler und Schülerinnen sicher *Sensationslust.* Es zeigt sich hier die gleiche Motivation, mit der in den Medien der Erwachsenenwelt in voyeuristischer und reißerischer Weise über verschiedene okkulte Zirkel und Praktiken berichtet wird. Extremformen menschlichen Verhaltens sind interessant, vor allem, wenn sie aus der Ferne beobachtet werden können. So interessiert es auch Jugendliche, was zum Beispiel in satanischen Zirkeln und bei Geisterbeschwörungen geschieht, auch wenn sie selbst nie den Kontakt zu solchen Gruppen suchen würden. Es geht diesen Jugendlichen vorrangig darum, zu erfahren, was »die anderen« machen, ein persönlicher Bezug zum Thema besteht nicht; oder kaum.

Diese Motivation ist eine schwierige Voraussetzung für eine persönliche Auseinandersetzung mit dem Thema. (Über das Interesse an Information hinaus besteht kein persönliches Interesse an der Thematik.) Darauf sollte gleich bei der Themenwahl geachtet werden.
Neben der Sensationslust ist auch *Neugier* ein wichtiges Motiv. Okkultismus bietet in einer sehr rational geprägten und für Jugendliche oft reizarmen Welt eine spannende und prickelnde neue Form des Erlebens. Bei der Wahl des Themas schwingt die Hoffnung mit, etwas Interessantes und Spannendes zu erfahren oder zu erleben, das sich von der Langeweile und Eintönigkeit des Alltags abhebt. Diese Neugier äußert sich auch in dem Wunsch, etwas über okkulte Praktiken zu erfahren und diese auch ausprobieren zu dürfen. Da Tage der Orientierung einen geschützten Rahmen bieten, wird vermutet, daß bei der Erprobung dieser Praktiken auch nichts »passieren« kann.
Eine weitere Motivation, das Thema zu wählen, ist die Beschäftigung mit den *Fragen, was es wohl oder ob es etwas zwischen Himmel und Erde gibt.* Besonders in Grenzsituationen – bei schweren persönlichen Entscheidungen, bei Konfrontation mit schwerer Krankheit oder Tod – stellen sich Jugendliche solche Fragen. Die Beschäftigung damit findet für die meisten Jugendlichen in einem religiösen Vakuum statt. Sie sind nicht mehr in einem bestimmten Glauben oder Weltbild verwurzelt. Sie müssen sich individuell einen eigenen Glauben und eine eigene Weltdeutung zurechtlegen. Die Elemente dafür beziehen sie von den verschiedenen Anbietern auf dem Markt der Religion und Lebenshilfe. Die Beschäftigung mit Okkultismus ist in diesem Bereich für manche Jugendliche besonders reizvoll, zum einen da er sich mit eben diesen Fragen beschäftigt, und zum anderen da er in diesen Punkten scheinbar Gewißheit und Beweise bietet. Dies kommt ihrem Wunsch nach Orientierungshilfe entgegen.
Jugendliche hingegen, die Erfahrung mit Okkultismus haben oder deren Weltbild spiritistisch geprägt ist, suchen einen Ort, an dem sie sich mit Gleichgesinnten oder Menschen, die sie verstehen, in *Austausch treten* können, ohne gleich als Spinner verlacht zu werden.

## Möglichkeiten der Auseinandersetzung mit dem Thema

Um den persönlichen Bezug des Themas Okkultismus herstellen zu können, ist es wichtig, die jeweilige Motivation des einzelnen zu erfahren, um dann an diesem Bezugspunkt zum Thema ansetzen zu können. Grundsätz-

lich ist es wichtig, den Jugendlichen mit einer akzeptierenden Grundhaltung zur Seite zu stehen, ihnen zuerst einmal zuzuhören und zu versuchen, sie zu verstehen.
Besonders bei Jugendlichen, die dem Okkultismus nahe stehen, darf nicht mit Panik reagiert werden. Gerade hier ist es notwendig, auf die Zwischentöne zu achten, die Motivation für okkulte Praktiken, die Sehnsüchte und Schwierigkeiten der Jugendlichen zu erkennen und dort anzusetzen. So kann das Thema »Okkultismus« zur Chance werden, den existentiellen Themen Jugendlicher näher zu kommen und diese zum Zug kommen zu lassen (s. hier Okkultismus-Spiel).
Neben der Beschäftigung mit den Gründen für Okkultismus und Faszination ist es auch notwendig, über die Funktionsweise okkulter Techniken aufzuklären. Indem psychologische Prozesse, die bei okkulten Techniken wirken, dargelegt und erklärt werden, wird diesen Techniken das Geheimnisvolle und ihre Anziehungskraft genommen.
Die Neugier Jugendlicher für Okkultes kann gut für diese Aufklärung ausgenützt werden. Gemeinsam können okkulte Praktiken ausprobiert werden, deren Wirkungsweise dann im Experiment erklärt wird (s. Pendel-Übungen).
Darüber hinaus ist es auch notwendig, Jugendlichen Alternativen anzubieten. Die Beschäftigung mit Okkultismus drückt auf der einen Seite ein Bedürfnis nach Erleben, nach Spannung aus. Auf der anderen Seite zeigt der Okkultismus auch ein Bedürfnis nach Ruhe, nach religiös-meditativen Elementen.
Gemeinsame Aktivitäten, das Erleben einer Gruppe oder auch zum Beispiel das Erfahren des eigenen Körpers in Wahrnehmungs- und Körperübungen (s. Fliegenlassen) stellen für Jugendliche neue Erlebnisse dar.

Religiös-meditative Elemente bieten Jugendlichen eine Möglichkeit, sich selbst und der Welt symbolisch und intuitiv zu begegnen und zumindest für eine Weile das vorherrschende rationale Denken loszulassen.

## Besondere Chancen auf Tagen der Orientierung

Da bei Tagen der Orientierung Jugendliche mit ihren persönlichen Fragen und Problemen im Mittelpunkt stehen, ist gewährleistet, daß nicht nur das Symptom Okkultismus behandelt wird, sondern daß die jeweiligen Gründe für Okkultismus oder die Faszination für diesen im Mittelpunkt stehen. Eine wichtige Voraussetzung dafür ist die Arbeit in Kleingruppen. Sie ermöglicht es, persönliche Gespräche zu führen. Das Leitungsteam spielt hierbei eine

wichtige Rolle. Es greift Fragen der Jugendlichen auf und steht ihnen begleitend zur Seite.
Auf diese Weise bietet sich bei Tagen der Orientierung die Chance, religiöse Fragen und Sinnfragen zu erkennen, diese aufzunehmen und sich mit ihnen auseinanderzusetzen.
Der Reiz an der Thematik und die Neugier kann auf Tagen der Orientierung zur Aufklärung okkulter Phänomene genutzt werden. Wichtig ist dabei, daß bei Jugendlichen nicht erst hier das Interesse für die Beschäftigung mit Okkultem geweckt wird. Die Aufklärung von Funktionsweisen okkulter Techniken kann auf Tagen der Orientierung durch gemeinsames Ausprobieren und anschließender Erklärung der Funktion erfolgen.
Besondere Chancen bieten die Tage der Orientierung dafür, den Jugendlichen Alternativen bereitzustellen. Jugendliche können eine neue Art des Zusammenseins erleben, sie können sich gegenseitig und sich selbst auf eine andere Art kennenlernen. Da die räumliche und zeitliche Einengung der Schule verlassen wird, fällt es leichter, von gewohnten Rollen und Verhaltensweisen Abstand zu nehmen.
Der zeitliche Spielraum macht es möglich, daß meditative Elemente, Körperübungen oder Entspannungsübungen angeboten werden. So können Tage der Orientierung zu einer Kultur der Verlangsamung und Konzentration einladen. Ein fester Bestandteil der Veranstaltung ist zum Beispiel ein gemeinsamer Abendimpuls, bei dem in ruhiger Atmosphäre der Tag abgeschlossen wird.

## Methoden

### Okkultismus-Spiel

| | |
|---|---|
| Alter: | ab 15 |
| Gruppengröße: | 4–9 |
| Dauer: | ca. 2 Stunden (je nach Länge und Intensität der Gespräche kann es auch länger dauern) |
| Material: | Spielplan, auf dem eine Felderkette mit Anfangsfeld, Endfeld und Ereignisfeldern aufgezeichnet ist; Fragekarten; Würfel; Spielsteine |

Die Methode eignet sich dazu, einen Einstieg ins Thema zu finden und festzustellen, was für Erfahrungen und Fragen die Jugendlichen haben. Die Fragen sind so gestellt, daß sie verschiedene Bereiche des Themas berühren. (Motivation für Beschäftigung mit Okkultismus, Gefahren, Ängste, Existenz von Teufel oder Geistern, Vorhersehbarkeit der Zukunft, Leben nach dem Tod, magisches Denken ...).

Damit sich ein Gespräch ergeben kann, ist es notwendig, daß eine gute Gesprächsatmosphäre herrscht. Dazu gehören Vertrauen in der Gruppe und das Einhalten bestimmter Gesprächsregeln, wie einander ausreden zu lassen und einander zuzuhören. Niemand darf zum Reden gedrängt werden. Eine wichtige Rolle kommt dem Leiter/der Leiterin zu. Er oder sie muß auf die Einhaltung der Gesprächsregeln achten und kann durch Nachfragen das Gespräch weiterleiten und so eine weitergehende Auseinandersetzung fördern.

Verlauf: Es wird reihum gewürfelt und gezogen. Wer auf ein Ereignisfeld kommt, zieht eine Fragekarte, liest diese vor und beantwortet sie. Danach wird die Frage an die ganze Gruppe weitergegeben und diskutiert. Das Spiel ist aus, wenn ein Spieler oder eine Spielerin am Ziel angekommen ist. Die restlichen Fragen können dann noch reihum beantwortet werden.

| | |
|---|---|
| Glaubst du an ein Leben nach dem Tod? | Dein Sternzeichen und das deines Freundes/deiner Freundin passen nach Meinung eines Astrologiebuches nicht zusammen. Beeinflußt dies eure Beziehung? |
| Was für ein Sternzeichen bist du? | Liest du Horoskope? |

Stell dir vor:
Im Urlaub spricht dich eine alte Frau an, die die Zukunft aus deiner Hand lesen will.

Stell dir vor: Eine Bekannte, deren Vater erst vor kurzem gestorben ist, will sich mit einer Gruppe treffen, die beim Gläserrücken Kontakt mit Toten aufzunehmen versucht.

Stell dir vor:
Dein Pfarrer warnt dich davor, Heavy Metal anzuhören, da diese Musik Botschaften des Teufels enthalte.

Stell dir vor:
Ein Politiker läßt sich ein persönliches Horoskop erstellen und handelt danach

Stell dir vor:
Deine Großmutter macht dir beim Abschied ein Kreuz mit Weihwasser auf die Stirn.

Stell dir vor:
Du erfährst, daß sich dein Bruder mit seinen Freunden nachts auf dem Friedhof trifft und dort satanische Messen abhält.

Würdest du nachts allein über den Friedhof gehen?

Stell dir vor: Du bekommst einen Kettenbrief, in dem steht, daß ein großes Unglück über deine Familie kommt, wenn du den Brief nicht an 5 weitere Personen schickst.

Du lernst einen Hellseher kennen, was würdest du ihn fragen?

Stell dir vor:
Eine Nachbarin ist schwer krank. Sie erfährt von einem Wunderheiler, der schon vielen Menschen geholfen haben soll.

Stell dir vor: Beim gemütlichen Beisammensein auf einer Skihütte hat jemand die Idee, Gläser zu rücken.

Gab es in deinem Leben schon einmal eine Situation, in der etwas passierte, was du rational nicht erklären konntest?

Hast du irgendwelche Erfahrungen mit Okkultismus?

Was für okkulte Praktiken kennst du?

Was fasziniert dich oder stößt dich ab an okkulten Praktiken?

Gab es in deinem Leben schon Situationen, in denen du gern ein Orakel befragt hättest?

Kennst du Filme, die mit dem Thema »Okkultismus« zu tun haben?

Glaubst du, daß es den Teufel als Verkörperung des Bösen gibt?

Glaubst du, daß es Menschen gibt, die besondere hellseherische Fähigkeiten haben?

Was hältst du davon: Jemand hat ein Buch geschrieben. Er sagt, daß es ihm ein Geist diktiert hat.

| | |
|---|---|
| Denkst du, daß es so etwas wie Schicksal gibt? | Würdest du gern mit Toten Kontakt aufnehmen? Warum? |
| Glaubst du, daß es Hexen gibt? | Glaubst du, daß man mit Toten sprechen kann? |
| Was hältst du davon: im Auto von Bekannten klebt eine Christophorus-Plakette, die vor Unfällen schützen soll. | Du darfst selbst eine Frage stellen. |
| Du darfst selbst eine Frage stellen. | Du darfst selbst eine Frage stellen. |

**Pendel-Experiment: Mann oder Frau***

Alter: ab 13
Gruppengröße: ab 4
Dauer: ca. 20 Minuten
Material: Pendel (Ring/Schraubenmutter an einem Faden/an einer Kette) Bilder von Männern und Frauen

Verlauf: Es soll das Geschlecht der Person auf einem Bild ausgependelt werden. Das Pendel wird dabei über den Zeigefinger gelegt, der Ellenbogen wird aufgestützt. Der Gruppe wird erklärt, daß das Pendel erkennt, ob es über ein Frauenbild oder über ein Männerbild gehalten wird. Bei einer Frau pendelt es kreisförmig, bei einem Mann linienförmig. Die pendelnde Person hat die Aufgabe, sich darauf zu konzentrieren.

Bei den meisten Jugendlichen wird dies funktionieren. Mit einem »guten Medium« wird anschließend ein weiteres Experiment durchgeführt.

### Pendelkette

Alter: ab 13
Gruppengröße: ab 4
Dauer: ca. 30 Minuten
Material: Pendel, Papiertüte

Verlauf: Das »gute Medium« der ersten Übung hält das Pendel in der Hand. Es wird erklärt, daß das Pendel das Geschlecht der Person auspendeln kann, die sich hinter das Medium stellt und ihre Hand auf seine Schulter legt.
Zuerst sitzt die Gruppe im Kreis. Das »Medium« hat das Pendel in der Hand. Eine Person steht auf, stellt sich hinter das Medium und legt die Hand auf seine Schulter. Das Geschlecht dieser Person wird ausgependelt. Dann steht die zweite Person auf, stellt sich hinter die erste Person und legt die Hand auf ihre Schulter. Das Pendel pendelt jeweils das Geschlecht der letzten Person der Kette aus. Es wird der Gruppe erklärt, daß sich das Geschlecht durch die Kette auf das Pendel übertrage.
Danach folgt ein Austausch, in dem die Jugendlichen ihre Wahrnehmungen austauschen können.
Anschließend wird dieselbe Übung durchgeführt. Nur bekommt jetzt das »Medium« eine Papiertüte über den Kopf gestülpt.

* Beide Pendelexperimente sind abgewandelt nach: W. Hund, Alles fauler Zauber? Okkulte Phänomene – Was steckt dahinter? Mülheim 1988, 46 f.

Jetzt funktioniert das Pendeln nicht mehr und es wird klar, daß das Pendel zuvor nur das gependelt hat, was das »Medium« gesehen hat.

Hier folgt eine Erklärung über die Funktionsweise des Pendelns: Kleinste Muskelbewegungen, die trotz ruhigem Halten des Pendels auftreten, bewegen das Pendel. So überträgt sich das Bewußtsein oder das Unterbewußtsein des »Mediums« auf das Pendel.
Alternativ können die beiden Übungen auch in zwei getrennten Gruppen durchgeführt werden. Die ersten Gruppe bekommt die oben genannten Anweisungen. Der zweiten Gruppe wird erklärt, daß das Pendel beim Mann kreisförmig und bei der Frau linienförmig schwingt. Beide Gruppen werden nach ihren Anweisungen richtig pendeln. In einem gemeinsamen Austauschgespräch wird dann klar werden, daß nicht das Pendel die Schwingung bestimmt, sondern der/die Pendelnde.

### Fliegen lassen

Alter: ab 13
Gruppengröße: 7–10
Dauer: ca. 20 Minuten
Material: 2 Matratzen

»Fliegen lassen« ist eine Wahrnehmungsübung, die auch einen starken Erlebnischarakter und ein gruppenstiftendes Element beinhaltet. Ein gewisses Vertrauen unter den Gruppenmitgliedern ist notwendig. Es darf niemand zu der Übung gedrängt werden.

Verlauf: Eine Person legt sich mit dem Rücken auf die beiden aufeinandergelegten Matratzen und schließt die Augen. Die anderen knien sich um die Person, legen die Hände auf ihren Körper und drücken sie zuerst langsam und dann immer stärker in die Matratzen (aufpassen, daß es nicht weh tut!). Auf ein Signal wird der Druck langsam vermindert und dann ganz weggenommen. Dann wird gleich untergegriffen und die Person ca. 50 cm hochgehoben. In dieser Position wird ein Moment gewartet. Die Person hat nun das Gefühl, weiter in die Höhe zu schweben. Dann wird die Person auf die Matratze fallen gelassen. Sie hat das Gefühl, viel tiefer zu fallen.

In einer anschließenden Austauschrunde kann auf die Täuschung der Wahrnehmung bei dieser Übung eingegangen werden.

## Weiterführende Literatur zum Thema

Johannes Mischo, Okkultismus bei Jugendlichen, Mainz 1991

Georg Bienemann, Okkultismus. Eine Herausforderung für die Jugendarbeit, Neuss-Holzheim 1993

Georg Bienemann, Pendel, Tisch und Totenstimmen. Spiritismus und christlicher Glaube. Ein Ratgeber, Freiburg 1988

*Christine Götz*

# Sinn des Lebens

## Klassentagung, Klasse 11, Gymnasium

### Vorbereitung

Bereits 1991 gab es eine Tagung mit Schülern und Schülerinnen eines Gymnasiums zum Thema »Sinn des Lebens«. Aufgrund der positiven Resonanz bei den Schülerinnen und Schülern der letztjährigen Klasse 11 stimmte die diesjährige Klasse 11 ebenfalls für eine solche Veranstaltung.
Vor allem auch wegen interner Probleme in der Klasse – Fehlen offener Gesprächsatmosphäre, Gegeneinanderarbeiten verschiedener Gruppen, ein Ausschluß bestimmter Personen aus der Klassengemeinschaft und einer aggressiven Grundstimmung, die viele sprachlos werden ließ – setzte man große Hoffnungen in eine Tagung mit der Landeskirchlichen Schülerarbeit (Lakisa).
Im Vorgespräch an der Schule zwischen den begleitenden Lehrern, den beiden hauptamtlichen Mitarbeitern der Lakisa und den Schülern und Schülerinnen kristallisierte sich das Thema »Sinn des Lebens« heraus. Es ging den Schülerinnen und Schülern um eine neue Orientierung in ihrer Lebenssituation und innerhalb der Klasse.
Die Planung wurde von uns bei einem Treffen mit dem o. g. Ethiklehrer, der auch der Verbindungslehrer der Schule ist, an zwei Nachmittagen erstellt.
Aspekte der Vorbereitung sollten sein, im Programm durch Selbsterfahrung und mit thematischen Inhalten (Film über Sinnerfahrung in Grenzsituationen/Bildkartei) den eigenen Lebensentwürfen näherzukommen und zu lernen, sie anderen mitzuteilen.
Das führte schließlich zu einer mehr analytischen Arbeit an der gegenwärtigen Klassensituation (Rollenspiel).

### Verlauf der Tagung

#### Dienstag

ANKOMMEN
Zimmer beziehen, Aufgaben verteilen. – Kaffee, Tee Brezeln, zweites Frühstück.

### Kennenlern- und Aufwärmrunde

Begrüßung, Kennenlernen und Aufwärmen

- Kugellager/Rollierende Kreise
  Außen- und Innenkreis gleich große Personenzahl. Die Kreise drehen sich nach Musik (CD, MC) in entgegengesetzte Richtungen (gegen und mit Uhrzeigersinn). Bei jedem Stop der Musik werden Fragen gestellt, die sich die Gegenüberstehenden beantworten sollen (Scherzfragen, Interessensfragen, thematische Fragen, Fragen zur Person, ihrem Handeln in bestimmten Situationen). Nach der Musik drehen sich die Kreise erneut.
- Spots in Moving
  Sich im Raum bewegen, den Raum erkunden, den anderen wahrnehmen nach bestimmter Musik: z. B. rückwärts gehen, hüpfen, so viel Hände schütteln wie möglich ... Wenn die Musik gestoppt wird, kommt eine neue Aufgabe, die Bewegung verändert sich. Erste Variante: Man stellt sich nach bestimmten Zeichen, die gleiche Augenfarbe, die gleiche Schuhgröße, nach Herkunftsorten, nach der Geschwisterreihe (die Ältesten der Familie, die Jüngsten ...)
  Ziel: Auflockerung der Cliquen nach anderen als den gängigen Kriterien
- Partnerinterview
  Ich mache ein Interview mit einem/r erlosten Gesprächspartner/in, nachdem ich ihn/sie gezeichnet habe. Die Fragen sind bestimmten Körperteilen zugeordnet:
  Linkes Auge: Welches Buch lese ich gerade?
  Rechtes Auge: Welches ist mein Lieblingsfilm?
  Haare: Was läßt mir manchmal die Haare zu Berge stehen?
  Linkes Ohr: Welchen Satz muß ich mir zu Hause am häufigsten anhören?
  Rechtes Ohr: Welche Musik höre ich am liebsten?
  Nase: Was stinkt mir manchmal?
  Mund: Welche Sprachen spreche ich?
  Herz: Welches Gefühl habe ich gerade?
  Nabel: Wieviel Geschwister habe ich?
  Rechte Hand: Was tue ich gerne (Hobbies)?
  Linke Hand: Was tue ich nicht gerne?
  Rechter Fuß: Auf welchen Frauen-, Männertyp stehe ich? Was trägt mich?
  Linker Fuß: Wohin möchte ich reisen?

Die Steckbriefe werden im Raum nach Absprache mit den Schülerinnen und Schülern als Galerie ausgehängt.

### Ankommensmeditation

Nach dem Mittagessen. Ziel:

- Persönliche Situation der Schülerinnen und Schüler im Hier und Jetzt
- Erwartungen ans Thema und an den Verlauf der Tagung
- Entspannung und Einstimmung auf die Bildkartei

- Bildkartei: Grafiken, Fotografien und Karikaturen zum Thema: Sinn des Lebens/Lebensverweigerung liegen aus. Bei meditativer Musik umkreisen die Schülerinnen und Schüler die ausgelegten Darstellungen. Auf Anweisung des/der Leiters/in nimmt sich jeder/e Schüler/in ein Bild zur Frage: Welches Bild spricht für mich vom Sinn des Lebens, welches von Lebensverweigerung (falls ich keines zur ersten Fragestellung finde)? Paare mit denselben Bildern gehen in eine gemeinsame Gruppe.
- Kleingruppengespräch: In max. 6-Personengruppen mit einem/r Leiter/in begründet man die Auswahl seines Bildes und assoziiert zu den Bildern der Mitschülerinnen und Mitschüler, nachdem diese sich dazu geäußert haben. Wichtig: Die Bilder und Aussagen werden nicht bewertet.

### Allwettermassage

Die Gesamtgruppe bildet eine Menschenschlange. Auf dem Rücken des Vordermannes, der Vorderfrau wird eine Geschichte mit den Fingern gespielt, z. B.: Ich wache auf, springe aus dem Bett, stelle mich unter die Dusche, nehme den feinen Strahl zuerst, dann den starken Strahl, dann rubble ich mich trocken, danach ziehe ich etwas über, dann verlasse ich das Haus, gerate in ein starkes Gewitter, hüpfe durch das nasse Gras ins Haus zurück …
Diese Übung dient der Auflockerung nach der intensiven Gesprächsphase; eingebettet in eine Geschichte wird die Scheu vor dem Körperkontakt vermindert.
Wichtig ist es, die Berührung, die man auf dem eigenen Rücken, Kopf, Arm, Bein verspürt, weiterzugeben und keines der Körperteile auszulassen. Nachspüren.

### Malen eines Beziehungsbaumes

Kleingruppen (5–6 Personen): Jede/r gestaltet einen Teil des Beziehungsbaumes frei nach meditativer Musik. Nonverbal soll sich dann die Gruppe auf das Zusammenwachsen der Baumteile verständigen, d. h. mit Zeichen

und Gebärden. Material: Verschiedene Farben (Wachs, Wasser- und Fingerfarben) und DIN-A3-Bogen.
Austausch und Aushängen der Bilder: Problembereiche sind Dominanzverhalten, die Form der nonverbalen Verständigung z. B. bei Grenzüberschreitung, beim Zusammenwachsen des Baumes oder beim Aufeinanderzugehen.

Erste Variante: Identifikation der Schülerinnen und Schüler mit Teilen des Baumes: Ich fühle mich als Stamm, als Blatt, als Astloch, weil ...

Zweite Variante: Eindrücke vom Malen werden in Form einer Wandzeitung nach Fragen mit kleinen Antwortzetteln der Schüler nach folgenden Sparten aufgeklebt: Wie habe ich das Malen erlebt? Wie habe ich die anderen dabei erlebt? Was ist mir besonders schwergefallen? Was hat mir dabei gefallen? Bin ich mit dem Gruppenbaum zufrieden? Welcher Teil stört mich? Welcher Teil gefällt mir besonders?

Abendprogramm
Angebot verschiedener Spiele (Gruppen- und Brettspiele); eine Musikgruppe mit Gitarre.

Nachtwanderung mit Fackeln

## Mittwoch

Tageseinstieg
Die Teilnahme ist freiwillig. Jeder sucht sich einen Zweig in der näheren Umgebung, Austausch über Gefühle und Gedanken bei der Wahl dieses Zweiges. Die verschiedenen Zweige werden in einer Vase in ihrer Verschiedenheit wahrgenommen, Symbol der Vielfalt von Lebensentwürfen, Lebenswegen, die von einem Stamm ausgehen.
Den Abschluß bildet das »Baummärchen« von H. Körner (in: Philipps, Ina). Dieses Märchen spricht das Manipuliertwerden, die beschnittenen Hoffnungen und Träume, den Verzicht im Rahmen von Erziehung an.

Phantasiereise
Mein Leben gehört mir (in: Müller, Else).
Themenkomplex: Angst vor Verantwortung für eigene Lebensentwürfe
Austausch in Kleingruppen

Film

Die andere Seite des Lebens (von A. Bürger und D. Hansen, BRD 1993)
Drogengefährdete Jugendliche erzählen über ihre Probleme und Schicksale, ein Leben voller Illusionen, Gewalt und kleiner Dealereien. Themen: Gewalt, Sinn des Lebens.
In Kleingruppen werden eigene Erfahrungen von Sinnlosigkeit und Illusionen eines anderen Lebens ausgetauscht.

Ausflug

Am Nachmittag gemeinsamer Ausflug in eine Stadt. Im Plenum vorher anregen: Stadt erkunden in anderen Gruppen als in der Schule üblich. Einen zentralen Treffpunkt als Anlaufstelle ausmachen.

Zwischendurch: Auswertung des bisherigen Tagungsverlaufs durch das Leitungsteam.

Abendprogramm

Das Abendprogramm wird in verschiedenen Gruppen vorbereitet:
- Gruppe für Musikauswahl
- Dekorations-Gruppe zur Raumaustattung und Beleuchtung
- Spielgruppe für Sketche und Spiele zwischendurch
- Getränke- und Imbißgruppe

## Donnerstag

Bearbeitung von Spannungen in der Klassengemeinschaft

Ein Rollenspiel: Nachstellen einer Konfliktsituation in der Klasse zwischen divergierenden Gruppen.

Vorgeschaltete Interviewrunde: An die spielenden Personen werden Fragen gestellt, die im Vorfeld Aufschluß über die dargestellten Personen oder Typen (Lehrer/in, bestimmte Schüler/innen) geben soll.

Ziel: Späterer Vergleich dieser Aussagen mit dem Erleben in der Rolle
Spielanweisung: Einzelne Schüler/innen beobachten bestimmte Darsteller/innen. Es ist möglich, diese Darsteller zu doppeln. D. h., falls ein/e Mitspieler /in nicht mehr weiter weiß, kann der Beobachter kurzfristig ins Spiel mit einem Wortbeitrag eingreifen. Hierzu stellt er sich hinter den/die Mitspieler/in.

Darstellung: Rollenspiel – Spannungen in der Klassengemeinschaft während einer beliebigen Schulstunde

Auswertung im Plenum:
- Die Spieler/innen vergleichen ihr Agieren mit ihren eigenen Rollenvorgaben.
- Frage: Wie fühlte ich mich in der Rolle?
- Was war schwierig?
- Habe ich in Übereinstimmung mit mir gespielt? Wie wurde das Doppeln empfunden?
- Was haben die Beobachter/innen gesehen, bemerkt?
- Welche Typen, Gruppen wurden dargestellt?
- Gab es Lösungsansätze im Spielgeschehen?

Nachmittags:

AUSWERTUNG: PERSÖNLICHER BRIEF
Je die Hälfte der Schülerinnen und Schüler zieht den Namen einer anderen Person und schreibt diesem einen persönlichen Brief zum Verlauf der Tagung, zu dem was gut war, verändert oder nicht mehr gemacht werden sollte sowie ein persönliches Resumée, was es für ihn/sie gebracht hat. Nach vier Wochen werden diese Briefe von der Lakisa an die jeweiligen Adressaten verschickt.
Auswertung mit einer kurzen Blitzlichtrunde im Plenum, nach Fragen, die auf einem Plakat in der Mitte ausliegen. Jeder gibt Eindrücke, Bewertung ab, ohne von anderen kommentiert zu werden; weitergegeben wird eine Kerze als Blitzlicht.

Abschluß mit gemeinsamem Kaffee-/Teetrinken

## Materialvorschläge zur thematischen Vertiefung und Methodik

Burow, O.-A., Quitmann, H. u. Rubenau, M.-P.: Gestaltpädagogik in der Praxis. Unterrichtsbeispiele und spielerische Übungen für den Schulalltag, Salzburg 1987

Burow O.-A.: Grundlagen der Gestaltpädagogik: Lehrertraining – Unterrichtskonzept – Organisationsentwicklung, Dortmund 1988

Müller, Else: Du spürst unter deinen Füßen das Gras – Autogenes Training in Phantasie- und Märchenreisen – Vorlesegeschichten, Fischer-TB, 2. Aufl. 1991

Philipps, Ina: Körpersprache der Seele. Übungen und Spiele zur Sexualität, Wuppertal 1989

Schottenloher, Gertraud: Kunst- und Gestaltungstherapie: Eine praktische Einführung, München 1989

*Volker Hirschfeld*

# R

## und um die Berufsfindung

# Berufsfindung im Kontext der Lebensplanung

## Wochenendseminar für Oberstufenschüler und -schülerinnen

Eine Kardinalaufgabe und Grundlegitimation der öffentlichen Schule ist, daß sie die Heranwachsenden auf die Anforderungen des Berufslebens vorbereiten und sie der Arbeitswelt separiert zuführen soll. Die fachspezifische Qualifizierung, vor allem aber die Leistungsmessung und die Selektionsfunktion der Institution Schule dienen fraglos diesem Ziel.
Zunehmend wächst der Schule in diesem Zusammenhang aber auch eine Beratungaufgabe zu. Einerseits entwickeln sich immer ausdifferenziertere neue Berufsbilder mit sehr spezifischen aber qualitativ um so anspruchsvolleren Anforderungsprofilen, auf der anderen Seite ermöglichen Wahlbereiche in den weiterführenden Schulen bereits eine Spezialisierung der Schulbildung. Die Folge ist, daß nicht immer das Abschlußprofil der Schule mit dem Anforderungsprofil des gewählten Berufs in Passung zu bringen ist – frustrierte Ausbildungs- und Studienabbrecher sind die Folge. Intensive Orientierungsmaßnahmen, mittlerweile in allen weiterführenden Schularten, sollen dies vermeiden helfen.

### Berufswahl – ohne Bezug zu anderen Lebenfragen?

Betrachtet man aber die Konzepte zur beruflichen Orientierung, so fällt auf, daß fast nie die Berufswahl auch im Kontext der sonstigen Lebensplanung bedacht und beraten wird. Immer noch wird so getan, als liese sich die Berufsfrage isoliert von sonstigen Lebenszusammenhängen und -zielen erörtern bzw. als habe sich alles andere eben dieser Entscheidung unterzuordnen. Die für unsere Gesellschaft bezeichnende Vergöttlichung des Beruflichen und der Arbeitswelt, der Leistung und der Karriere kommt in solchen einseitigen Beratungskonzepten zum Ausdruck. So kann es dann geschehen, daß z. B. eine Elektrotechnikstudentin erst im vierten Semester erfährt, worauf sie weder Schule noch Arbeitsamt noch Universität hinwiesen, nämlich daß sich ihr Beruf mit einem späteren mehrjährigen Ausstieg

z. B. wegen einer Kinderphase nicht vereinbaren läßt. Die rapide technische Innovation und harte Konkurrenz in diesem Bereich geben ihr faktisch keine Wiedereinstiegschancen danach! Also wechselt sie jetzt erst den Studiengang: zwei für sie evtl. »verlorene« und den Staat sehr teure Jahre!
Folgende Aspekte der Lebensführung waren von der Berufsentscheidung, insbesondere bei akademischen Berufen, meist nicht berührt:
- die Möglichkeit zur Ausgestaltung einer Partnerschaft/Ehe
- die mittelfristige Familienplanung
- die mittelfristige Ausgestaltung des Bekannten- und damit auch des Freundeskreises
- das soziale Umfeld/Milieu eines Berufsfeld und dessen bzw. mein Lebensstil/Freizeitverhalten
- die persönliche Wohnsituation (daheim/weiter weg/Studentenbude/Wohnung ...)
- die finanziellen Spielräume und persönlichen Weiterbildungs-/Karrieremöglichkeiten
- die Möglichkeit zur Umsetzung weiterer persönlicher Lebensziele und Lebenseinstellungen

## Angebote in Partnerschaft von inner- und außerschulischer Jugendbildung

Berufswahl im Kontext der Lebensplanung – wo finden sich nun Partner, wenn eine Schule oder ein/e Lehrer/in diese Aspekte miteinbeziehen möchte? In der Förderung von oft vernachlässigten Dimensionen der Persönlichkeitsentwicklung (z. B. im kreativen, sozialen und gesellig-kommunikativen Bereich) und der Bearbeitung grundlegender Lebensfragen (z. B. Selbstannahme und Identitätsbildung, Gottesbeziehung und Gemeinschaft, Gesellschaft und Zukunftspolitik, Alltagsfragen wie Liebe und Sexualität, Lebensstil und Lebensplanung) liegt die besondere Kompetenz der kirchlichen Jugendarbeit. Erfahrene haupt- und ehrenamtliche Mitarbeiterinnen und Mitarbeiter in Gemeinden und Kirchenbezirken vor Ort sind zwar gewiß nicht auf Fragen der Berufsplanung spezialisiert, aber sie wissen, wie inhaltlich und methodisch solche eher persönlichen Fragen in Gruppen und Einzelgesprächen angegangen werden können, und sie sind altersmäßig »näher dran« an den Abschlußschülerinnen und -schüler. Für Lehrerinnen und Lehrer sind sie deshalb die vielleicht geeignetsten Partner dazu.

Die Schülerarbeit im Ev. Jugendwerk in Württemberg/Stuttgart hat mit der »Oberstufentagung Berufswahl« dazu ein seit über zehn Jahren erprobtes Angebot bzw. Konzept entwickelt. Es kombiniert drei Elemente:

I. Das praktische Hineinschnuppern in Vorlesungen und Seminare der verschiedenen Fakultäten der Universität Tübingen: von den Schülern individuell ausgewählt und zusammengestellt.

II. Informationen über die Realitäten des Studiums bzw. Berufs aus erster Hand: Studenten und Berufstätige der verschiedenen Berufsfelder – organisiert über Beziehungen der Jugendarbeit – stellen sich Rückfragen aus der Gruppe und Einzelgesprächen.

III. Berufswahl im Kontext der Lebensplanung und des Glaubens: Fragen zur Überprüfung der Berufswünsche und zur Reflexion der mittelfristigen Lebensplanung; Berufswahl und Gottvertrauen: zwischen Entscheidungsernst und persönlicher Gelassenheit/Offenheit.

## Aufbau eines Wochenendseminars

Der folgende beispielhafte Verlaufsvorschlag soll aufzeigen, wie sich ein solches Orientierungsangebot gestalten kann. Er ist orientiert an der Gruppe gymnasialer Oberstufenschüler, mag aber in seiner Grundstruktur und einzelnen Bausteinen in angepasster Weise auch auf andere Schülergruppen übertragbar sein:

*Donnerstag:* Bis zum Abendessen: Anreise z. B. in Jugendfreizeitheim/Jugendherberge in einer Universitätstadt

Abend:
- Verlauf des Wochenendes/Einstimmung
- Einführung zum Uni-Besuch: Vorstellen der Seminare/Vorlesungen, die besucht werden können, und freie Bildung von Kleingruppen, die gemeinsam unterwegs sein wollen.

*Freitag:* Vormittag: Uni-Besuch in Gruppen; Mittagessen in der Uni-Mensa

Nachmittag:
- Kaffee; Austausch über den Vormittag
- Alternativen für die Zeit zwischen Schule und Ausbildung/Studium: Freiwilliges Soziales Jahr/Diakonisches Jahr/Freiwilliges Ökol.

| | | |
|---|---|---|
| | | – Jahr/Auslandsaufenthalte/Wehr- oder Zivildienst?/...(Freiwillige Gruppen) |
| | Abend: | Zur freien Verfügung, da i. d. R. deutliches Bedürfnis nach lockerem Austausch über Tageseindrücke |
| *Samstag:* | Vormittag: | – Berufswahl im Kontext der Lebensplanung/ Berufszielüberprüfung Kurzreferat (vgl. Frageraster)<br>– Individuelle Berufszielüberprüfung anhand des Fragerasters; anschließend eventuell Diskussion in Plenum<br>– Evtl.: »Individuelle Gaben/Möglichkeiten: Was sehe ich und was sehen andere bei mir?« (vgl. Frageraster, Pkt. 3); Plenum oder Kleingruppen |
| | Nachmittag: | – Stadtbummel/Sport & Spiel; Kaffee<br>– ab 16.30 Uhr: Erste Runde »Studien- und Berufsreport« durch angereiste Studenten und Berufstätige |
| | Abend: | – Zweite Runde »Studien- und Berufsreport«<br>– Open End: Einzelgespräche zwischen Schülern und Angereisten zu konkreten Berufsbildern |
| *Sonntag:* | Vormittag: | – Gemeinsamer Gottesdienst: Zum Stellenwert von Arbeit im Leben. Selbstwert: Leistungsgedanke der Gesellschaft – Annahmegedanken bei Jesus<br>– Jeder schreibt sich einen Brief (»Was ich anfangen will mit meinem Leben«), der eingesammelt und ihm ein Jahr später zugeschickt wird. |
| | Nachmittag: | Feed-Back-Runde: »Was mir das Wochenende gebracht hat«; Abreise |

Falls keine Schnupperphase an einer Universität beabsichtigt wird, da diese Möglichkeit anderweitig geboten ist, bzw. weil man für Haupt- oder Realschüler plant, kann das Wochenende in verkürzter Form laufen: das Donnerstag- und Freitag-Programm entfällt und wird durch einen lockeren Einstiegsabend am Freitag z. B. zum Thema »Lebensziele/Lebensplanung« ersetzt.

Ein »Tagesstart«/»Morgenlob« (Singen und persönlicher Gedanke zu einem Bibelwort) vor dem Frühstück oder ein »Wort zur Nacht« (kurzer Lesetext; Liturgie) zum Tagesschluß wird, als freiwilliges tägliches Angebot, meist von einem überraschenden Teil gerne wahrgenommen. Dies setzt auch den Leitgedanken um, daß eine sinnvolle Lebensführung nicht nur von Arbeit und rastloser Aktivität, sondern ebenso von Ruhe und Besinnung, Gemeinschaft und Gottesbeziehung bestimmt sein muß. Dazu dient auch der Brief am Ende des Wochenendes, den die Schüler – jetzt selbst fertiggeschrieben und verschlossen – vom begleitenden Jugendarbeiter/Lehrer ein Jahr später zugeschickt bekommen.
Das folgende, natürlich unvollständige Frageraster soll einige Anhaltspunkte dafür geben, wie konkret die für den Samstagvormittag vorgeschlagene Einheit »Berufswahl im Kontext der Lebensplanung/Berufszielüberprüfung« gestaltet werden kann. In einem Kurzreferat können solche Fragen erstmals gestellt und – angereichert durch weitere konkrete Beispiele, die die Berufsfelder der jeweiligen Schülergruppe erfassen! – den Schülern nahegebracht werden. Außerdem können sie, in Kopie ausgeteilt, dazu dienen, daß die Schüler in einem zweiten Durchgang einzeln oder zu zweit diese Fragen bezogen auf ein konkretes Berufsbild hin durchgehen. Auch hier ist zu beachten, daß die Fragestellungen und Beispiele exemplarisch an Oberstufenschülern ausgerichtet sind und für Haupt-, Sonder- oder Realschüler deutlich überarbeitet werden müssen.

## Leitfaden zur Überprüfung eines ins Auge gefaßten Berufsziels

### 1. Subjektive Vorstellungen und objektive Realität des Berufsalltags

- Stimmen meine Erwartungen mit der tatsächlichen beruflichen Realität überein, oder mache ich mir *falsche Vorstellungen* vom Arbeiten in diesem Beruf?
  Habe ich schon Leute befragt, die in diesem Bereich bereits länger arbeiten?
- Hat sich die *Arbeitsstruktur* in diesem Bereich in letzter Zeit stark verändert, oder wird sie sich in absehbarer Zeit enorm verändern?
  Bsp. Grafik/Design durch Computertechnik völlig verändert.
- Lebt meine Motivation zu diesem Beruf nur vom Blick auf die *verlockenden Aspekte* der Tätigkeit, oder fasse ich die unangenehmen Seiten auch realistisch mit ins Auge?

Bsp. Bibliothekar: man stellt sich hierunter gerne das Lesen und Auswählen von Büchern vor, tatsächlich dominieren aber oft rein verwalterische Tätigkeiten wie katalogisieren, verleihen etc.

- Wenn ich unbedingt einen bestimmten Beruf ergreifen will, sollte ich vorher sehr genau meine *Motivlage* überprüfen!
  Will ich es so unbedingt,
  ... weil ich ein bestimmtes Vorbild erlebte?
  ... weil ich damit schöne Erinnerungen aus meiner Biographie verbinde?
  ... weil ich jemandem etwas beweisen will: z. B. den Eltern, dem älteren Bruder: Ich kann das, was ihr mir nicht zutraut! Oder: Ich bin noch besser als du!
  ... weil ich zu diesem Beruf gedrängt werde – z. B. von den Eltern.

2. Arbeitsmarkt

Welche Zukunftsperspektiven bietet mir dieser Beruf:

- Gibt es *generell viele/wenige Arbeitsplätze* für Leute mit diesem Abschluß? Wie sieht es mittelfristig/langfristig aus?
  Bsp. Agrarwissenschaft oder Lehramt.
- Gibt es einen *geographischen Raum,* in dem ich mittelfristig auf jeden Fall leben möchte (z. B. wegen der Versorgung der Eltern), genügend Arbeitsplätze in diesem Beruf, oder bin ich über kurz oder lang wahrscheinlich zu einem Berufswechsel oder aber zu größerer räumlicher Mobilität gezwungen?
  Bsp. Arbeitsplätze der chem. Industrie sind konzentriert am Rhein.
- Gibt es mit diesem Abschluß *Ausweichmöglichkeiten* in andere, benachbarte, berufliche Felder, oder bin ich recht eng auf einen Arbeitgeber (z. B. Staat, Kirche) oder ein bestimmtes Stellenprofil festgelegt?
  Bsp. Theologie sehr eng mensuriert, dagegen Sozialpädagogik oder Betriebswirtschaft breiter angelegt von den möglichen Tätigkeiten.
- Wenn ich mit dieser Ausbildung anschließend keinen Job kriege, war dann für mich alles umsonst? Oder denke ich, daß das *Lernen/Studieren/Studentenleben* an sich so interessant ist und persönlich voran bringt, also so viel Eigenwert hat, daß ich dieses Risiko in Kauf nehme – und eben eventuell noch etwas anderes lerne!?
  Beachten: Habe ich mit 25 oder 30 Jahren tatsächlich noch den Spielraum,

eine neue Ausbildung zu beginnen, oder möchte ich dann Familie/Kinder und bin evtl. finanziell, zeitlich oder räumlich festgelegt?

- Gibt es *Fortbildungs-/Aufstiegsmöglichkeiten* in diesem Beruf oder bin ich ziemlich schnell am Ende meiner persönlichen beruflichen Weiterentwicklung/Karriere?
  Bsp. Krankenpfleger oder Erzieherin: kaum Aufstiegsmöglichkeiten.
  Bsp. FH-Absolventen: da ohne Promotionsmöglichkeit, sind Leitungspositionen in Unternehmen meist verbaut.

3. Berufliche Beanspruchung und persönliche Entfaltung

- Welche Rolle soll der Beruf in meinem Leben spielen: Ist er für mich das primäre *Mittel der Selbstverwirklichung* oder nur *Broterwerb*, um mich anderswo – in meiner Freizeit – einzusetzen/zu verwirklichen?
  Z.B. Manager: kaum Spielräume neben Job und Familie.

- Welche zeitlichen und persönlichen (rollenmäßigen) *Spielräume* läßt mir mein Beruf noch, um mich in anderen Bereichen einzusetzen bzw. persönlich zu entfalten?
  Z. B. Pfarrer bekommt evtl. Probleme, wenn er eine Kampfsportart pflegt, ein protziges Auto fährt oder gute Beziehungen zu Frauen pflegt.

- Bietet sich in diesem Beruf auch die Möglichkeit, mal für ein paar Jahre *auszusetzen* und etwas anderes zu tun, oder ist nach mehrjährigem Aussetzen ein *Wiedereinstieg* faktisch unmöglich?
  Für Frauen und Männer, die später einen Erziehungsurlaub wahrnehmen wollen, u. U. eine sehr wichtige Frage.
  Z. B. öffentl. Dienst: Beurlaubung und Wiedereinstieg gut möglich bzw. garantiert.

- Bietet sich hier auch die Möglichkeit zur *Teilzeitbeschäftigung,* oder ist das in diesem Job von vorneherein äußerst unwahrscheinlich?
  Bei späterem Kinderwunsch u. U. wichtiges Kriterium.

4. Beruf und Lebensstil

Wie verhalten sich die Anforderungen der beruflichen Praxis mit meinen sonstigen Lebensperspektiven?

- *Zeitstruktur* der Arbeit
  Will ich mit immer wieder auftretender Wochenendarbeit leben?

Kann ich Samstagsarbeit/Arbeit nach Feierabend akzeptieren oder will ich das auf keinen Fall haben?
Z.B. im Dienstleistungsbereich oder bei Schichtarbeit die Regel.

- *Werte* im Berufsalltag
  Bin ich beruflich zu Verhaltenweisen herausgefordert, die ich mit meinem Gewissen nicht so recht vereinbaren kann?
  Z.B. Unaufrichtigkeit oder Ellenbogenverhalten.

- *Persönlicher Stil und beruflicher Stil*
  Kleidung, Verhalten, Sprache, Umgangsformen und Freundeskreis werden durch den Beruf stark geprägt. In den verschiedenen Berufssparten werden ganz unterschiedliche Formen erwartet – kann ich mich damit eventuell identifizieren oder nicht?

- *Beruf – Berufung?*
  Befördert oder behindert dieser Beruf die Umsetzung wichtiger Lebenseinstellungen gegenüber Mitmenschen (z. B. Anliegen, die meinem Glauben entspringen)? Oder will/muß ich mich in diesen Punkten eher in außerberuflichen Feldern verwirklichen?
  Z.B. Medizin/Krankenpflege: das Motiv »menschlich anderen helfen wollen« im Gespräch bleibt wegen Arbeitsdruck oft auf der Strecke.

5. Persönliche Fähigkeiten, Neigungen – und Grenzen
- Entspricht das Berufsbild meinen grundsätzlichen *Neigungen?*

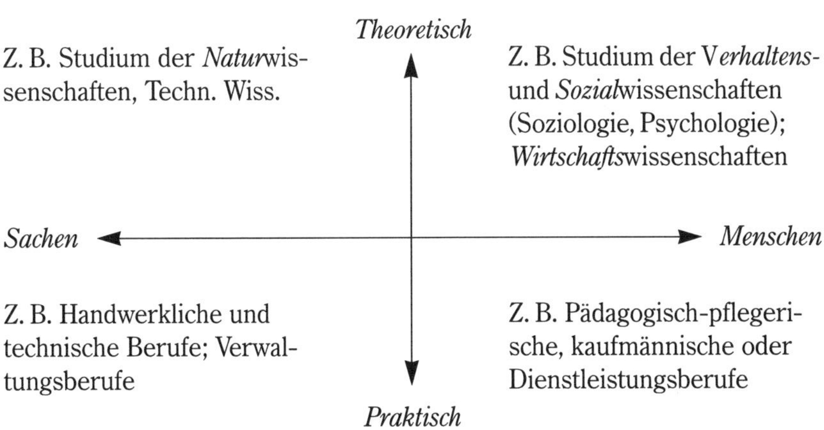

- Entspricht das Berufsbild dem *Arbeitsstil*, den ich brauche, wenn ich wirklich gut und zufrieden sein will?
  Bin ich eher ein Typ für z. B. …
  Sehr selbständiges Arbeiten?
  Sehr kreatives Arbeiten?
  Sehr teamorientiertes Arbeiten?
  Klar überschaubare und sauber bearbeitbare Aufgaben?
  Brauche ich eine ruhige Arbeitsatmosphäre oder eher viel Betrieb um mich herum?
  Arbeite ich unter Druck eher schlechter oder eher besser?
- Bringe ich *Veranlagungen/Fähigkeiten* mit, die mich für diesen Beruf besonders geeignet erscheinen lassen? Zum Beispiel …
  spezifische Begabungen (wie organisatorische Fähigkeit, Abstraktionsvermögen, mehrstündige Hochkonzentriertheit),
  soziale Fähigkeiten (Sensibilität für andere, Kooperationsbereitschaft),
  kommunikative Fähigkeiten (gesprächsfreudig, sprachgewandt),
  kreative Fähigkeiten/Ideenreichtum.
- Habe ich *Veranlagungen,* die mich für diesen Beruf eher *ungeeignet* erscheinen lassen? Zum Beispiel…
  begrenzte kommunikative Fähigkeiten (eher ungeeignet für Jugendarbeit),
  Sensibilität gegenüber Lärm/Unruhe (eher ungeeignet als Musiklehrer an Staatl. Schulen),
  Hang zu strikter Ordentlichkeit bzw. ganz festen Arbeitsabläufen (eher ungeeignet in Journalismus oder Sozialarbeit),
  körperliche Einschränkungen (z. B. Rückenbeschwerden: lieber keine Schreibtischtätigkeit wählen),
  geringe nervliche Belastbarkeit in Streßsituationen (eher ungeeignet als Polizist oder Notarzt).

Wichtig: Sehe nur ich diese Stärken/Schwächen, oder würden mich andere in meiner Umgebung auch so beurteilen?
Hier unbedingt auch andere befragen! Können sich Freunde/Bekannte, die mich gut kennen, diesen Beruf für mich gut vorstellen, oder sind sie eher unentschlossen oder gar skeptisch?

### 6. Schlussbemerkungen

- Wer einen Beruf sucht, der bei allen Fragen positive Befunde ergibt, sucht vergeblich. Jeder Beruf hat auch einige *Schattenseiten,* die akzeptiert werden müssen. Wichtig ist, daß man sie rechtzeitig sieht und dann bewußt in Kauf nimmt: sonst wird der Berufseinstieg zum frustrierenden Erwachen!

- Man sollte entlang dieser Fragen persönlich seine Gewichte legen:
  I. Was sind für mich K.O.-Kriterien, d. h. Kriterien, die auf keinen Fall bzw. auf jeden Fall gegeben sein müssen?
  II. Was ist für mich ein besonders wichtiges Kriterium?
  III. Was nehme ich als Nachteil u. U. in Kauf?

  Auf diese Weise läßt sich doch ein *individuelles Instrumentarium* bzw. ein persönliches Einschätzungsvermögen erlangen.

- Die Fragen helfen, die Berufsfrage von der *rationalen* Seite her zu klären. Die *emotionale* Seite ist aber ebenso wichtig: nur wenn man mit ganzem Herzen und hochmotiviert bei der Sache ist, macht ein Beruf Spaß und ist man/frau erfolgreich darin.

- In jedem Fall sollte man seine Überlegungen aber mit jemandem durchsprechen, der einen gut kennt und vielleicht auch schon etwas Erfahrung mit beruflichem Alltag hat. Das *Gespräch* läßt sich in der Frage der persönlichen Berufswahl auch durch *Raster* kaum ersetzen. Weil gute Freunde oft einen wesentlich treffenderen Blick dafür haben, was man gut/schlecht kann und wo man sich wohl falsch einschätzt.

- Trotz allem Ernst ist auch ein gutes Stück *Gelassenheit* in der Berufwahlfrage unabdingbar. Jeder zweite wechselt heute im Lebenslauf mindestens einmal das Berufsfeld. Entscheidend ist also die Flexibilität auch noch in fortgeschrittenem Alter: die wirtschaftlichen und die persönlichen Gegebenheiten sind in unserer Gesellschaft heute so bewegt, daß oft nur der auf Dauer glücklich und erfolgreich bleiben kann, der ebenso beweglich bleibt.

  Das entspricht im übrigen auch der biblischen Erfahrung, die uns zeigt, daß sich die erfülltesten, spannendsten Biographien – wie bei Abraham, Mose oder Paulus – dort ereignen, wo Menschen beweglich und unterwegs bleiben mit ihrem lebendigen Gott.

*Martin Weingart*

# Rund um die Schnupperlehre

## Berufsfindungsseminar im Rahmen von Berufsorientierung an Realschulen (BORS)

### Motivation für dieses Projekt

Aus Erfahrung mit Jugendlichen in der Ausbildung ist bekannt, daß ca. jeder sechste Lehrling die Lehre abbricht. Das Vakuum, das nach einer abgebrochenen Lehre entsteht, ist für viele Jugendliche nicht zu bewältigen. Sie sind nicht in der Lage, sich über andere Berufe zu informieren, die für sie möglich sind. Oft ist der Weg zum Berufsberater bereits zu weit. Eine neue Lehrstelle zu suchen, stellt für sie keine Alternative dar, da sie nicht wissen, welchen anderen Beruf sie ergreifen wollen. Jugendarbeitslosigkeit ist die Folge.

Jugendliche auf der Suche nach einem zu ihnen passenden Beruf zu begleiten, ist ein Ziel des hier beschriebenen Projektes. Seit einigen Jahren findet an Realschulen eine »Berufsorientierung an der Realschule« (BORS) in den 9. Klassen statt. Die Schüler und Schülerinnen machen eine Art Schnupperlehre oder Praktikum in unterschiedlichen Betrieben oder Einrichtungen. Bislang beschränkt sich diese Orientierungsphase auf das Praktikum, das eingebettet ist in eine eher theoretische Beschäftigung mit verschiedenen Facetten des Themas »Beruf«, z. B. Berufs- und Arbeitswelt, Lebenslauf und Bewerbungen schreiben usw. Aus Beobachtungen heraus, daß persönlichkeitsorientierte Fragestellungen dabei kaum eine Rolle spielen, wohl aber als zentrales Kriterium bei der Entscheidung für eine bestimmte Ausbildung ins Spiel kommen, entstand das Projekt »Rund um die Schnupperlehre«. Schüler und Schülerinnen sollen auf der Suche nach »ihrem« Beruf sensibel werden für ihre eigenen Wünsche, Fähigkeiten, Kenntnisse, Begabungen und Möglichkeiten. Im zweiten Schritt werden diese in Relation zu den konkreten Berufswünschen gesetzt. Im weiteren Verlauf des Projektes geht es dann darum, die jeweils getroffenen Entscheidungen zu überprüfen, gemachte Erfahrungen zu reflektieren und weitere Vorgehensweisen bei der eigenen Berufsfindung zu planen.

Das Projekt wurde durchgeführt in Kooperation zwischen einer Realschule und zwei Referaten des Bischöflichen Jugendamtes der Diözese Rottenburg-Stuttgart, dem Referat Schulseelsorge und jubib, der Juniorenbildung und -beratung, Referat Arbeitswelt.
Einzelne Teile wurden durch Referenten und Referentinnen des Bischöflichen Jugendamtes durchgeführt, andere von Lehrerinnen und Lehrern.

## Vorbereitungstag

Durchgeführt vom Team in Kooperation mit der zuständigen Lehrkraft, um das Praktikum vorzubereiten. Die Schüler und Schülerinnen sollen:
- eigene Berufswünsche, Möglichkeiten und Fähigkeiten bewußt wahrnehmen;
- gezielt an das Praktikum herangehen, indem sie z. B. mit klaren Fragen an den Praktikumsort kommen (nach Ausbildung, Berufsbild, Art der Tätigkeit, Arbeitsbedingungen, Verdienstmöglichkeiten usw.);
- sich für einen Bereich oder Beruf entscheiden, in dem sie ihr Praktikum machen wollen.

## Beruf aktuell

Die Schüler und Schülerinnen erhalten in der Schule Informationen zu einzelnen Berufen, die sie nachlesen können.

## Berufswahl – Arbeitswelt

Im Gemeinschaftskundeunterricht werden Themen behandelt, die im Kontext zu »Arbeit im Wandel der Zeit«, Arbeitsbedingungen, Beruf, Lebensplanung usw. stehen.

## Erster Kontakt mit dem Berufsberater

Dieser informiert vor allem über mögliche Schullaufbahnen im Unterricht.

## Suche nach geeigneten Praktikumsplätzen

Durch die Schule in Rücksprache mit den Schülerinnen und Schülern.

## Praktikum/Schnupperlehre

Schülerinnen und Schüler machen eine Woche Praktikum.

Besuch am Praktikumsort durch den Klassenlehrer, die Klassenlehrerin oder den BORS-Beauftragten, die BORS-Beauftragte der Schule.

## Reflexionstage

Unmittelbar nach dem Praktikum, d. h. in der darauffolgenden Woche, erfolgt die Auswertung der Praktikumserfahrungen. Gemeinsam verbringen Schülerinnen und Schüler, ein Team des Bischöflichen Jugendamtes und Klassenlehrer und -lehrerinnen drei Tage in einem Selbstversorgerhaus. Die Erfahrungen und Berichte der einzelnen aus den Praktika werden ausgetauscht, so daß die anderen davon profitieren können und einen Einblick in weitere Berufsfelder erhalten. Schließlich geht es um die weitere Planung der Vorgehensweise, den richtigen Ausbildungsberuf zu finden.

## Berufe der Kirche

Sie werden Thema im Religionsunterricht. Material von der Diözesanstelle Berufe der Kirche, z. B. Videos über verschiedene Berufe (Bestelladresse: Diözesanstelle Berufe der Kirche, Postfach 9, 72101 Rottenburg, Telefon 0 74 72/16 93 75).

## Zweiter Kontakt mit dem Berufsberater

Im Rahmen von Einzelgesprächen mit Schülern und Schülerinnen. Es geht um eine individuelle Beratung auf konkrete Berufe hin.

## Bewerbungen und Lebenslauf schreiben lernen

Im Deutschunterricht.

## Besuch bei BIZ – Berufsinformationszentrum

Dieser Besuch ist wichtig, damit die Schüler gemeinsam das erstemal »über die Schwelle« einer Berufsberatungsstelle gehen und sehen, welches Material und welche Informationen sie dort zu ihrer Unterstützung finden können.

## Betriebsbesichtigungen

Über das Praktikum hinaus bekommen die Schülerinnen und Schüler einen Einblick in weitere Betriebe und Einrichtungen. Bei der Auswahl der Betriebe sollten sie beteiligt werden.

## Standortbestimmungstag

In der Schule findet ein Vormittag unter Beteiligung des Teams aus dem Bischöflichen Jugendamt statt. Es geht um folgende Ziele:
- vor allem die getroffenen Absprachen, Vereinbarungen, Ziele überprüfen;
- die Entscheidungsfindung und den Verlauf des Projektes reflektieren;
- weitere Wege zur Berufsfindung vorzeichnen, planen, angehen, Partnerschaften gründen.

Danach ist das Projekt »Rund um die Schnupperlehre« beendet. In der Regel müssen dann die ersten Schüler und Schülerinnen, die sich z. B. bei Banken für eine Lehrstelle bewerben, die Bewerbungsschreiben aufsetzen und abschicken.

## Gestaltungselemente des Vorbereitungstages, der Reflexionstage und des Standortbestimmungstages

### Vorbereitungstag

Dauer: 8.00–16.00 Uhr. Eineinhalb Stunden Mittagspause, die als Picknick in Schulnähe verbracht wurden. Die Schüler und Schülerinnen brachten verschiedene Lebensmittel mit. Teilweise wurde auf Campingkochern vorbereitetes Gulasch erhitzt. Ein ungewöhnliches Unternehmen, das Spaß gemacht hat.
Nach der Begrüßung: Kennenlernrunde, v. a. als Namenskennenlernspiele.
Projekt und Tagesverlauf wird vorgestellt.
In Bewegung kommen und eine erste Auseinandersetzung mit verschiedenen Aspekten von »Beruf«:

Berufsbezogenes 4-Ecken-Spiel
Die einzelnen Fragen werden vorgelesen, den einzelnen Aussagen Ecken im Raum zugeteilt (manchmal nur zwei oder drei Ecken). Die Schüler und Schülerinnen sollen sich jeweils in die Ecke stellen, wo sie ihre Meinung am ehesten wiederfinden.

1. Gibt es
   a) mehr als 370 Ausbildungsberufe?
   b) weniger als 370 Ausbildungsberufe?

2. Was denkst du? Verdient ein Maler/eine Malerin in der Ausbildung durchschnittlich

a) 581,00 DM
b) 675,00 DM
c) 783,00 DM im Monat?

3. Was denkst du? Verdient ein Industriemechaniker, eine Industriemechanikerin in der Ausbildung durchschnittlich
   a) 510,00 DM
   b) 783,00 DM
   c) 925,00 DM im Monat?

4. Stimmst du der folgenden Aussage mehr/weniger zu?
   - Wer sich nicht anstrengt, arbeitet nicht.
   - Die Arbeit von Frauen ist leichter als die von Männern.
   - Wenn es so weitergeht mit Computern und Robotern, dann haben wir bald keine Arbeit mehr.
   - Wer arbeiten will, findet auch Arbeit.

5. Was wäre dir an deinem Beruf besonders wichtig?
   a) Der Beruf muß Spaß machen.
   b) Der Arbeitsplatz soll sicher sein.
   c) Daß ich Karriere machen kann.
   d) Daß ich Menschen helfen kann.

6. Was wäre am ehesten dein Traumberuf?
   a) Schriftsteller/in
   b) Manager/in
   c) Schauspieler/in
   d) Innenarchitekt/in

(Quelle für die Fragen 1–4: [9]).

Berufsspezifisches Kreuzworträtsel – Einstieg ins Thema

Die Schüler und Schülerinnen schreiben ihren Namen in großen Buchstaben auf ein DIN-A3-Blatt. Zu den einzelnen Buchstaben passend ergänzen sie die »Lösungen« zu folgenden Fragen:
1. Mein Lieblings-/Traumberuf
2. Was würde ich außerdem gerne machen?
3. Wo würde ich gerne arbeiten?
4. Welchen Beruf werde ich wahrscheinlich ergreifen?
5. Wie kam ich auf diese Berufsidee?
6. Zu was wurde mir schon geraten?

7. Wer hat mir geraten?
8. Berufe meiner Eltern

In Kleingruppen werden die Ergebnisse ausgetauscht.

MEINE FÄHIGKEITEN UND EIGENSCHAFTEN
Um eine Entscheidungsgrundlage für den Ausbildungsberuf bewußt nutzen zu können, ist es wichtig, eigene Fähigkeiten und Eigenschaften zu kennen und zu benennen.

Auf einem DIN-A3-Blatt ist ein Körperumriß abgebildet, dieser soll ausgefüllt werden:
Ich bin (nicht) ...
Ich kann (nicht) ...
Ich mache (nicht) ...

Die Schülerinnen und Schüler erhalten einen Katalog mit Eigenschaften, an dem sie sich orientieren können:
klug, zornig, zerstreut, mißtrauisch, schüchtern, sinnlich, verspielt, schlau, verträumt, fröhlich, schnell, dynamisch, witzig, himmlisch, heldenhaft, genau, naiv, konsequent, ätzend, ausdrucksstark, langsam, temperamentvoll, traurig, unbeschreiblich weiblich, fair, albern, nachtragend, eifersüchtig, dominant, aufmüpfig, ruhig, charmant, selbstbewußt, sexy, ausgeglichen, wortkarg, affengeil, schlampig, gefühlvoll, optimistisch, auffallend männlich, kreativ, verantwortungsbewußt, höllisch, katastrophal, zurückhaltend, romantisch, begeisterungsfähig, mütterlich bzw. väterlich, sportlich, zärtlich, leichtsinnig, zynisch, spröde, bequem, pessimistisch, hilfsbereit, informiert, musikalisch, vorsichtig, strebsam, gläubig, sanft, toll, weitblickend, entscheidungsfreudig, kritisch, hart, frustriert, hübsch, vergeßlich, einfühlsam.

Die Fähigkeiten müssen sie selbst erarbeiten.
Einzelarbeit

FEED-BACK
Aufteilung in Untergruppen (ca. vier pro Gruppe) – Kreis. Jede Schülerin, jeder Schüler erhält eine »STIMMT«- und eine »STIMMT NICHT«-Karte, die sie verdeckt vor sich legen. Nacheinander stellen die Schüler und Schülerinnen ihre Eigenschaften und Fähigkeiten vor. Zu der Einzelaussage, z. B. »Ich kann gut zuhören ...« legen die anderen verdeckt die Karte, die ihre eigene Meinung wiedergibt. Auf Kommando werden, wenn alle sich entschieden haben, die Karten umgedreht und das Ergebnis diskutiert.

Entscheidung
»Welche meiner Fähigkeiten und Eigenschaften will ich im Rahmen des Praktikums ausprobieren?«
Einzelarbeit

Ein passendes Berufsbild finden
Wie würde eine dazu passende Tätigkeit aussehen? Gibt es ein passendes Berufsbild?
Diesen Fragen wird in Gruppen bis zu zwölf Schülern und Schülerinnen gemeinsam nachgegangen. Die einzelnen stellen ihre Fähigkeiten und Eigenschaften vor, die sie erproben wollen. Gemeinsam mit den anderen überlegen sie, welche Tätigkeiten, welches Berufsbild dazu passen würde. Wäre das der richtige »Praktikumsberuf«? Wenn nein, was könnte es sonst sein?

Info-Sammelmappe
Für die Informationen, die die Jugendlichen während der Berufsorientierungsphase sammeln, erhalten sie einen Schnellhefter. Die Erkenntnisse des Tages können direkt eingeheftet werden. Enthalten sind in der Mappe bereits:

- Für jeden Tag der Praktikumswoche ein Tagebuchblatt, versehen mit Datum und folgenden Impulsfragen:
  Heute hat es mir … gefallen.
  Besonders bewegt, aufgewirbelt, durcheinander gebracht hat mich …
  Ich habe heute gelernt, erfahren …
  Folgende Fragen gehen mir im Kopf herum: …
  Was habe ich heute gearbeitet?
  Was davon gehört zu »meinem« Praktikumsberuf?
- Ein Kriterienkatalog mit Fragen an den Anleiter, die Anleiterin
  »Beobachtungsaufgaben vor Ort«
- »Wer rät mir was«?
  Auf einem Blatt werden die Schülerinnen und Schüler aufgefordert, festzuhalten, wann ihnen Freunde, Eltern, Verwandte, Berufsberater usw. einen bestimmten Beruf bzw. eine bestimmte Ausbildung empfehlen.

Die Schüler und Schülerinnen sollen die Blätter zu den Reflexionstagen ausgefüllt mitbringen.

**Reflexionstage – Auswertung des Praktikums**

MONTAG: Anreise, Ankommen, Zimmer beziehen, Begrüßung

4-ECKEN-SPIEL – zum Ankommen, Anknüpfen an den Vorbereitungstag, Stimmung visualisieren:

1. Die Praktikumswoche war
   - langweilig
   - fürchterlich
   - ganz toll
   - geht so
2. Ich bin ...
   - froh, daß ich hier bin
   - unzufrieden, daß ich hier sein muß
   - neugierig, wie's wird
   - ich würde lieber in die Schule gehen
3. Ich habe mein Praktikum in einem
   - handwerklichen
   - kaufmännischen
   - erzieherischen
   - sozialen
   - hauswirtschaftlichen ... Bereich gemacht
4. Wenn ich an meine berufliche Zukunft denke, wird mir's
   - warm ums Herz
   - angst und bange
   - kribblig im Bauch
   - locker und leicht – Milky Way
5. Die Praktikumsauswertungstage sind für mich wie
   - ein Klotz am Bein
   - vom Regen in die Traufe kommen
   - ein Urlaub auf den Bahamas
   - eine Oase in der Wüste

ERFAHRUNGEN AUS DEM PRAKTIKUM – COLLAGEN ERSTELLEN
Die eigenen Erfahrungen zusammenzustellen, zu ordnen, zu bewerten und den anderen vorzustellen, ist Ziel dieser Einheit. Die Mitschüler und -schülerinnen können einen Einblick erhalten in Tätigkeiten anderer Berufsfelder, die ihnen eher fremd und/oder interessant sind.

Aufgabe: Stelle die Erfahrungen, die du in deinem Praktikum gemacht hast, dar – nimm dazu die Tagebuchaufzeichnungen und den Erkundungsbogen zu Hilfe. Vermerke auf deiner Collage:
1. In welchem Beruf hast du dein Praktikum gemacht? Wo?
2. Welche Tätigkeiten gehören zu deinem Praktikumsberuf?
3. Was hattest du dir anders vorgestellt?

Die fertigen Collagen werden im Tagungsraum aufgehängt. Wie bei einer Vernissage gibt es erst einmal etwas zu trinken – alkoholfreier Cocktail oder ähnliches. Die Ausstellung wird eröffnet, die einzelnen Collagen von den jeweiligen Schülern und Schülerinnen präsentiert.
Immer wieder müssen Pausen gemacht werden, z. B. Abendessen, um die Informationen aufnehmen zu können.

Zum Ausklang des Tages wird eine Geschichte vorgelesen in einem abgedunkelten Raum bei Kerzenschein und Meditationsmusik. Alle können den Tag ausklingen lassen, ihren Erfahrungen und Eindrücken nachgehen.

DIENSTAG
Beginn der Arbeit mit einem »A'schuggerle« – Aufwärmspiel:

BIZ (wie »Obstkorb«)
Es werden vier Gruppen gebildet mit den Gruppennamen: Hammer, Computer, Memory, Verbandszeug
Stuhlkreis, jemand geht freiwillig in die Mitte. Die-/Derjenige nennt einen bis vier der Gruppenbezeichnungen. Die entspechenden Gruppenzugehörigen müssen die Plätze tauschen. Wer in der Mitte stand, versucht, selbst auf einen Stuhl zu kommen. Bei »BIZ« (Berufsinformationszentrum) müssen alle die Plätze tauschen.

SEEREISE – Austausch der Praktikumserfahrungen
Kleingruppenbildung (8–10 pro Gruppe), freiwillige Zuordnung. Gemeinsam wird in der Gruppe eine Karte erstellt (auf einem Plakat gemalt) anhand von Bildern und Situationen, die benannt werden und die bei einer Seereise vorkommen können (Gegen-/Rückenwind, Eisberg, Leuchtturm, Schatzkiste, Haifisch, einsame Insel …). Die Bedeutung der Symbole wird miteinander vereinbart, z. B. Leuchtturm – anstrengend zum Hochsteigen, aber tolle Erfahrung; Schatzkiste – spannend, geheimnisvoll und sehr wertvoll; Haifisch – schlimme Erfahrungen.

Ein Schiff wird gebaut, gefaltet und kommt als »Spielfigur« zum Einsatz. Eine Schülerin fängt an, einen Schüler zu fragen, was er in einer bestimmten Situation/Position – wird durch das Schiff auf dem Plakat angefahren – erlebt hat. Andere fragen nach. Der Angesprochene macht weiter, fährt eine Position an …

### Neu entdeckte Fähigkeiten und Eigenschaften

Wie beim Vorbereitungstag erhalten die Jugendlichen ein DIN-A3-Blatt, auf dem der Umriß eines Menschen aufgezeichnet ist. Einzelarbeit zu den Fragen: Welche Eigenschaften und Fähigkeiten habe ich im Praktikum an mir entdeckt? Was konnte ich gut? Was kann/bin ich nicht, was in meinem Praktikumsberuf als Fähigkeit oder Eigenschaft nötig wäre?
Austausch in der Gruppe

### Qualitätenbörse von Traumberufs-Eigenschaften

Die Schüler und Schülerinnen vergegenwärtigen sich Werte und Qualitäten, die ein Beruf bzw. die weitere Ausbildung beinhalten soll. Durch die gemeinsame Erstellung einer Prioritätenliste von Qualitäten setzen sich die Jugendlichen mit allen vorgegebenen Qualitäten auseinander. Durch strategische Überlegungen machen sich die Schüler und Schülerinnen zusätzlich Alternativen bzw. Querverbindungen von verschiedenen Einzelqualitäten bewußt.
Es werden Gruppen gebildet (drei bis vier Jugendliche).
Jede Gruppe erhält Spielgeld (1000 DM in kleinen Scheinen) und ein Übersichtsblatt mit 27 Qualitäten:

*Werte für den zukünftigen Beruf bzw. die zukünftige Lebensgestaltung*

1. Alleine arbeiten (einzelner Arbeitsplatz)
2. Mit anderen in einer Gruppe/einem Team arbeiten
3. Mit (vielen) Menschen zu tun haben
4. Helfende, unterstützende, soziale Aufgaben
5. Mit Computer/EDV arbeiten
6. Mit Technik/Elektronik zu tun haben
7. Mit großen bzw. komplexen Maschinen zu tun haben
8. Zu Hause arbeiten
9. Im Freien arbeiten
10. In der Fabrik/Werkstatt – in der Produktion – arbeiten
11. Im Büro arbeiten (Verwaltung)
12. Handwerkliche Tätigkeiten
13. Geregelte Arbeitszeiten (7,5 Stunden Tag)

14. Flexible Arbeitszeiten
15. Spaß bei der Arbeit haben
16. Halbtags arbeiten
17. Körperliche Tätigkeiten
18. Verantwortung für eine Aufgabe übernehmen, vielleicht sogar leitende Funktion übernehmen (Chef/Abteilungs- bzw. Projektleiter/in)
19. Anspruchsvolle, komplexe Aufgaben
20. Klare, vorgegebene (einfache) Aufgaben ausführen
21. Neue Aufgaben bzw. Herausforderung übernehmen (... etwas ganz Neues)
22. Tüfteln können
23. Bei Arbeit selbst kreativ werden können/kreative Aufgaben haben
24. In Ruhe vor sich hinschaffen können
25. Viel Zeit für Privatleben/Freunde/Freundinnen/Familie haben
26. Viel Geld verdienen
27. Einen gesunden Arbeitsplatz haben

- Zunächst finden die Gruppenteilnehmer und -teilnehmerinnen einen Gruppennamen.
- Dann einigen sie sich auf Werte/Qualitäten, die sie als Gruppe ersteigern wollen, sowie auf eine mögliche Strategie in der Versteigerung (z. B. wieviel Geld sie für welche Qualität einsetzen wollen, welche Alternativqualitäten in Betracht kommen usw.).
- Durchführung der Versteigerung: Jede Gruppe versucht, die erstrebten Qualitäten zu ersteigern. Das Team betätigt sich als Auktionator.
- Die Ergebnisse werden auf einem Plakat protokolliert.
- Nach Abschluß der Versteigerung versucht jede Gruppe, mit den jeweiligen ersteigerten Qualitäten verschiedene Berufe/Tätigkeiten zu bestimmen, in denen sie diese Werte/Qualitäten verwirklicht sehen (Hauptfrage: Was läßt sich mit den jeweiligen Qualitäten alles machen?)
- Jede Gruppe stellt ihre verschiedenen Werte und die gefundenen Berufe (Berufsbilder) vor.

Im weiteren Spielverlauf kann es zu einem »nachbörslichen Handel« kommen. Das heißt, die Gruppen können untereinander verschiedene Werte und Qualitäten abkaufen, um so ihr ideales Berufsbild erstellen zu können.

MITTWOCH
A'schuggerle – Spiele mit einem Fallschirm im Freien

EIGENES »BERUFLICHES WERTE-PROFIL« – Kleingruppenarbeit
Die Schüler und Schülerinnen knüpfen an das Qualitätenbörsespiel an und erstellen ihr eigenes berufliches Profil. Aus der Werteliste suchen sie sich die zehn Werte heraus, die für sie am wichtigsten sind. Die zehn werden dann in eine Reihenfolge gebracht, wobei das Kriterium ist: Welcher Wert ist mir am wichtigsten?
Als nächstes schreiben sie auf das Blatt, welchen Beruf sie jetzt am liebsten ergreifen würden.
In der Gruppe werden Berufswunsch und Werteliste miteinander verglichen, Übereinstimmungen und Widersprüche herausgearbeitet.
Am Schluß steht für jede und jeden einzelnen die Frage, wie die Berufsfindung und -orientierung weitergehen soll. Mit dem Teamer, der Teamerin wird ein Vertrag abgeschlossen, z. B. »Ich werde noch ein Praktikum in einem anderen Beruf, einer anderen Einrichtung … machen«, »Ich werde mich über die Verdienstmöglichkeiten einer Reisekauffrau, eines Bankkaufmanns, eines Krankenpflegers, einer Malerin … informieren«, »Ich werde in Erfahrung bringen, welche weiterführende Schule für mich in Frage kommt« usw. Es wird vereinbart, daß die Verträge beim Standortbestimmungstag überprüft werden.

## Standortbestimmungstag

Dauer: 9.00–13.00 Uhr
Ankommen, Stuhlkreis stellen, den Verlauf, Ziel und Inhalt des Tages den Schülern und Schülerinnen vermitteln.

4-ECKEN-SPIEL – an Bekanntes anknüpfen
1. Meine Stimmung ist gerade
   - sehr gut/locker
   - gespannt
   - so lala – na ja
   - schlecht
2. Wer weiß inzwischen, was er/sie nach der Schule machen will?
   - Ja, ich weiß, was ich will.
   - Nein, ich weiß es noch nicht.
3. Wer hat zu meiner Entscheidung (wie sie jetzt ist) beigetragen? Sie wesentlich bestimmt?

- Eltern
- Freunde, Freundinnen
- Berufsberater, Berufsberaterin
- ich alleine

4. Was hat mir bei meiner bisherigen Entscheidung geholfen?
   - Gespräche mit Eltern
   - Informationen z. B. vom Berufsberater
   - Tips von Freunden und Freundinnen
   - Reflexionstage

Rückblick

Jeder Schüler und jede Schülerin erhält ein DIN-A3-Blatt, auf das zuerst ein Koordinatensystem eingetragen wird. Überschrift für die Aufgabe: Auseinandersetzung mit dem Thema Beruf – persönliche Bestandsaufnahme.
Auf die horizontale (Zeit-)Achse werden Fixpunkte eingetragen, die sich zum einen an Monaten und zum anderen an Ereignissen in der Schule, beim Arbeitsamt, im Betrieb, beim Praktikum usw. orientieren. Die vertikale Achse wird beschriftet mit:

1. Grad von Entscheidung für einen bestimmten Beruf/eine weiterführende Schule
2. persönliche Stimmung

An die vertikale Achse oben wird »stark/sehr hoch« eingetragen, unten »sehr schlecht/ganz tief«.
Nun zeichnen die Schüler und Schülerinnen zwei Kurven ein, in dem sie ihr eigenes Maß an Betroffenheit eintragen:

1. Bezüglich der Entscheidung: Wann haben sie sich wie intensiv für welchen Beruf entschieden?
2. Stimmung: Wie ist es ihnen dabei jeweils ergangen?

Auswertung der Kurven (in zwei Kleingruppen)
Die Schülerinnen und Schüler erhalten die Aufforderung:

- Ähnlichkeiten in den Kurven bei den anderen zu sehen/zu finden;
- ihre Eindrücke wiederzugeben;
- den Mitschülerinnen und Mitschülern Tips, Ratschläge, Hinweise usw. zu geben.

Partnerschaften

In der Klasse bilden sich Partnerschaften (2–3 Schüler/Schülerinnen pro Gruppe).

In den Gruppen vereinbaren die Jugendlichen miteinander, wie sie sich gegenseitig bei der weiteren Berufsfindung begleiten wollen. Die konkreten Ergebnisse werden den anderen in der Klasse mitgeteilt. Die Gruppenkonstellation wird aufgeschrieben. Mit den Jugendlichen wird vereinbart, daß sie ein Jahr später an die Teamer und Teamerinnen eine Postkarte schreiben, wie weit sie mit der Berufsplanung sind, wie ihre berufliche Zukunft aussieht, ob sie eine Lehrstelle haben, auf eine weiterführende Schule gehen, wo sie sonst stehen ...

ABSCHLUSS

Die einzelnen Bereiche, die bei der Berufsfindung »Rund um die Schnupperlehre« eine Rolle gespielt haben, werden auf eine Skala eingetragen. Die Jugendlichen bepunkten, was ihnen gefallen hat, was ihnen hilfreich war, was sie für überflüssig hielten, was »nichts gebracht« hat.
An Hand einiger Rückfragen erklären die Schüler und Schülerinnen ihre Bewertung.

## Abschließende Bemerkungen zur Kooperation zwischen Schule und Jugendarbeit

Wichtigstes Kriterium für eine gute Zusammenarbeit ist, daß beide Kooperationspartner das Projekt wollen, daß sie bereit sind, sich mit den Möglichkeiten und Notwendigkeiten, mit den Zwängen und Freiheiten, die die Kooperationspartner mitbringen, auseinanderzusetzen. Zeitliche Planungen und Absprachen sind immer wieder nötig. Unterschiedliche Arbeitsstile und die daraus resultierenden Notwendigkeiten, z. B. langfristige Planung in der Jugendarbeit, eher kurzfristige in der Schule, müssen aufeinander abgestimmt werden. Es braucht Weitsicht, sich in die Gegebenheiten des Kooperationspartners hineinzudenken. Auf jeden Fall ist es sinnvoll, das gesamte Projekt miteinander zu planen, zu überlegen, wie Beobachtungen und Informationen weitergegeben werden können, wie es möglich ist, gemeinsam im Rahmen der Kooperation zu lernen. In der Schule muß es einen Ansprechpartner, eine Ansprechpartnerin geben, die die Organisation und Planung übernimmt, in Kontakt ist mit der Schulleitung, den Eltern und den Schülern und Schülerinnen der entsprechenden Klassen. Er/Sie übernimmt die Information der Eltern und vermittelt Sinn und Ziele des Projektes.
Für die Teamer und Teamerinnen aus dem Bereich Jugendarbeit hat die Gestaltung des Vorbereitungs- und Standortbestimmungstages zur Folge, daß

sie sich in die Schule hineinbegeben und dort z. B. mit einem 45-Takt leben und arbeiten. Ihre Arbeitsweise, die sonst eher personen- und prozeßorientiert ist, wird durch die Vorgabe des Themas »Beruf« und durch den Raum Schule, Klassenzimmer und die entsprechende Atmosphäre wesentlich verändert. Anders ist es im außerschulischen Bereich bei den Reflexionstagen: Deutlich ist festzustellen, daß das personen- und prozeßorientierte Arbeiten leichter möglich ist, weil die Rahmenbedingungen gemeinsam mit den Schülern und Schülerinnen, an deren Bedürfnissen und Möglichkeiten orientiert, gestaltet werden können.

*Beate Thalheimer*

# Klostertagungen mit Schülern, Schülerinnen und Eltern

# Klostertagungen

## Ablauf und Konzept

Seit über zehn Jahren ist es an unserer Schule, einem staatlichen, mathematisch-naturwissenschaftlichen Gymnasium zur Tradition geworden, ein- bis zweimal im Jahr unter dem Titel »Tage im Kloster« religiöse Besinnungstage anzubieten. Schülerinnen und Schüler der Klassen 10 bis 13 werden über die Religions- bzw. Ethiklehrer angesprochen und dazu eingeladen.

Üblicherweise beginnen die Besinnungstage am Freitagnachmittag und enden am Montagabend. Bewährt hat sich ein Termin Anfang Februar (nach den Halbjahresinformationen). Die Tage im Kloster finden bei den Missionsbenediktinern in der Erzabtei St. Ottilien statt. Die Teilnehmerzahl ist recht unterschiedlich; sie schwankt zwischen 20 und 40 Teilnehmern. Da es schwierig ist, interessierte Teilnehmer abzuweisen, müssen sehr große Kurse mit einem recht großen Team und in vielen Kleingruppen durchgeführt werden. Das Team besteht normalerweise aus zwei Religionslehrern (evangelisch und katholisch) der Schule und einem Benediktinermönch von St. Ottilien, wobei immer wieder für besondere Programmpunkte vor Ort weitere Mönche als Gesprächspartner hinzugezogen werden.

In den ersten Jahren lag der Schwerpunkt der Kurse vor allem auf der Information über das Leben im Kloster, den Tagesablauf dort, die Aufgaben der Mönche ... In den letzten Jahren hat sich immer mehr der Wunsch nach spirituellen Impulsen, nach Zeiten der Stille, nach persönlichen Gesprächen und nach persönlicher religiöser Auseinandersetzung herauskristallisiert. Dem wird entsprochen, indem der Informationsteil, der auf keinen Fall fehlen darf, so knapp wie möglich gehalten wird. Da meistens die Kursteilnehmer »gemischt« sind, aus Teilnehmern, die schon öfters dabei waren, und Teilnehmern, die zum ersten Mal dabei sind, muß an einigen Stellen des Programms die Gruppe geteilt werden. »Verpflichtend« für alle ist die Teilnahme am Stundengebet. Die Laudes um 5.15 Uhr wird am zweiten und dritten Tag freigestellt; die Erfahrung hat gezeigt, daß trotz der frühen Zeit 40–60% der Teilnehmer auch freiwillig zur Laudes gehen.

Die Resonanz auf die Tage im Kloster ist immer sehr positiv. Das zeigt sich u. a. daran, daß manche Schülerinnen und Schüler von Kl. 10 bis Kl. 13 jedes Jahr mit dabei sind und sogar als »Ehemalige« noch daran teilnehmen, wenn es ihre Ausbildung erlaubt.

Da inzwischen auch schon Anfragen von Eltern an uns herangetragen wurden, bieten wir seit einigen Jahren auch religiöse Besinnungstage für Eltern an. Im Spätherbst (meistens Mitte/Ende November) findet dieses Angebot von Freitagabend bis Sonntagabend in St. Ottilien statt. In den Klassenpflegschaftsabenden Mitte September werden in allen Klassen Handzettel verteilt, bzw. wird persönlich dazu eingeladen. Auch bei den Eltern hat sich inzwischen ein fester Teilnehmerstamm gebildet, der regelmäßig dabei ist.

Die Besinnungstage für Schüler werden anhand des folgenden Rasters gestaltet:

I. Ca. 2–3 Wochen vor dem Besinnungswochenende findet mit allen Teilnehmerinnen und Teilnehmern in der Schule ein Vorbereitungstreffen statt, bei dem neben organisatorischen Dingen einige wesentliche inhaltliche Schwerpunkte des Wochenendes besprochen werden. So wird z. B. die Teilnahme an den Gebetszeiten angekündigt, es werden die Erwartungen der Teilnehmer und des Leitungsteams abgeklärt, u. ä.

II. Der Schülerkurs beginnt immer am Freitag in St. Ottilien mit dem Abendessen (Abfahrt nach dem Vormittagsunterricht) und dem gemeinsamen Besuch der Komplet (oder am ersten Freitag des Monats mit dem Besuch der Jugendvesper).
Anschließend findet eine Vorstell- und Kennenlernrunde und eine Programmvorstellung statt.
Am Samstag besuchen wir gemeinsam um 5.15 Uhr die Laudes. Die Zeit zwischen Laudes und Frühstück (ca. 6–8 Uhr ) muß sinnvoll »überbrückt« werden. Bewährt hat sich eine meditative Einheit, bei der sich die Teilnehmer aber kreativ betätigen können. Zwischen 9 Uhr und 12 Uhr bzw. zwischen 15.30 Uhr und 18 Uhr liegen dann zwei thematische Einheiten. Die Mittagshore um 12 Uhr, die Vesper um 18 Uhr und die Komplet um 20 Uhr sind »Pflichtbestandteile« des ersten Tages. Am Samstag ist nach der Komplet Schweigen, wobei jedoch Hilfen angeboten werden wie z. B. Malen, Modellieren mit Ton, Kerzen verzieren, o. ä.
Am Sonntag ist der Besuch der Laudes freigestellt. Gemeinsamer Beginn ist dann um 7.15 Uhr mit einem selbstgestalteten Morgenlob und einem kurzen Schriftgespräch zum Schrifttext des Sonntags. Nach dem Besuch des Konventamts um 9.15 Uhr besteht dann für die Teilnehmer beim »Frühschoppen« die Möglichkeit, mit verschiedenen Mönchen der

Abtei (vor allem mit den Novizen) ins persönliche Gespräch zu kommen. Nach der Mittagshore, dem Mittagessen und der Mittagspause folgt von 15.30–18 Uhr wieder eine thematische Einheit. Nach dem Besuch der Komplet ist der Abend zur eigenen Gestaltung – meist in gemütlicher Form – frei.
Am Montag ist der Besuch der Laudes wieder freiwillig. Nach einem gemeinsamen Morgenlob um 7.15 Uhr und dem anschließenden Frühstück ist von 9–12 Uhr nochmals eine thematische Einheit vorgesehen; manchmal mündet diese Einheit auch in einen von den Teilnehmern gestalteten Abschlußgottesdienst (nur für die Teilnehmer der Gruppe). Nach dem Mittagessen und einer Auswertungsrunde enden die Besinnungstage gegen 15 Uhr mit der Rückfahrt.
Die Mittagspausen werden von den Schülerinnen und Schülern gerne zu Spaziergängen rund ums Kloster oder zum Besuch des Missionsmuseums genutzt.

Wichtig für das Gelingen der Besinnungstage ist die Homogenität der Gruppe. Die Teilnehmerinnen und Teilnehmer sollten bei der vorliegenden Konzeption mindestens in Klasse 10 sein. Es ist ein deutlicher Unterschied zwischen Schülern aus Klasse 10 und z. B. aus Klasse 12 oder 13 festzustellen, vor allem, wenn es um die persönliche Auseinandersetzung mit der eigenen religiösen Praxis geht.

Die Besinnungstage mit Eltern haben rein äußerlich einen ähnlichen Verlauf. Sie sind kürzer, beginnen am Freitagabend und enden am Sonntagnachmittag. Die Inhalte dieser Besinnungstage sind natürlich auf Erwachsene, bei uns speziell auf Eltern, abgestimmt.

*Christine Stürzl*

# Herr, laß mich ankommen – Was uns eine Schnecke sagen kann

## Besinnungswochenende mit Schülerinnen und Schülern

Etwa 14 Tage vor den Besinnungstagen fand in einer sechsten Stunde in der Schule ein Vorbereitungsgespräch mit den teilnehmenden Schülerinnen und Schülern statt, bei dem neben organisatorischen Einzelheiten die Erwartungen der Teilnehmer an das Wochenende, aber auch die Erwartungen des Leitungsteams an die Teilnehmer abgeklärt wurden.

**Freitag**

| | |
|---|---|
| 13.30 Uhr: | Abfahrt mit Bus (oder VW-Bussen) an der Schule |
| 16.30 Uhr: | Ankunft in St. Ottilien; Zimmer verteilen und beziehen; anschließend kleiner Spaziergang und »Besichtigung« des Klostergeländes. |
| 18.30 Uhr: | Abendessen |
| 20.00 Uhr: | Komplet |
| 20.30–22.00 Uhr: | Nach einer Kennenlernrunde mit Singen, einfachen Tänzen und einer kurzen Vorstellung jedes Teilnehmers (da die Teilnehmer aus verschiedenen Klassenstufen kommen, ist die Vorstellung hilfreich), schauen wir zur Einstimmung einen kurzen Videofilm über den Tagesablauf im Kloster St. Ottilien an. Dann wird das Programm vorgestellt. Dazu bekommt jeder Teilnehmer ein Schneckenhaus, das ihn diese Tage hindurch begleiten soll. (Leere Schneckenhäuser gibt es bei der Firma Lingenfelser Nahrungsmittel, Postfach 11 68, 76699 Kraichtal, zu kaufen.) |

**Samstag**

Themen des Vormittags: Sich Zeit lassen. Wie gehe ich mit meiner Zeit um? Sich Zeit lassen dürfen. Ankommen.

| | |
|---|---|
| 5.15 Uhr: | Laudes |
| 6.00 Uhr: | STEIN-MEDITATION zum Thema: Zeiträume/Zeitlosigkeit |

Jeder Teilnehmer bringt einen mindestens faustgroßen Stein mit (oder sucht sich aus mitgebrachten oder vorbereiteten Steinen einen Stein aus). Alle sitzen im Kreis auf Stühlen oder Meditationshockern oder auf dem Boden und entspannen sich in einem ruhigen Atmen. Jeder soll sich auf seinen Stein konzentrieren, den er in der Hand hält. Dann soll jeder Teilnehmer zuerst mit den Augen jede Unebenheit seines Steines wahrnehmen, dann mit geschlossenen Augen den Stein betasten und ihn sich so vertraut machen. Nach einigen Minuten werden die Teilnehmer dazu eingeladen, miteinander die Geschichte eines Steines zu entwerfen, von seinem Ursprung an. Einer – vielleicht einer aus dem Leitungsteam – beginnt. Etwa so: Vor vielen Jahrmillionen gehörte ich zu einem riesigen Bergmassiv ...Wer einen Einfall hat, erzählt einen Satz oder ein paar Sätze weiter. Es kommt darauf an, daß in der Gruppe ein Sinn entsteht für die ungeheuren Zeiträume, die in Gedanken vorüberziehen, und ein Staunen darüber, etwas in der Hand zu halten, das eine solch lange Geschichte hat. Ein Mitglied des Leitungsteams sollte immer wieder das Verrinnen von Zeit deutlich machen. Etwa so: Die nächsten 500 Jahre wartete ich in einer Mulde, die das Wasser am Fuß des Berges gegraben hatte. Unzählige Jahreszeiten gingen über mich hin, Sommer, Herbst, Winter, Frühling. Meine Kanten wurden flacher, ... Die Phantasie und das Einfühlungsvermögen der Gruppe bringt viele Varianten und Aspekte ein. Die Geschichte kann sich märchenhaft oder realistisch gestalten. Die Meditation dauert 30–40 Minuten. Ein Mitglied des Leitungsteams schließt dann die Geschichte mit ein paar Sätzen ab. Die Teilnehmer öffnen die Augen und betrachten noch einmal still ihren Stein.
Es kann anschließend noch eine kurze Auswertung über die gemachten Erfahrungen im Plenum erfolgen, doch sollte man darauf achten, die sehr meditative Atmosphäre nicht zu zerstören.
(Nach: »Zeit zum Leben, zum Leben Zeit« in: [10])

8.00 Uhr: Frühstück
9.00–11.45 Uhr: Jeder Teilnehmer bekommt drei Räder (Kreise), die er in drei Schritten (in Einzelarbeit) bearbeitet.

1. »Realitätsrad»: Wie gehe ich mit meiner Zeit um? Wie teile ich meinen Tag ein? Was beansprucht viel/wenig Zeit?
2. »Energierad«: Welche Tätigkeiten beanspruchen viel/wenig Energie? Wie verteilt sich meine Kraft?
3. »Wunschrad«: Wie stelle ich mir meine ideale Zeitplanung und Zeiteinteilung vor?

Für die drei Schritte werden drei Kreisscheiben verteilt mit den Impulssätzen:

1. So teile ich meinen Tag ein ...
2. So verteilt sich meine Energie ...
3. Diese Zeiteinteilung wünsche ich mir ...

Zwischen den einzelnen Abschnitten werden die »Ergebnisse« in Vierergruppen im Gespräch ausgetauscht. Eine Hilfe dazu ist das folgende Raster.

ZEIT FÜR MICH

Ich komme mit meiner Zeit nicht zurecht, denn:

- Ich will zu viel auf einmal.
- Ich schätze die zur Verfügung stehende Zeit unrealistisch ein.
- Ich kann nicht gut zuhören.
- Ich kann nicht gut planen und organisieren.

- Ich will alle beteiligen.
- Ich delegiere Aufgaben, ohne auch die Verantwortung dafür zu übertragen.
- Ich will vieles/alles selber machen.
- Ich kann nicht nein sagen.
- Ich leide an Konzentrationsschwäche.

- Ich übergehe Zuständigkeiten.
- Ich treffe Spontanentscheidungen.
- Ich gebe gerne andern die Schuld.
- Ich bin weitschweifig.
- Ich fühle mich nicht kompetent.

Es gibt Botschaften und anerzogene Verhaltensweisen aus unserer Kindheit, die uns heute noch unter Druck setzen und nicht zur Ruhe kommen lassen.

Botschaften, Verhaltensweisen, Einstellungen – die mir Druck machen, wo ich Zeit verliere:

- Beeil dich!
- Sei perfekt!
- Streng dich an!
- Sei stark!
- Mach's allen recht!

- Fühle nichts!
- Woanders sein (»Wo ich nicht bin, da ist das Glück«).
- In der Zukunft oder Vergangenheit sein.
- Indirekte Botschaften senden.
- Schon alles über den andern wissen.
- Wichtiges verschieben.

Botschaften, Verhaltensweisen, Einstellungen wo wir uns und anderen Freiheit gewähren, wo wir Zeit gewinnen:
- Ich kann mir Zeit nehmen.
- Ich kann etwas unvollkommen lassen, etwas riskieren.
- Ich kann etwas gelassen tun und hinnehmen.
- Ich kann Schwäche zeigen und mir helfen lassen.
- Ich bin ich, ich kann ich selber sein.
- Ich habe Gefühle und kann sie zeigen.

Ich bin hier – Ich lebe jetzt.
Direkte Botschaften senden.
Interessiert und neugierig sein.
Am Anfang anfangen – Am Ende aufhören.

(Aus: das thema 23/81 [11])

Die Einheit wurde abgeschlossen mit dem Märchen von den Zeitgutscheinen.

### Das Märchen von den Zeitgutscheinen

Es war einmal ein Mann, der sich durch nichts von seinen Mitmenschen unterschied. Wie die meisten lebte er mehr oder weniger gedankenlos vor sich hin. Eines Tages aber sprach ihn ein Unbekannter an und fragte, ob er »Zeitgutscheine« wolle. Weil der Mann gerade nichts zu tun hatte und ohnehin eine gewisse Langeweile spürte, ließ er sich auf ein Gespräch ein und wollte wissen, was denn diese Zeitgutscheine seien. Statt einer Antwort zog der Unbekannte ein Bündel verschieden großer Scheine hervor, die wie Banknoten und doch ganz anders aussahen: »Deine Lebenszeit«, erklärte der geheimnisvolle Fremde kurz. »Wenn du alle Gutscheine investiert hast, ist es Zeit zu sterben.«
Bevor der überraschte Mann eine Frage stellen konnte, war der andere verschwunden. Neugierig und erstaunt blätterte der Alleingelassene in dem Bündel. Zuerst kam ihm der Gedanke, die genaue Dauer seines Lebens zu

errechnen, und ihn schauderte, als er die Zahl der Jahre und Tage vor sich hatte. Dann begann er eine Einteilung zu überlegen, und machte kleine Stöße von Scheinen entsprechend seinen Absichten. Zwar wollte er für Kegelabende und Fernsehen eine große Zahl von Stunden-Scheinen bereitlegen, mußte aber zu seinem Bedauern bald feststellen, daß allein durch Essen und Schlafen eine unglaubliche Menge von vornherein gebunden war.
Tagelang war er damit beschäftigt, seine Zuwendungen an Lebenszeit immer neu zusammenzustellen, um sie bestmöglich zu nützen. Jedesmal, wenn jemand ihn dabei störte oder gar etwas von ihm wollte, sah er im Geiste einen seiner kostbaren Scheine verlorengehen und sagte nein; seine Zeit hatte er nicht zu verschenken!
So wachte er eifersüchtig und geizig über die Gutscheine. Als ihm endlich eine perfekte Widmung der Stunden, Tage und Jahre gelungen zu sein schien, war plötzlich der Unbekannte wieder da: Ob er denn von Sinnen sei, fragte er, nahm einen der Scheine, drehte ihn um und hielt ihn dem erstaunten Mann vor die Augen. Zum erstenmal entdeckte dieser einen Hinweis auf der Rückseite, daß die Zeitgutscheine in Ewigkeit umgewandelt werden können. Wer sie jedoch nicht in diesem Sinne umsetze, verspiele sein Leben.
Aber da war der Fremde auch schon wieder verschwunden und der Mann neuerlich allein mit einem erregenden Geheimnis – auf welche Weise war der begrenzte Schatz an Zeit in grenzenlose Ewigkeit zu verwandeln?

(Andreas Laun [12])

12.00 Uhr: Mittagshore
12.20 Uhr: Mittagessen; anschließend Mittagspause
14.30 Uhr: Kaffee

Themen des Nachmittags: Staunen können. Gefühle zeigen. Aufmerksam werden für den anderen.

15.00–17.30 Uhr: Was veranlaßt mich in meinem Leben zum Staunen?
Jeder Teilnehmer macht allein einen Spaziergang (ca. 30 Min.) und bringt etwas mit, was ihn besonders erstaunt oder beeindruckt.
Nach einem kurzen Austausch im Plenum Eutonieübung unter dem Thema »Sich selbst spüren«. Danach wird »gewichtelt«: Jeder Teilnehmer zieht einen Zettel mit dem Namen eines Teil-

| | |
|---|---|
| | nehmers. Für diesen so ausgewählten Teilnehmer muß bis zum Abschlußgottesdienst etwas gebastelt, geschrieben o. ä. werden. Ein meditativer Tanz beschließt diese Einheit. |
| 17.45 Uhr: | Abendessen |
| 18.15 Uhr: | Vesper |
| 20.00 Uhr: | Komplet; anschließend Schweigeabend (mit Hilfen wie Kerzen verzieren, Malen, Musikmeditation, Raum der Stille) |

**Sonntag**

| | |
|---|---|
| 6.30 Uhr: | Laudes (freiwillig) |
| 7.30 Uhr: | Gemeinsames, selbst gestaltetes Morgenlob; anschließend werden einige wichtige Symbole und Besonderheiten der Eucharistiefeier (Konventamt/Hochamt) erklärt. |
| 8.15 Uhr: | Frühstück |
| 9.15 Uhr: | Konventamt |
| 10.30–11.50 Uhr: | »Frühschoppen« = Gespräche in Kleingruppen mit mehreren Mönchen der Abtei |
| 12.00 Uhr: | Mittagshore |
| 12.30 Uhr: | Mittagessen; anschließend Mittagspause |
| 15.00 Uhr: | Kaffee |

Thema des Nachmittags: Zur Mitte finden

| | |
|---|---|
| 15.30–18.15 Uhr: | Bei meditativer Musik malt jeder Teilnehmer ein Mandala aus. Dazu werden die Mandalas aus dem Mandala-Malblock (Verlag am Eschbach) zur Verfügung gestellt (ca. 50–60 Min.). Die Dia-Meditation »Eine Mitte haben« (Impuls Studio, München) leitet über zu einem Textblatt mit Aussagen zur Mitte.<br>Jeder Teilnehmer wählt die Aussage aus, die ihn am meisten anspricht, und überträgt sie auf sein Mandalabild. |

Die Mitte

Wenn die Mitte fehlt, ist keine Ordnung, keine Orientierung.
Wenn wir Leben, das wahre Leben wollen, brauchen wir eine Mitte, die wahre Mitte.
Durch die Mitte bekommt alles seinen Ort und wird bestimmbar.
Wenn sich alle Menschen auf eine Mitte einigen, wird Verständigung möglich.

Die Mitte ist der Punkt, der stehenbleibt, wenn alles sich dreht.
Die Not des Menschen könnte man mit »Mitte-Losigkeit« bezeichnen.
Der Mensch braucht die Mitte; aus sich kann er sie nicht erzeugen.
Wer »ins Schleudern« kommt, erlebt, daß er eine »falsche« Mitte, d. h. keine Mitte hat.
Damit wir leben können, brauchen wir jemanden, der uns die wahre Mitte gibt, der für uns Mitte ist: den Mittler.
Menschen mit Mitte strahlen Angstlosigkeit, Stärke und Sicherheit auf andere Menschen aus.

Die Ergebnisse werden in einer meditativen Austauschrunde einander mitgeteilt. Die Einheit wird mit einem meditativen Tanz abgeschlossen.

18.30 Uhr: Abendessen
20.00 Uhr: Komplet; anschließend gemütlicher Abend

**Montag**

Thema des Vormittags: Spuren legen. Spuren hinterlassen.

5.15 Uhr: Laudes ( freiwillig )
7.30 Uhr: gemeinsames, selbst gestaltetes Morgenlob
8.00 Uhr: Frühstück
9.00 Uhr: Vorbereitung des Abschlußgottesdienstes ( Wortgottesdienst) in vier Gruppen; dazu wird als Einstieg das afrikanische Märchen »Die Zeichen des Rafiki« vorgelesen.

Die Zeichen des Rafiki (afrikanisches Märchen)
Ein Mann hatte zwei Söhne: Rafiki und Tambu. Alle drei wohnten sie in einer Hütte im Grasland. Eines Tages rief der Vater seine beiden Söhne und sagte: »Meine Kinder, ihr seid nun alt genug – geht hinaus ins Grasland und seht euch in den Dörfern um! Hinterlaßt Zeichen auf eurem Weg und in einigen Tagen sollt ihr wiederkommen.« Tambu und Rafiki gehorchten dem Vater und gingen hinaus ins Grasland. Nach wenigen Schritten schon begann Tambu Zeichen für seinen Weg zu machen.
Er knüpfte einen Knoten in ein hohes Grasbüschel, dann ging er ein Stück weiter und knickte einen Zweig an einem Busch und dann knüpfte er wieder Knoten in einen Grasbüschel, und so war der ganze Weg, den er ging, voll Zeichen. Rafiki, der Jüngere, aber lief neben dem Bruder her, guckte sich um und tat nichts.

Nach einiger Zeit kamen sie beide an ein Dorf. Da saßen die Männer des Dorfes im großen Palaverhaus, wo sie sich versammeln, wenn sie miteinander plaudern wollen, und die Männer plauderten und aßen und tranken. Tambu ging herum und knüpfte Zweige ins Gras und knickte Zweige. Rafiki aber lief sogleich zu den Männern, grüßte sie und erzählte ihnen, daß der Vater ihn und seinen Bruder Tambu ausgeschickt hatte, um sich im Grasland umzusehen.
Den Männern gefiel der Junge, und sie luden ihn ein, bei ihnen zu sitzen und zu essen und zu trinken. Und er durfte auch zuhören, was sie einander erzählten. Als der Mond aufging und alle müde wurden, luden sie Rafiki in eine der Hütten zum Schlafen ein. Tambu hatte viele Zeichen geknüpft und war sehr müde, und so kam es ihm gar nicht in den Sinn, einen Menschen anzusprechen. Müde hockte er sich an eine Hüttenwand und schlief ein.
Als er am Morgen erwachte, stand Rafiki neben ihm, gab ihm zu essen und sagte: »Das haben mir die Leute für dich gegeben, damit du nicht hungern mußt. Iß' und komm' weiter, wir wollen uns noch ein paar Dörfer ansehen!«
Tambu dankte Rafiki und aß und ging mit ihm weiter. Und wie am Tag zuvor machte er Zeichen auf dem Weg – knüpfte Gras und knickte Zweige und Rafiki lief neben ihm her, guckte sich um und tat nichts.
Sie kamen wieder an ein Dorf und Rafiki ging zu einem Jungen hin, der bei der ersten Hütte saß und fing an, mit ihm zu reden. Der Junge führte Rafiki in die Hütte seiner Eltern und die freuten sich über den Besuch und fragten ihn aus, was es Neues gäbe. Da erzählte Rafiki, er hätte eine Regenwolke gesehen und von den Tieren erzählte er, denen er im Grasland begegnet war. Und von seinem Vater erzählte er auch, und von seinem Bruder.
Die Leute des Volkes gaben Rafiki zu Essen und zu Trinken, und er schlief in der Hütte der Eltern des Jungen, dem er zuerst begegnet war. Als Rafiki am nächsten Morgen weiterzog, winkten ihm alle nach und riefen: »Du bist ein lieber Junge, grüß' deinen Vater und komm' bald wieder!«
Tambu knüpfte und knickte auch an diesem Tag, den sie durchs Grasland gingen, Grasbüschel und Zweige als Zeichen auf dem Weg. Rafiki lief wieder neben ihm dahin und tat nichts. Es war sehr heiß.
Wieder kamen sie an ein Dorf. Da stand ein Mädchen mit einem Wasserkrug und rief den beiden Jungen zu: »Kommt her und trinkt – es ist heiß!«
Rafiki kam gelaufen und lachte zum Dank. Tambu aber hörte das Mädchen nicht rufen, weil er eben ein Grasbüschel knüpfte. Und als er endlich an den Dorfrand kam, da waren das Mädchen und Rafiki schon im Dorf zu den Leu-

ten gegangen. Tambu legte sich müde in den Schatten einer Hütte. Er redete mit niemand und schlief vor Müdigkeit und Hunger ein.
Rafiki aber feierte an diesem Abend ein Fest, das in dem Dorf gegeben wurde. Sie aßen und tranken und tanzten und erzählten einander Geschichten. Rafiki saß neben dem Mädchen und erzählte von seinem Vater und dem Weg durch das Grasland. Die Eltern des Mädchens sagten zueinander: »Das ist ein freundlicher, kluger Bursche – das wäre ein guter Mann für unser Mädchen, und als Rafiki am anderen Morgen weiterzog und sich auf den Heimweg machte, schenkten sie dem Jungen eine Ziege und baten ihn, bald wieder zu Besuch zu kommen.
Als Rafiki und Tambu heimkamen, stand der Vater vor der Hütte und fragte: »Wie ist es euch ergangen?« Da gab Rafiki dem Vater die Ziege und Tambu erzählte dem Vater von den Grasbüscheln und den geknickten Zweigen.
»Ich habe Zeichen auf dem Weg gemacht, wie du befohlen hast«, sagte er. »Wenn du hinausgehst, kannst du sie sehen!« »Ich werde mir auch Rafikis Zeichen ansehen«, sagte der Vater. »Rafiki hat keine Zeichen hinterlassen«, rief Tambu, »er ist nur gelaufen und hat geguckt«. »Wir werden gehen und sehen«, antwortete der Vater, »kommt mit!«
So gingen der Mann und seine beiden Söhne in das Grasland hinaus und bei jedem Grasbüschelknopf und bei jedem geknickten Zweig sagte Tambu: »Schau, Vater, ein Zeichen! Ich habe auch diese Zeichen am Weg hinterlassen, und Rafiki hat gar nichts gemacht.« Da lächelte der Vater und ging weiter, und seine Söhne folgten ihm. Als sie in das erste Dorf kamen, saßen die Männer im Palaverhaus und riefen:
»Da kommt ja der lustige Junge, der schon hier war, und er hat seinen Vater mitgebracht. Herzlich willkommen!« Und da mußten sich Rafiki und der Vater zu den Männern setzen, und auch Tambu durfte diesmal dabei sein. Die Männer sagten zu dem Vater: »Du hast einen guten Sohn. Er hat sich gut umgesehen im Grasland und eine Regenwolke gesehen und Tiere, und Geschichten weiß er auch.« Am anderen Tag gingen sie weiter, und auch im zweiten Dorf kannten alle Rafiki und hießen ihn und seinen Vater willkommen und lobten ihn, und sie bekamen zu Essen und zu Trinken. Und Tambu bekam auch etwas ab. Im dritten Dorf war es genauso. Das Mädchen mit dem Wasserkrug war auch wieder da und bot dem Vater zu Trinken an und guckte nach Rafiki, und der guckte zurück und lachte. Und die Eltern des Mädchens brieten eine Ziege und luden den Mann und seinen Sohn zum Essen ein. »Ich verstehe nicht, warum keiner mich kennt«, sagte Tambu. »Alle sind zu Rafiki freundlich, und er hat nichts getan als geguckt – kein einziges

Grasbüschelzeichen hat er geknüpft. Ich war dir gehorsam, Vater – ich habe auf dem Weg Zeichen hinterlassen, soviele ich konnte, aber Rafiki, der kein einziges Zeichen geknüpft hat, wird von allen gekannt und geehrt.« Da sagte der Vater: »Es gibt auch noch andere Zeichen als Grasbüschel, mein Kind: das sind Zeichen, die ein Mensch in den Herzen anderer Menschen hinterläßt, wenn er zu ihnen geht und mit ihnen spricht und ihnen seine Freundschaft zeigt. Solche Zeichen hat Rafiki auf seinem Weg hinterlassen und darum haben die Leute ihn wiedererkannt und freuen sich, wenn er kommt. Solche Zeichen in den Herzen der Menschen bleiben, wenn die Grasbüschelzeichen längst von Tieren gefressen oder vom Wind weggetragen sind.« Da sagte Tambu: »Ich will auch lernen, solche Zeichen auf meinem Weg zu hinterlassen wie Rafiki!«

10.30 Uhr: Gottesdienst
12.00 Uhr: Mittagshore (ist den Schülerinnen und Schülern an dieser Stelle ganz wichtig!)
12.20 Uhr: Mittagessen
14.00 Uhr: Auswertungsrunde
15.30 Uhr: Rückfahrt

*Christine Stürzl*

# Bei mir einkehren

## Besinnungswochenende mit Eltern

**Freitag**

Bis ca. 19 Uhr: Anreise mit Privat-PKW's (Fahrgemeinschaften wurden nach den Anmeldeunterlagen organisiert), Zimmer beziehen …
19.30 Uhr: gemeinsames Abendessen; anschließend Kennenlernrunde mit verschiedenen Bewegungsspielen, Tänzen, Singen, … Zum Abschluß wurde noch das Programm vorgestellt und besprochen.

**Samstag**

5.15 Uhr: Besuch der Laudes

6.00 Uhr: Psalm – Meditation
Ps 139 wurde gemeinsam (abschnittsweise mit verteilten Sprechern) gelesen; nach einigen wenigen einführenden Impulsen gestaltete jeder Teilnehmer eine Collage kreativ mit Farben, Seidenpapier, Tonpapier, Naturmaterialien, … zum Thema »Mein bisheriges Leben – meine Zukunftsperspektiven«. (Dazu spielte leise meditative Musik). Die fertigen Collagen wurden auf Stellwänden aufgehängt (offenes Ende).

8.00 Uhr: Frühstück

9.00 Uhr: Die Teilnehmer, die zum ersten Mal in St. Ottilien mit dabei waren, schauten das Tonbild »Die Erzabtei St. Ottilien« an und besprachen dann mit einem Benediktinermönch Fragen zum Leben im Kloster und zum Tonbild.
Die Teilnehmer, die St. Ottilien schon kannten, sahen sich den Kurzfilm »Ein Leben in der Schachtel« an (Bruno Bozzetto, Ein Leben in der Schachtel, 1967 – 7 Minuten Zeichentrickfilm, zu beziehen bei der Fachstelle für Medienarbeit der Diözese Rottenburg-Stuttgart). Nach einem spontanen Austausch über die Eindrücke zum Film folgte in Kleingruppen eine nonverbale Schreibmeditation zu den Impulsen:

1. Wo sind in meinem Leben Schachteln/Grenzen?
2. Wo sind für mich Farben/bunte Stellen?

Am Ende der Schreibmeditation wurden die Plakate ausgelegt; es wurde Zeit zum Lesen der Plakate gegeben und die Möglichkeit, evtl. Zusatzfragen zu stellen.

Der Text »Die zwei Mönche« führte dann im Gespräch zum Text »Von den Kindern« von Khalil Gibran. Mit Impulsfragen wie: Wie würde ich reagieren, wenn ich diesen Text als Geburtsanzeige bekommen würde? Welchen Hintergrund haben Eltern, die diesen Text als Geburtsanzeige verwenden? fand eine Gesprächsrunde im Plenum statt. Der Vormittag schloß mit dem Gebet: »Herr, mach mich zum Werkzeug deines Friedens« (Gotteslob 29,6).

ZWEI MÖNCHE

Es waren zwei Mönche, die lasen miteinander in einem alten Buch, am Ende der Welt gebe es einen Ort, an dem der Himmel und die Erde sich berühren. Sie beschlossen, ihn zu suchen und nicht umzukehren, ehe sie ihn gefunden hätten. Sie durchwanderten die Welt, bestanden unzählige Gefahren, erlitten alle Entbehrungen, die eine Wanderung durch die ganze Welt fordert, und alle Versuchungen, die einen Menschen von seinem Ziel abbringen können. Eine Tür sei dort, so hatten sie gelesen, man brauche nur anzuklopfen und befinde sich bei Gott.

Schließlich fanden sie, was sie suchten, sie klopften an die Tür, bebenden Herzens sahen sie, wie sie sich öffnete, und als sie eintraten, standen sie zuhause in ihrer Klosterzelle.

Da begriffen sie: Der Ort, an dem Himmel und Erde sich berühren, befindet sich auf dieser Erde, an der Stelle, die uns Gott zugewiesen hat.

VON DEN KINDERN

Eure Kinder sind nicht eure Kinder.
Sie sind die Söhne und Töchter der Sehnsucht des Lebens nach sich selber.
Sie kommen durch euch, aber nicht von euch,
Und obwohl sie mit euch sind, gehören sie euch doch nicht.
Ihr dürft ihnen eure Liebe geben, aber nicht eure Gedanken,
Denn sie haben ihre eigenen Gedanken.
Ihr dürft ihren Körpern ein Haus geben, aber nicht ihren Seelen,
Denn ihre Seelen wohnen im Haus von morgen, das ihr nicht besuchen könnt, nicht einmal in euren Träumen.

Ihr dürft euch bemühen, wie sie zu sein, aber versucht nicht, sie euch ähnlich zu machen.
Denn das Leben läuft nicht rückwärts, noch verweilt es im Gestern.
Ihr seid die Bogen, von denen eure Kinder als lebende Pfeile ausgeschickt werden.
Der Schütze sieht das Ziel auf dem Pfad der Unendlichkeit, und Er spannt euch mit Seiner Macht, damit seine Pfeile schnell und weit fliegen.
Laßt euren Bogen von der Hand des Schützen auf Freude gerichtet sein;
Denn so wie Er den Pfeil liebt, der fliegt, so liebt Er auch den Bogen, der fest ist.

(Aus: Khalil Gibran, Der Prophet [13])

12.00 Uhr: Mittagshore
12.30 Uhr: Mittagessen anschließend Mittagspause (Möglichkeit zum Besuch des Missionsmuseums)
15.00 Uhr: Kaffee

15.30–18.00 Uhr: Einstimmung mit einer Musikmeditation mit Musik der Hildegard von Bingen (Symphonie – Geistliche Gesänge; CD von Harmonia mundi). Anschließend Bildmeditation mit dem Dia »Sehet zu, daß ihr als Weise die Zeit auskauft« von Sieger Köder (Bilder zum Neuen Testament; Dia Nr. 49). Abschluß der Meditation mit dem Text »Zwischen Angst und Hoffnung«, Joh 14,6f.

### Zwischen Angst und Hoffnung

Zwischen Angst und Hoffnung leben wir und möchten doch gern glücklich sein und Sinn erfahren. Es lebt sich nicht leicht vor dem Abgrund, aus dem Verzweiflung droht. Wer gibt uns Zukunft und Hoffnung?

Zwischen Angst und Hoffnung treiben wir und möchten doch gern ganz wir selbst und frei entscheiden. Es wehrt sich nicht leicht gegen den Strom, der in Entfremdung reißt. Wer schenkt uns Zukunft und Freiheit?

Zwischen Angst und Hoffnung schwanken wir und möchten doch gern vorwärts gehn und Ziele wissen. Es läuft sich nicht leicht gegen den Rausch, daß alles machbar sei. Wer zeigt uns Zukunft und Wege?

Zwischen Angst und Hoffnung träumen wir und möchten doch gern neu die Welt und neu den Menschen. Es glaubt sich nicht leicht gegen Schatten von Kriegen und Gewalt. Wer weist uns Zukunft und Frieden?

Zwischen Angst und Hoffnung handeln wir und möchten doch gern andern helfen, Menschen zu werden. Es hilft sich nicht leicht gegen den Berg von Hunger, Armut und Not. Wer steckt uns Zukunft und Liebe?

Zwischen Angst und Hoffnung zittern wir und möchten doch gern voller Mut das Neue wagen. Es hofft sich nicht leicht in den Nächten, wenn die Fragen kommen. Wer gibt uns Zukunft und Hoffnung?

(Alois Albrecht [14])

JESUS SAGTE ZU THOMAS:
Ich bin der Weg und die Wahrheit und das Leben; niemand kommt zum Vater außer durch mich. Wenn ihr mich erkannt habt, werdet ihr auch meinen Vater erkennen. (Joh 14,6f)

Das Bild und der Text wurden dann ausgeteilt und die Teilnehmer eingeladen, ihre Gedanken zum Bild oder zum Text in einem Brief an sich selber aufzuschreiben. Es lagen vorbereitete und adressierte Briefumschläge bereit. Diese Briefe wurden an Weihnachten den Teilnehmern zugeschickt.

18.15 Uhr: Vesper
19.00 Uhr: Abendessen
20.00 Uhr: Komplet; anschließend gemütlicher Abend

**Sonntag**

5.15 Uhr: Laudes ( freiwillig)
7.30 Uhr: Gemeinsames Morgenlob mit anschließender kurzer Einführung in die Eucharistiefeier (es wurden vor allem die Elemente erläutert, die für die evangelischen Christen fremd waren).
8.15 Uhr: Frühstück
9.15 Uhr: Konventamt
10.30 Uhr: »Frühschoppen« – Gespräch mit dem Erzabt
12.00 Uhr: Mittagessen mit anschließendem Kaffee
13.30 Uhr: Nach einer Auswertungsrunde (Methode Blitzlicht) wurden diese Besinnungstage mit der Geschichte »Die Blume und der Kolibri« von Peter Spangenberg (aus: Der Stein der tanzenden Fische, GTB Siebenstein 1980) und einem Reisesegen beendet.
15.00 Uhr: Rückfahrt

*Christine Stürzl*

# Elternseelsorge

# In Gottes Hand getragen und geschützt

Elterngebet zur Einschulung

## Situation und Leitgedanke

Der Eintritt in den Schulalltag zeigt sich für Kinder wie für deren Eltern als ein sehr wichtiger und aufregender Einschnitt in den sonst gewohnten Familienalltag. Viele Eltern schauen sorgenvoll in die ungewisse Zukunft ihres Kindes, das jetzt mit dem vielzitierten »Ernst des Lebens« konfrontiert wird. Viele Eltern spüren dabei ihre Ohnmacht und eine große Überforderung, ihr Kind verantwortungsvoll begleiten zu können.
Wohl deshalb sind Eltern bei der Einschulung ihrer Kinder sehr empfänglich, sich auch Hilfe und Schutz für ihr Kind bei Gott zu erbitten. Aus diesem wichtigen Anliegen heraus entstand das folgende Elterngebet in der Kirchengemeinde St. Maria in Esslingen-Mettingen.
Dieses Elterngebet, einen Tag vor dem offiziellen Einschulungstermin, nach vorausgegangener persönlicher Einladung findet großen Anklang bei den Eltern. Auch Eltern, die der Kirche und der Kirchengemeinde eher fern stehen, folgen der Einladung. Noch findet dieses Elterngebet nur für die Eltern der katholischen Schulanfänger und Schulanfängerinnen statt – ein ökumenisches Elterngebet ist wünschenswert und wird in naher Zukunft möglich werden.
Material: Für alle eine Karte mit der Abbildung »Bleibe sein Kind«, Plastik von Dorothea Steigerwald, Brendow-Verlag, Moers, Bestell-Nr. 400812.

## Einleitung und Hinführung

Weil wir glauben, daß Gott seine schützende Hand über jedes Kind halten will, haben wir uns einen Tag vor Einschulung Ihrer Kinder hier zum gemeinsamen Elterngebet versammelt. Mit der Einschulung beginnt für Sie ein sorgenvoller Abschnitt im Leben Ihrer Familie. Schule macht Ihnen sowie Ihren Kindern nicht nur Spaß – auf Schule haben Ihre Kinder sicherlich nicht nur Lust, sondern ertragen auch so manchen Frust.

Nicht zufällig gehen Ihnen heute viele Fragen durch den Kopf: Wird mein Kind an der Schule und am Lernen trotz manchem Frust auch die nötige Lust und Freude haben? Wird mein Kind von schulischen Anforderungen überfordert werden? Kann ich als Vater oder Mutter ihm beistehen? Was bringt überhaupt die schulische Zukunft für mein Kind?
Wir spüren hinter diesen Fragen eine gehörige Portion Ohnmacht; wir spüren, daß wir allein überfordert sind, den Weg der Kinder gut und richtig mitzubegleiten. Wir wollen deshalb um Gottes Hilfe bitten. Wir wollen bitten, er möge alle Kinder, die morgen in die Schule kommen, unter seinen Schutz und Segen stellen, der uns alle trägt, hält und uns sicher und heil auf dem Weg durch unser Leben begleiten werde.

## **Gebet** (Mutter oder Vater)

Gott, unser Vater, morgen beginnt für unsere Kinder die Schule. Vieles Neue werden sie erfahren, vieles Unbekannte wird auf sie zukommen: Freude, Kummer, Erfolg und Mißerfolg.
Vieles wird auch auf uns Eltern zukommen: Sorge und Angst, Überraschung und Stolz, Geduld und Ungeduld.
Breite deine schützende und segnende Hände über jedes Kind aus, und stärke in uns das Vertrauen, daß du immer und überall bei uns bist und mit uns gehst auf dem Weg durch den Schulalltag, darum bitten wir durch Christus, unseren Herrn. Amen.

## Bildmeditation

Einblenden des Bildes (evtl. mit Tageslichtprojektor und Folie)
Dieser Treppenweg ist vergleichbar mit dem Schulweg Ihres Kindes. Viele Stufen gilt es zu begehen – leichte und schwere, ungleichmäßige und holprige, steile und weniger steile. Ein Stück weit ist dieser Treppenweg zu überschauen. Natürlich wird Ihr Kind die Stufe des Lesenlernens besteigen, natürlich wird Ihr Kind die Stufe des Einmaleins ebenfalls besteigen – vielleicht mit größerer Mühe, aber trotzdem.
Natürlich wird Ihr Kind auch die Stufe des Schreibenlernens mit der Zeit überspringen. Doch wie dieser Stufenweg so ist auch der Schulweg nur ein Stück weit überschaubar und planbar.
Vieles liegt hinter der Kurve. Was letztlich die Zukunft bringt, bleibt spannend und verborgen.

*Oswald Kettenberger, aus: Johann Christoph Hampe, Was die Welt mir bietet, Johannes Kiefel Verlag, Wuppertal 1979*

*Meditationsmusik bzw. Orgelimprovisation*

Wir können die Stufen nicht für unsere Kinder gehen, aber wir können unsere Kinder begleiten. Ähnlich wie das Geländer auf dem Bild können wir den Kindern Halt und Sicherheit auf dem Weg durch den Schulalltag geben. Allein »Geländer« zu sein, reicht nicht aus. Trotz sicherem Geländer sind

schon viele gefallen und haben sich verletzt. Gott hält – so hoffen wir – seine schützende Hand über jedes Kind. Gott trägt auch in schweren Situationen hoffentlich jedes Kind über so manche steile Treppe.
Die folgende Geschichte kann uns allen Mut machen und uns hoffen lassen:

»Eines Nachts hatte ein Schüler einen Traum. Er träumte, er würde mit Gott den schwierigen Schulweg durchwandern. Am Himmel über ihnen erschienen Szenen aus dem Schulalltag. In jeder Szene bemerkte er zwei Fußabdrücke auf dem Weg, einer gehörte ihm, der andere gehörte Gott.
Als die letzte Szene vor ihm erschien, schaute er zurück zu den Fußabdrücken und bemerkte, daß sehr oft auf dem Weg nur ein paar Fußabdrücke im Sand zu sehen waren. Er stellte ebenfalls fest, daß dies gerade während der Zeiten war, in denen es ihm am schlechtesten ging.
Dies wunderte ihn natürlich und er fragte: ›Gott, du sagtest mir einst, daß du immer für mich da bist, daß du immer deine schützende Hand über mich hältst und jeden Weg mit mir gehen würdest. Aber ich stellte fest, daß während der beschwerlichsten Zeiten meines Schulalltages nur ein paar Fußabdrücke zu sehen sind. Ich verstehe nicht warum. Wenn ich dich am meisten brauchte, hast du mich allein gelassen.‹ Gott antwortete: ›Mein lieber Freund, ich mag dich so sehr, daß ich dich niemals verlassen würde. Während der Zeiten, wo es dir am schlechtesten ging, wo du große Schwierigkeiten hattest, dort, wo du nur ein paar Fußabdrücke siehst – es waren die Zeiten, wo ich dich getragen habe.‹«

*Meditationsmusik bzw. Orgelimprovisation*

## Impuls zur Meditationskarte

Daß Gott uns in seiner Hand trägt und schützt und gerade Kindern nahe ist, sie hält und unter seinen Segen stellt, zeigt uns diese Karte (s. S. 218).

Daß Gott uns in seiner Hand trägt und schützt, das hat Gott uns in seinem Sohn Jesus Christus gezeigt:

## Schrifttext

Mt 14,22–33 Der Gang Jesu auf dem Wasser

*Meditationsmusik bzw. Orgelimprovisation*

Hab Vertrauen, ich bin es – fürchtet euch nicht – so beruhigt Jesus seine Jünger. Ganz Ähnliches sagt uns auch die Plastik von Dorothea Steigerwald.

*Dorothea Steigerwald, Bleib sein Kind* *

Hab keine Angst, ich bin da, ich bin ganz für dich da! Du bist nicht allein! Ich bin immer bei dir:
Wenn du Kummer hast, ich tröste dich,
wenn du in Not bist, ich helfe dir!
Wenn du müde bist und nicht mehr weiter kannst,
ich trage dich!
Sei ohne Sorge! Ich bin stark!
Ich verteidige – dich und wenn es um mein Leben geht!

*Meditationsmusik bzw. Orgelimprovisation*

## Gebet

Wie sehr Gott unsere Kinder trägt und hält, ja wie sehr wir uns alle getragen und gehalten wissen, wird uns im Psalm 23 unmißverständlich zugesagt. Wir wollen diesen abwechselnd beten:
Gotteslob 718

## Liedvorschläge

| | |
|---|---|
| »Laß uns in deinem Namen, Herr« | Troubadour 21 |
| »Gehet nicht auf in den Sorgen dieser Welt« | Troubadour 137 |
| »Geh mit uns, auf unserm Weg« | Troubadour 489 |
| »Entdeck bei dir« | Songbuch 1, 11 |
| »Von guten Mächten« | Songbuch 2, 38 |

*Franz Keil*

* © und als Karte erhältlich bei Brendow-Verlag, Moers, Bestell-Nr. 400812

# Lehrerseelsorge

# Tankstelle und Werkstatt

Arbeitskreis Schulseelsorge

## Situation von engagierten Lehrern und Lehrerinnen in der Schulseelsorge vor Ort

Erfreulicherweise engagieren sich manche Lehrer und Lehrerinnen aller Fachrichtungen im Bereich Schulseelsorge, oft weit über ihr eigentliches Stundendeputat hinaus.
Erfreulich ist auch das Wohlwollen und die vertrauensvolle Offenheit der meisten Schulleitungen gegenüber der Schulseelsorge. Meist rennen in der Schulseelsorge engagierte Lehrer und Lehrerinnen bei Rektoren und Rektorinnen offene Türen ein.
Auch einige Kollegen und Kolleginnen in den Lehrerzimmern spüren immer mehr die Notwendigkeit zur Schulseelsorge an ihren Schulen und halten sie so wenigstens ideell für unterstützenswürdig, auch dann, wenn sie selbst der Kirche eher reserviert bis ablehnend gegenüberstehen.
Als wenig erfreulich ist aber das konkrete Engagement einzustufen. Oft sind allein die Religionslehrer und -lehrerinnen für die Vorbereitung der Schulgottesdienste zuständig. Sie sind manchmal die einzigen aus dem Kollegium, die beim Gottesdienst anwesend sind. Trotz allem Wohlwollen, trotz der entgegengebrachten vertrauensvollen Offenheit, fühlen sich viele Schulseelsorger und -seelsorgerinnen als Einzelkämpfende vor Ort.
Die Einrichtung einer »Tankstelle« und »Werkstatt« für den Bereich Schulseelsorge ist deshalb eine wichtige Idee.

## Arbeitskreis Schulseelsorge

Um die Schulseelsorge anzukurbeln und um Engagierte in der Schulseelsorge zu stärken und zu bestärken, ihnen einen Austausch- und Reflexionsort ihrer Arbeit zu bieten, hat das Referat Schulseelsorge der Diözese Rottenburg-Stuttgart für die Dekanate Esslingen und Nürtingen einen Arbeitskreis Schulseelsorge eingerichtet und aufgebaut.
Dieser Arbeitskreis entpuppt sich immer mehr als eine wichtige Tankstelle und Werkstatt für die Schulseelsorger und Schulseelsorgerinnen.

»Tankstelle« und »Werkstatt« – diese beiden Bilder aus der Autobranche treffen die Intention des Arbeitskreises Schulseelsorge gut.
Zum einen soll dieser Arbeitskreis ein Ort sein, wo die engagierten Lehrer und Lehrerinnen seelisch wie auch inhaltlich auftanken können. Viele Köpfe haben viele Ideen, und viele Personen machen auch viele sehr unterschiedliche Erfahrungen. Die guten Erfahrungen bestärken die anderen, vielleicht ebenfalls Ähnliches zu wagen. Die weniger guten Erfahrungen rufen zur Vorsicht auf, um nicht genauso frustriert zu werden. Sie helfen aber auch, mit den eigenen frustrierenden Erfahrungen fertig zu werden, wenn im Austausch erfahrbar wird, daß auch bei anderen manches nicht wunschgemäß abläuft.
Neben der Tankstellenfunktion des Arbeitskreises soll er auch Werkstatt sein, in der interessierte Lehrer und Lehrerinnen wichtiges Handwerkzeug für Aktivitäten im Bereich der Schulseelsorge in die Hand bekommen und wo in der Schulseelsorge Engagierte sich in die Werkstatt schauen lassen.

## Schwerpunkte des Arbeitskreises Schulseelsorge

Neben der Austauschrunde am Beginn einer jeden Zusammenkunft, in der gemachte Erfahrungen den anderen vorgestellt und im Anschluß reflektiert werden, beschäftigt sich der Arbeitskreis auch mit Schwerpunkten in der Schulseelsorge. Werkstattartig wird über die Chancen, Möglichkeiten, Strukturelemente und Gestaltungselemente bei Tagen der Orientierung gearbeitet. Viele neue Methoden werden dabei eingespielt, wichtige organisatorische Schritte bedacht, Ziele und pädagogische Grundsätze formuliert, die religiöse Seite von Tagen der Orientierung bedacht. Im Moment besucht der Arbeitskreis kirchlich geprägte Einrichtungen, die Möglichkeiten für Projekttage bieten, so zum Beispiel den Obdachlosentreff St. Vinzenz in Esslingen. Hier können Schüler und Schülerinnen wirklich mit Kopf, Hand und Mund lernen. Schließlich soll die Schule ja »nicht nur den Verstand üben und den Kopf mit Wissen füllen, sondern den ganzen Menschen bilden ... Das heißt doch: die leiblichen ebenso wie die geistigen, die moralischen und sozialen Fähigkeiten; die Möglichkeit, sich zu orientieren, die Bereitschaft, anderen zu helfen und vieles mehr; und vieles also, was der Mensch im Leben braucht und was zu wissen zu können ihm hilfreich ist.«*
Bei diesem Projekt ist eine gute Auseinandersetzung mit obdachlosen Men-

* Peter Fauser, Klaus J. Finkelmann, Andreas Flitner (Hrsg.), Lernen mit Kopf und Hand. Berichte und Anstöße zum praktischen Lernen in der Schule, Weinheim und Basel 1983, S. 7

schen möglich. Schüler und Schülerinnen stehen danach dieser Randgruppe fast vorurteilslos gegenüber und haben die Probleme und Sorgen einzelner Obdachlosen erfahren können.
Ein weiterer Schwerpunkt waren die Frühschichten in kirchlich geprägten Zeiten. Dabei versuchten wir, geeignete Themen zu finden. Wir diskutierten über die Rahmenbedingungen und Gestaltungselemente wie Geschichte, Musik und Symbolspiele. Wir überlegten, wie Schüler und Schülerinnen dazu motiviert werden können und wie solche Frühschichten auch von ihnen mitgetragen und mitverantwortet werden können. Auch über die Hoch-Zeiten im Kirchenjahr und eine mögliche Umsetzung in den Schulalltag wird immer wieder diskutiert:

- Wie gestalten wir die Advents- und Fastenzeit in unserer Schule?
- Welche erprobten Ideen sind empfehlenswert zur Nachahmung?

Auch die Schul- und Schülergottesdienste sind immer wieder Thema im Arbeitskreis. Sie machen oft den Lehrern und Lehrerinnen starken Druck, und jeder und jede ist dankbar für eine neue Idee. Weiter wurde die beschriebene Schüler- und Schülerinnenwallfahrt nach Assisi von diesem Arbeitskreis nicht nur initiiert, sondern auch von einigen Lehrern und Lehrerinnen mitgetragen und durchgeführt.
Tankstelle und Werkstatt konnte dieser Arbeitskreis aber nur deshalb werden, weil neben den Aktivitäten und Ideen auch das Atmosphärische stimmt. Sicher braucht es auch in anderen Dekanaten, Städten oder größeren Schulen solche Arbeitskreise. Der Arbeitskreis Schulseelsorge der Dekanate Esslingen und Nürtingen ist jedenfalls zur Nachahmung empfohlen.

*Franz Keil*

# Das Erlebnis Wernau

## Begegnungstag für katholische und evangelische Religionslehrerinnen und Religionslehrer

### Wie alles anfing

Im Frühjahr 1989 hatte ich meinen Dienst als Evang. Schuldekan in Esslingen begonnen. Wenige Wochen später erhielt ich von katholischer Seite eine Einladung zur Teilnahme am »Arbeitskreis Schulseelsorge« in Esslingen. Natürlich nahm ich an.
Ich lernte die Konzeption »Schulseelsorge in der Diözese Rottenburg/Stuttgart« kennen. Das interessierte mich, denn die dortigen Grundlinien und Zielvorstellungen sprachen mich an. So kam es, daß von nun an der Arbeitskreis konfessionell-kooperativ arbeitete.
Die Fruchtbarkeit dieser Entscheidung zeigte sich unmittelbar darauf. Ich hatte nach Esslingen die Idee eines »ökumenischen Lehrertages« mitgebracht und trug dem Arbeitskreis meine Überlegungen vor. Ein intensiver Dialog begann. Wir Kirchen tragen ja die Verantwortung für den Religionsunterricht in der Schule. Damit haben wir auch eine Fürsorgepflicht für alle, die diesen Unterricht erteilen. Ebenso sehen wir uns an alle Lehrer und Lehrerinnen gewiesen, die ihren Auftrag im christlichen Horizont verstehen. Und schließlich möchten die Kirchen mithelfen, daß die Schule ihrem Verfassungsauftrag besser nachkommen kann, nämlich »die Kinder auf der Grundlage christlicher und abendländischer Bildungs- und Kulturwerte« zu erziehen (Art 16,1). Ein Begegnungstag für Lehrerinnen und Lehrer auf dieser Grundlage wäre Signal und konkrete Unterstützung zugleich.
Gedacht, gesagt, getan. Weil Schulseelsorge vorrangig an Menschen interessiert ist, sollte dieser Tag nicht so sehr unterrichtliche Themen in den Mittelpunkt stellen, auch nicht das spezielle Handlungsfeld Schulseelsorge, sondern das schulische Leben, die Atmosphäre, den Lebensraum Schule.
Wie kann vom Evangelium, vom Geist Jesu her der Schule neue und gestaltende Kraft zufließen? Also: den älter werdenden Lehrerinnen und Lehrern, den Kindern und Jugendlichen aus der Medien- und Freizeitgesellschaft. Schwerpunkt eines solchen Tages müßte also BEGEGNUNG sein

und dafür braucht es Zeit, viel Zeit. Deshalb ist an feste Gruppen zu denken und an gottesdienstliche Gemeinschaft. Wer begleitet und an welcher Stelle ist an ein zentrales Referat zu denken? Fragen über Fragen.

## Eine Konzeption entwickelt sich

Wir hatten den Mut, uns für diese – und den sich daraus ergebenden neuen – Fragen Zeit zu lassen. Exakt zwei Jahre dauerten die gedanklichen und organisatorischen Vorbereitungen, bis der erste Begegnungstag auf ökumenischer Basis stattfinden konnte. Und welcher Art waren diese?

### Klärung der Zielgruppe

Es sollen Lehrkräfte aller Schularten teilnehmen können, und zwar aus dem Dekanat (Kirchenbezirk) Esslingen. Dies umfaßt etwa 80 Schulen.

### Unterrichtsbefreiung

Beim Oberschulamt soll versucht werden, diesen Tag als »Fortbildungsveranstaltung eines freien Schulträgers« mit Dienstbefreiung und Versicherungsschutz genehmigt zu bekommen. Das Staatliche Schulamt soll eingeladen und um ein Grußwort gebeten werden.

### Finanzierung

Mit der Genehmigung als Fortbildungsveranstaltung könnten Verpflegungs-, Referenten- und Fahrtkosten der Teilnehmer erstattet werden. Die Dekanatsämter sollten rechtzeitig um einen Zuschuß gebeten werden. Vorerst wird nicht an einen Teilnehmerbeitrag gedacht.

### Werbung

In einem ersten Rundschreiben sollen alle Schulen im Einzugsgebiet auf diese Veranstaltung aufmerksam gemacht werden. Dieser Hinweis ist etwa vier Monate vor der Veranstaltung zu wiederholen. Zwei Monate vorher erhält jede Religionslehrkraft ein genaues Programm (mit Anmeldecoupon).

### Veranstaltungsort

Lange überlegten wir uns, ob dieser Begegnungstag zentral in Esslingen stattfinden sollte. Manches sprach dafür: die 30 Schulen in der Stadt, die Anreisemöglichkeit mit öffentlichen Verkehrsmitteln, die Gelegenheit zu Bummel und Shopping nach Abschluß. Aber doch auch manches dagegen: Versuchung zur partiellen Teilnahme, Hemmschwelle für die Schulen an den Rändern des Bezirks, schwierige und kostspielige Parksituation. So entschieden wir uns bald für das Jugendhaus St. Antonius in Wernau im Zentrum des Dekanats Esslingen. Dieses katholische Jugendzentrum ist für Tagungen optimal eingerichtet: Es gibt Gruppenräume und Medien, die Teilnehmerinnen und Teilnehmer können verpflegt werden, für den Gottesdienst gibt es eine Kapelle. Vor dem Haus sind genügend Parkplätze.

## Tagesgestaltung

Es war ein langer und sehr sorgfältiger Prozeß des gemeinsamen Überlegens, Planens und Abwägens, bis wir schließlich eine Zeit- und Organisationsform gefunden hatten, die uns alle überzeugte. Drei Kernpunkte sollten bestimmend sein:

- intensive Begegnung mittels des Themas in Gesprächs- und Werkstattgruppen;
- der Tag soll nicht mit dem Hauptvortrag beginnen;
- gottesdienstliche Gemeinschaft soll den Tag beschließen.

Aus dieser Grundüberzeugung entwickelte sich folgende Tagesstruktur:

| | |
|---|---|
| 8.30 Uhr: | Begrüßung |
| 9.00 Uhr: | Gespräch in den Gruppen (aufgrund vorheriger schriftlicher Anmeldung) |
| 10.30 Uhr: | Hauptvortrag mit Aussprache (ab 11.15 Uhr) |
| 12.00 Uhr: | Mittagessen – Zeit für Begegnung und Gespräch/Möglichkeit zur Stille |
| 13.30 Uhr: | Fortsetzung des Gesprächs in den Gruppen |
| 15 Uhr: | Ökumenischer Gottesdienst |
| 16 Uhr: | Abschluß |

Damit eine gewisse Begegnungsnähe möglich wird und erhalten bleibt, setzten wir die Teilnehmerzahl mit rund 100 Personen fest. Daraus ergaben sich ca. sechs bis acht Gesprächs- und Werkstattgruppen.

## Referent und Gruppenbegleiter

Als Referent sollte eine pädagogische Kapazität gesucht werden, die die heutige Schulwirklichkeit genau kennt, Perspektiven für den dortigen christlichen Auftrag entwickeln kann und dabei die besondere Berufssitua-

tion von Religionslehrkräften im Auge hat. Im Aufzeigen von Problemen und deren möglicher Überwindung soll Ermutigung vermittelt werden.
Für die Gesprächs- und Werkstattgruppen sollten je zwei Fachbegleiter zur Verfügung stehen, die aus dem Kreis der hiesigen Lehrerinnen und Lehrer kommen (also bekannt sind), beide Konfessionen repräsentieren und mithelfen, daß die Gespräche strukturiert und zielbestimmt geführt werden. Es sollte vermieden werden, daß sich eine Gruppe im »Kreis drehe«.

### Organisationsregelungen des Tages

- Wegen der unterschiedlichen Abrechnungsmodalitäten sind zwei Anwesenheitslisten zu führen. Zugleich sind die Abrechnungsformulare auszugeben und darauf zu achten, daß diese ausgefüllt und unterschrieben gleich den dafür Verantwortlichen zurückgegeben werden.
- Es ist ebenso festzulegen, wer für den Bereich Verpflegung zuständig ist und für die Räume. Entsprechendes gilt für die Begrüßung und für den Gottesdienst.
- Ein erweiterter Vorbereitungskreis konzipierte die Gesprächs- und Werkstattgruppen und leitete diese.
- Ein Team übernahmen Vorbereitung und Gestaltung des ökumenischen Schlußgottesdienstes.

## Der erste Begegnungstag für katholische und evangelische Religionslehrkräfte in Wernau im Oktober 1991

Unter dem Thema »Schule als Lebensraum? Auf der Suche nach einer neuen Schulkultur« trafen sich 90 interessierte Lehrerinnen und Lehrer beider Konfessionen zu Begegnung und Gespräch. Alle Schularten waren vertreten, dominant war der Grundschulbereich.
Die Gruppen und Werkstätten hatten diese Themen, schriftliche Anmeldung war vorher erfolgt:

Gruppe 1: Wir bauen eine neue Schule
Gruppe 2: Paßt der Religionsunterricht in unsere moderne Leistungsschule?
Gruppe 3: Schulseelsorge – Was ist das, was könnte es sein?
Gruppe 4: Religionsunterricht an der Sonderschule – Bildungsauftrag und Schulwirklichkeit
Gruppe 5: Stille – Konzentration – Meditation im Religionsunterricht
Gruppe 6: Spiel im Religionsunterricht

## Erfahrungen und Auswertung

Am Abend dieses Tages traf sich der Verantwortlichenkreis zu einem ersten Rückblick, einige Tage später zu einer kritischen Bilanzrunde. Was war zu konstatieren?

1. Teilnehmer und Veranstalter erlebten einen insgesamt gelungenen Tag und wünschen Fortsetzung.
2. Der Zeitpunkt (Herbst) ist günstig gewählt, da die sonstigen Lehrerfortbildungsveranstaltungen noch nicht begonnen haben.
3. Die Teilnehmerschaft begrüßt eine gemeinsame Maßnahme der katholischen und evangelischen Kirche für den schulischen Bereich sehr. Wer auch sonst in der Schule im gleichen Kollegium sitzt, ist dankbar, einmal gemeinsam an einem solchen Tag fachlich arbeiten zu können.
4. Daß viel Zeit in den Gruppen zur Verfügung stand, wurde sehr geschätzt. Die vorherige Anmeldung war zweckmäßig. Falls eine Gruppe nicht zustande kommt, sollte ein Ausweichangebot vorbereitet sein. Die Gruppengröße sollte nicht höher als 15 Personen sein.
5. Angenehm und hilfreich war, daß die Gruppenbegleiter Kolleginnen und Kollegen aus den Schulen der Region – also bekannt und vertraut – waren. Die Zuordnung auf das Tagesthema gelang überall erstaunlich gut.
6. Es wurden noch mehr Praxis-(Werkstatt-)Gruppen erbeten.
7. Der Vortrag des Referenten war konzentriert, sehr engagiert, inhaltlich zupackend und treffend. In der Länge war er genau richtig. Die Situation der kirchlichen Lehrkräfte (im Unterschied zu den staatlichen) sollte noch stärker berücksichtigt werden. Angenehm war die lange und konkrete Aussprache im Plenum.
8. Der Gottesdienst wurde als wohltuend empfunden. Er war mit 35 Minuten nicht zu lang. Die musikalische Begleitung war angenehm und niveauvoll, die Auslegung (Predigt) ermutigend. Der Zeitpunkt am Nachmittag genau richtig: Höhepunkt und Abschluß. Erlebnis von Spiritualität.
9. Gesamtplanung und Durchführung:
   Die thematische und organisatorische Planung erwies sich als richtig. Die zeitlichen Absprachen ermöglichten notwendige Fristen. Die Verpflegung war optimal. Einige Gruppenräume waren zu klein. Es sollte keine andere Gruppe am gleichen Tag im Hause sein.
10. Die Ausschreibung (Programmblatt) sollte etwas ausführlicher erfol-

gen, d. h. die Arbeitsgruppen sollten in ihrer inhaltlichen Zielsetzung beschrieben werden.

## Die weiteren Wernauer ökumenischen Lehrertage

Die so positive Resonanz unseres ersten Begegnungstages führte in den folgenden Jahren zu den nachstehend genannten Veranstaltungen.
Wegen der damit verbundenen starken Arbeitsbelastung zog sich der Arbeitskreis Schulseelsorge an dieser Stelle zurück, sagte aber seine grundsätzliche Mitarbeit und Unterstützung bezüglich des Hauses, des Gottesdienstes und von Grundsatzfragen zu. Es wurde ein Vorbereitungskreis aus Mitwirkenden des ersten Begegnungstages gebildet, die Geschäftsführung übernahm ich weiterhin.
Ab 1992 erwies es sich als zweckmäßig, vormittags nach der Begrüßung mit dem Hauptvortrag zu beginnen und in der Zeit von 11–12 Uhr die Gesprächs- und Werkstattgruppen zu einer ersten Runde (auf dem Hintergrund des Vortrags) zusammenzuführen.
Die Zahl der Gruppen wurde etwas erhöht, Gruppenbeschreibungen wurden im Prospekt vorgenommen.
Die theologisch-pädagogische Gesamtzielsetzung blieb unangetastet. Die Zahl der Teilnehmenden stieg leicht. Leider war die Aufnahmekapazität des Hauses immer begrenzt. Erst 1994 konnten wir 110 Personen einladen.

Oktober 1992 – »Seelsorge in der Schule? Möglichkeiten und Grenzen seelsorgerlicher Zuwendung zu Schülerinnen und Schülern«

Gruppen:
1. Wo habe ich als Religionslehrerin/Religionslehrer seelsorgerlich gehandelt oder wo hätte ich es gerne getan?
2. Müssen »schwierige Schüler« schwierig sein?
3. Bibel-Teilen zu Matthäus 8
4. Bibliodrama in der Schule?
5. Brennen – aber nicht ausbrennen. Die Quellen meiner Kraft oder wie erhalte ich mir die Initiative?
6. Der Mann Jesus und die Frau aus Samaria (Joh 4,1–30)
7. Ausdrucksspiel aus dem Erleben (jeux dramatiques)

September 1993 – »Feste-Symbole-Rituale«. Überdruß, Sehnsucht, Chance?

Gruppen:
1. Wie feiere ich christliche Feste, was kann ich an Schülerinnen und Schüler weitergeben?

2. Leben mit den Kindern im Rhythmus der Jahreszeiten und Feste. Welche Ritualisierungen wollen wir aus pädagogischer und christlicher Sicht an unserer Schule? Zielgruppe: Grundschule
3. Thema wie Gruppe 2. Zielgruppe: Hauptschule
4. (Kirchliche) Bräuche im Weihnachts- und Osterfestkreis. Theologische Deutung und mögliche rel.-päd. Folgerungen
5. Symbole des Jahresfestkreises in der Werbung. Religionspädagogische Chancen und Gefahren
6. Religiöses Brauchtum und Jugendkultur heute
7. Bibliodrama: »Staub« als Symbol für ...

November 1994 – »Brannte nicht unser Herz ...?« (Lk 24,32)
Von unseren Schwierigkeiten – mit Schülerinnen und Schülern – über Christus zu sprechen

Gruppen:
1. Wie sehen Jugendliche Christus? Folgerungen für den Religionsunterricht
2. Das Bild von Jesus Christus im Wandel unserer Glaubenserfahrungen
3. Jesus von Nazaret im Unterricht der Kl. 7 von Realschule und Gymnasium
4. Die Christusthematik in den neuen Lehrplänen – die Frage nach der Auferstehung (Maria am Grab)
5. Neue Unterrichtsvideos zum Thema »Jesus von Nazaret«
6. Von Grünewald zu Beuys ...
   Zur Botschaft verschiedener Christusbilder
7. »Allways look at the bright side of life«. Wissens- und Sehenswertes, aber auch Fragwürdiges zum Video »Das Leben des Brian«
8. Der Tod Jesu – »gestorben für unsere Sünden«? Fragen zur schwierigen Lehre vom Sühnetod Jesu
9. »Und sie rührte sein Kleid an«.
   Eine Einführung in die Theologie der Beziehung, wie sie die feministische Theologin Carter Heyward entwirft

## Was noch zu sagen wäre

Weil sich der Wernauer Tag weiterhin großer Zustimmung erfreut, wird es ihn auch künftig geben. 1995 wollen wir uns mit der Entstehung von Got-

tesbildern und Gottesbeziehung bei Kindern und Jugendlichen befassen und dabei ein gehörige Portion Selbstentdeckung machen.
Finanziell konnten wir den Begegnungstag bislang meistern. Es bleibt abzuwarten, wann wir genötigt sein werden, einen Tagungsbeitrag zu erheben.
Daß die gleiche Gruppe jeweils ca. drei Stunden Zeit hatte für das fachliche Gespräch am Thema, hat sich als ebenso sinnvoll und fruchtbar erwiesen wie die Gewinnung von pädagogischen Referenten.
Die Beteiligung am ökumenischen Schlußgottesdienst war immer recht hoch und der Opferertrag erstaunlich (ca. 5–10,– DM pro Person). Wir haben immer zu je 50% eine katholische und eine evangelische soziale Einrichtung bedacht, v. a. im Bereich der Kinder- und Jugendhilfe.
Leider war die Beteiligung aus dem Kreis der Pfarrerschaft gleichbleibend gering. Das ist bedauerlich, weil an einem solchen Tag die Begegnung zwischen der Schule und der Pfarrgemeinde intensiviert werden könnte.
Die kontinuierliche Zusammenarbeit des gewachsenen Vorbereitungskreises hat sich sehr bewährt. Wir rechnen jetzt mit ca. 4–6 Sitzungen à 3 Stunden. Dazu kommen die Schreib- und Verwaltungsaufgaben im Büro und unmittelbar vor der Veranstaltung. Die Mitarbeit der Fachberater für das Fach Religion ist unverzichtbar.

## Ausblick

Das »Erlebnis Wernau« hat sich ausgeweitet. Inzwischen ist auch der evangelische Bezirk Nürtingen hinzugekommen. So sind die katholische und evangelische Region in gleichem Umfang beteiligt.
Die Ausstrahlung zeigt, daß »Schulseelsorge« eine weite Dimension hat. Hier werden Menschen zusammengeführt, die eigentlich schon lange auf der Suche nach weiterer Begegnung und Gespräch sind. Und zwar auf der Suche nach Begegnung und Gespräch in einem christlichen Kontext. In unserer Arbeit hier hat sich gezeigt, daß die Identitäts- und Sinnfrage nicht abgelöst werden kann von der Frage nach Gott. Und diese ist untrennbar verbunden mit der Frage nach Jesus Christus, mit der Frage nach dem Heiligen Geist und der Kirche. Wo Christen in der heutigen Schule miteinander am Werk, d. h. auch miteinander bei den Kindern und Jugendlichen sind, da wird schulischer Alltag ein Stück Helligkeit und Erneuerung erfahren, die dem ganzen Menschen guttut. Dieses ist das Ziel von Lehrerfortbildung auf der Grundlage von Schulseelsorge.

*Helmut Weingärtner*

# Anhang

## Weiterführende Literatur

Clemens Stroppel (Hrsg.), Kommt her, wir feiern heut. Schul- und Schülergottesdienste, Grundstufe (Klasse 1–4), Ostfildern 1994.

Susanne Herzog (Hrsg.), Manchmal feiern wir mitten im Tag. Schul- und Schülergottesdienste, Sekundarstufe I (Klasse 5–10), Ostfildern 1993.

Gabriele Rüttiger (Hrsg.), Schulpastoral, München 1992, in: Benediktbeurer Beiträge zur Jugendpastoral, Band 3.

Deutscher Katecheten-Verein e. V. (Hrsg.), Unterwegs zur Quelle. 39 Gottesdienste mit jungen Menschen, München 1991.

Hartmut Rupp/Ludwig Rendle u. a. (Hrsg.), Bunte Pausen. Ökumenische Schulgottesdienste für die Sekundarstufe I und II. Materialien und Modelle, Mainz 1995.

Thomas-Morus-Akademie Bensberg (Hrsg.), Nicht nur Unterricht – Pastorales Engagement in der Schule. Aspekte der Schulseelsorge, Bensberg 1992.

Ulrich Schabel (Hrsg.), Das hätt' ich nicht gedacht, Religiöse Orientierungstage mit Schülerinnen und Schülern. Ein Werkstattbuch, Freiburg 1994.

## Material zur Arbeit mit Schülerinnen und Schülern

Pausenbrot
Ein Reader zum Thema »Kooperation von Jugendarbeit und Schule«
104 DIN-A5-Seiten

Café Müller
Praxisberichte aus einem Schüler- und Schülerinnencafé
115 DIN-A4-Seiten

»Schule und Gewalt« oder »Liebe mich, wenn ich es am wenigsten verdient habe, denn dann habe ich es am nötigsten«
Analyse, Lösungswege, Methoden
20 DIN-A4-Seiten incl. einem DIN-A2-Plakat

Multikulturallye
Information – Dokumentation – Praxistips
110 DIN-A4-Seiten

Das kleine Schwarze
Mädchen- und frauenspezifische Arbeit in Gruppen
133 DIN-A5-Seiten

Europoly
Reisen in Europa für junge Leute
90 DIN-A4-Seiten

Bestelladresse:
KSJ (Katholische Studierende Jugend) Diözesanstelle
Antoniusstr. 3, 73249 Wernau, Tel. (0 71 53) 30 01-35/36

Arbeit mit Hauptschülern und Hauptschülerinnen
Brennpunkte 1 – Grundlagen
26 DIN-A5-Seiten
Brennpunkte 2 – Bausteine, Ideen, Methoden und Impulse
90 DIN-A4-Seiten

Tage der Orientierung
Brennpunkte 4 – Grundlagen, Ziele, pädagogische Grundsätze zu Tagen der Orientierung mit Schülerinnen und Schülern
30 DIN-A5-Seiten

Bestelladresse:
Schülerreferat im Erzbischöflichen Jugendamt der Erzdiözese Freiburg
Postfach 449, 79004 Freiburg, Tel. (07 61) 51 44-1 63

Licht-Blicke
Schulseelsorge an Berufsbildenden Schulen
50 DIN-A5-Seiten

Herausgefordert ... durch Ostern
Eine Arbeitshilfe für die Schule
58 DIN-A5-Seiten

Hrsg. und Bestelladresse: Bischöfliches Generalvikariat Trier, Referat Schulseelsorge, Hinterm Dom 1, 54203 Trier

elemente
Stundenbuch für junge Leute
Helga Kiesel/Raimund Klinke, SchülerInnenreferat
Bischöfliches Jugendamt Würzburg
280 DIN-A5-Seiten

Bestelladresse:
Bischöfliches Jugendamt Würzburg, Schülerreferat
Postfach 151, 97070 Würzburg, Tel. (09 31) 5 01 38

Lebensräume öffnen
Neue Schritte zum kreativen Miteinander von Jugendarbeit – Schule – Gemeinde.
Dokumention örtlicher Projekte. Pilotprojekt Jugendarbeit und Schule 1989–1992.

Hrsg. und Bestelladresse:
ejw, Postfach 80 03 27, 70503 Stuttgart, Tel. (07 11) 97 81-1 00

Mädchen und Schule
Projektmappe der J-GCL
Hintergründe · Materialien · Methoden
160 DIN-A4-Seiten

Hrsg. und Bestelladresse:
Jugendverbände der Gemeinschaft Christlichen Lebens (J-GCL).
Sterngasse 3, 86150 Augsburg, Tel. (08 21) 5 01 01-27

Reflexionstagungen/Besinnungstage
Arbeitshilfe für Religionslehrerinnen und Religionslehrer
130 DIN-A4-Seiten

Hrsg. und Bestelladresse:
Evangelische Schülerinnen- und Schülerarbeit Pfalz (esp) im Protestantischen Landesjugendpfarramt
Unionstraße 1, 67657 Kaiserslautern,
Tel. (06 31) 3 64 20 25, Fax (06 31) 3 64 20 99

## Adressen katholischer und evangelischer Schüler- und Schülerinnenarbeit/Schulseelsorge in Baden-Württemberg

Referat Schulseelsorge des Bischöflichen Jugendamtes der Diözese Rottenburg-Stuttgart
Antoniusstraße 3, 73249 Wernau
Telefon (0 71 53) 30 01-35/37

Landeskirchliche Schülerinnen- und Schülerarbeit im Evang. Landesjugendpfarramt in Württemberg
Haeberlinstr. 1–3, 70563 Stuttgart
Telefon (07 11) 97 81-1 86

Schülerarbeit im Evang. Jugendwerk in Württemberg
Postfach 800 327, 70503 Stuttgart
Telefon (07 11) 97 81-2 50

Schülerreferat im Erzbischöflichen Jugendamt der Diözese Freiburg
Postfach 449, 79004 Freiburg
Telefon (07 61) 51 44-1 63

Evangelische Schülerinnen- und Schülerarbeit Baden
Postfach 2269, 76010 Karlsruhe
Telefon (07 21) 93 49-3 45

Schülerarbeit der Studentenmission
Daniel Trostel, Ziegeleistraße 6, 72636 Frickenhausen
Telefon (0 70 22) 47 07 15 (für Württemberg)
Roman Knörr-Zarbock, Laufenerstraße 15, 79114 Freiburg
Telefon (07 61) 4 76 42 52 (für Baden)

# Liednachweis

Für die Liedvorschläge wurden folgende Liederbücher verwendet:

Erdentöne: Erdentöne Himmelsklang. Neue geistliche Lieder, herausgegeben von der Diözese Rottenburg-Stuttgart, Schwabenverlag, Ostfildern 1995

Janssens: Peter Janssens, Meine Lieder, Pattloch-Verlag, Augsburg 1992

Liederbuch zum Umhängen: Das Liederbuch zum Umhängen.
100 der schönsten religiösen Kinderlieder, Menschenkinder Verlag, Münster, 3. Auflage 1991

Lieder der Frohbotschaft: Münchener Provinz der Redemptoristen (Hrsg.), Weil du uns gerufen hast. Lieder der Frohbotschaft, Rosenheim, 3. Auflage 1978

Manchmal finde ich: Manchmal finde ich eine Spur. Text: Eugen Eckert. Melodie: Jürgen Kondziora. Rechte: Studio Union Lahn-Verlag, Limburg

Songbuch 1: Bundesleitung der Katholischen Jungen Gemeinde (Hrsg.), Songbuch 1, KJG Verlag GmbH, Düsseldorf 1981

Songbuch 2: Bundesleitung der Katholischen Jungen Gemeinde (Hrsg.), Songbuch 2, KJG Verlag GmbH, Düsseldorf, 3. Auflage 1985

Songbuch 3: Bundesleitung der Katholischen Jungen Gemeinde (Hrsg.), Songbuch 3, KJG Verlag GmbH, Düsseldorf, 2. Auflage 1990

Troubadour: Kolping-Bildungswerk Diözesanverband Würzburg e. V. (Hrsg.), Troubadour für Gott, Würzburg, 2. erw. Auflage 1991

# Textnachweis

[1] Die Idee dieser Geschichte stammt aus:
Eberhard Dietrich / Andreas Weidle, Wieviel Farben hat das Jahr? Zum Feiern in Gottesdienst, Kindergottesdienst, in Kindergruppe und Schule, Stuttgart, 3. Auflage 1992

[2] Bernhard Waber, Du siehst zum Lachen aus, Konstanz 1968

[3] Katrin Lösch, aus: Ökumenische Materialhefte, »Nutze den Tag« – Der Club der toten Dichter, IRP Freiburg 1993

[4] Atem-Pause. Impulse zur Gestaltung von Pausen-Treffs und Aktionen in Schülerbibelkreisen. Zusammengestellt von Mitarbeiterinnen und Mitarbeitern des Landesschülerrats der SBK und des Mitarbeiterkreises (MAK) der Schülerarbeit im Evang. Jugendwerk in Württemberg

[5] Die grüne Banane. Ideen und Anspiele zu Schülergottesdiensten

[6] Helga Kiesel/Raimund Klinke, elemente. Stundenbuch für junge Leute, Bischöfliches Jugendamt, Würzburg 1991

[7] Manfred Frigger, Frühschicht – Spätschicht, © Verlag Herder, Freiburg 1989

[8] Nach: Auf Gottes Spuren, Düsseldorf 1988

[9] WIR werden, was WIR wollen! Schulische Berufsorientierung (nicht nur) für Mädchen. Band 1–6. Ministerium für die Gleichstellung von Frau und Mann des Landes Nordrhein-Westfalen, Breite Straße 27, 40213 Düsseldorf, 1991

[10] Zeit zum Leben, zum Leben Zeit – das thema 23/81, Arbeitshefte zu aktuellen Themen, vorbereitet für Gruppengespräch von Theresia Hauser (Schriftleitung und Redaktion), herausgegeben von der Arbeitsgemeinschaft Frauenseelsorge Bayern, München, 2. Auflage 1981

[11] das thema 23/81, a. a. O.

[12] P. Andreas Laun OSFS, in: das Licht, Juli/August 1979, © Franz Sales Verlag, Eichstätt

[13] Khalil Gibran, der Prophet, © Walter-Verlag, Solothurn, 29. Auflage 1994

[14] Alois Albrecht, aus: Bilder der Hoffnung, Band 2. 24 Holzschnitte zur Bibel von Walter Habdank, © Kösel Verlag, München 1980

# Autorinnen und Autoren

Ekkehart Bechinger
Schülerreferent, Freiburg

Elisabeth Brenken
Religionslehrerin, Stuttgart

Bernhard Brunner
Religionslehrer an BS, Aalen

Liselotte Denner
Diplompädagogin, Lehrerin
Sulzbach

Norbert Gerschewski
Religionslehrer an BS, Aalen

Christine Götz
Referendarin, Freiburg

Volker Hirschfeld
Schülerreferent bei Lakisa
Stuttgart

Alwin Hummel
Gemeindereferent, Balingen

Reinhold Jochim
Pastoralreferent
Stuttgart-Neugereut

Franz Keil
Schülerpfarrer, Wernau
Pfarrer, Esslingen-Mettingen

Gaby Merk
Diplom-Sozialpädagogin (FH)
Bad Waldsee

Reinhold Müller
Religionslehrer, Schongau

Peter Rostan
Schülerreferent im ejw
Stuttgart

Gabriele Schenkyr
Religionslehrerin
Plochingen/Wendlingen

Franziska Schimo-Lott
Lehrerin, Stuttgart

Brunhilde Schmidt
Religionslehrerin
Stuttgart-Bad Cannstatt

Susanne Schweizer
Lehrerin, Filderstadt

Christine Stürzl
Studiendirektorin, Esslingen

Beate Thalheimer
Referentin für Schulseelsorge
Supervisorin (DGSV)
Wernau

Martin Weingart
Diplom-Pädagoge, Stuttgart

Helmut Weingärtner
ev. Schuldekan, Esslingen

Norbert Wölfle
Schülerreferent, Freiburg

Sonja Wörtmann
Religionslehrerin, Stuttgart